U0948396

中国电力市场发展形势

分析报告

神华科学技术研究院　编

中国财富出版社

图书在版编目（CIP）数据

中国电力市场发展形势分析报告.2016/神华科学技术研究院编.—北京：中国财富出版社，2017.7

ISBN 978-7-5047-6541-3

Ⅰ.①中…　Ⅱ.①神…　Ⅲ.①电力市场-研究报告-中国-2016　Ⅳ.①F426.61

中国版本图书馆CIP数据核字（2017）第140652号

策划编辑　李晓奇　　**责任编辑**　宋　宇

责任印制　方朋远　　**责任校对**　胡世勋　张营营　　**责任发行**　张红燕

出版发行　中国财富出版社

社　　址　北京市丰台区南四环西路188号5区20楼　　**邮政编码**　100070

电　　话　010-52227588转2048/2028（发行部）　　010-52227588转307（总编室）

010-68589540（读者服务部）　　010-52227588转305（质检部）

网　　址　http://www.cfpress.com.cn

经　　销　新华书店

印　　刷　北京京都六环印刷厂

书　　号　ISBN 978-7-5047-6541-3/F·2777

开　　本　889mm×1194mm　1/16　　**版　　次**　2017年7月第1版

印　　张　17.75　　**印　　次**　2017年7月第1次印刷

字　　数　324千字　　**定　　价**　128.00元

中国电力市场发展形势分析报告 2016

成员名单

编审组

组　长：蒋文化

副组长：王久彬　李瑞峰　俞珠峰　刘保文

成　员：韩　悦　迟东训　宁成浩　朱吉茂

编写组

组　长：韩　悦

成　员：高　莹　向　敏　陈俊圻

前　言

神华科学技术研究院近年来紧密跟踪中国电力市场发展形势，开展相关研究，对电力供需、电网发展、上网电价及电力市场化发展等进行分析、预测，形成月度、季度、年度系列分析报告，为政府部门、相关企业及机构提供了有价值的决策参考。

《中国电力市场发展形势分析报告》是年度系列报告之一。自 2014 年以来，一直在连续出版、发布。

本报告共分为七个部分。第一部分内容为电力消费，对 2016 年全国、行业及区域电力消费情况进行回顾与分析，并展望 2017 年电力消费形势。第二部分内容为电力供应，对 2016 年全国及区域装机容量、发电量、发电设备利用小时等进行详尽分析，并对 2017 年电力供应形势进行展望。第三部分内容为电网发展，包括 2016 年电网总体情况、主要输电线路及特高压、微电网及能源互联网发展情况，以及电网发展形势展望。第四部分内容为上网电价，总结、分析了 2016 年各电源类型上网电价及煤电价格联动机制相关情况，并对未来上网电价形势进行了展望。第五部分内容为电力市场化发展，包括 2016 年大用户直购电、售电业务发展情况，以及电力市场化形势展望。第六部分内容为宏观环境，分析了 2016 年经济与政策环境，并展望了 2017 年宏观形势。第七部分内容为专题报告，对核电、风电、太阳能发电、水电等新能源发电，以及售电业务进行了专题分析。

本报告大部分数据采用国内外权威机构发布的最新数据，部分数据由神华科学技术研究院调研、收集、整理、统计分析而来。

报告各部分撰写人员如下：电力消费部分由高莹撰写，电力供应部分由韩悦撰写，电网发展部分由陈俊圻撰写，上网电价部分由韩悦撰写，电力市场化发展部分由向敏、陈俊圻撰写，宏观环境部分由向敏撰写，核电专题部分由韩悦撰写，风电、太阳能发电专题部分由高莹撰写，水电专题部分由向敏撰写，售电业务专题国际部分、国内部分分别由高莹、向敏撰写。

本报告在编写过程中，得到了有关单位领导、专家以及业内专业人士的悉心指导，在此表示衷心感谢！

限于作者水平有限，虽然对报告进行了反复推敲，但疏漏与不足之处在所难免，恳请各位读者谅解并批评指正。

神华科学技术研究院

2017 年 5 月

目录

第一部分　电力消费

第二部分　电力供应

第三部分 电网发展

第四部分 上网电价

第五部分 电力市场化发展

第六部分 宏观环境

第七部分 专题报告

第一部分
电力消费

观点提要

● 全社会用电量增速有所回升，月度/季度用电量同比增速前低后高。2016 年全社会用电量为59198 亿千瓦时，同比增长5.0%，增速较2015 年提高4 个百分点。气温对单月用电量的拉动明显，尤其是6—9 月的持续高温，使得对应月份用电量同比大幅增长。各季度用电量增速分别为3.2%（扣除闰年因素增长2.1%）、2.1%、7.8%和6.5%。

● 第二产业用电增速由负转正，第三产业及居民生活用电呈高速增长。2016 年，第二产业用电同比增长2.9%，较2015 年提高3.7 个百分点，用电比重继续降低至71.1%，降幅较2015 年扩大0.4 个百分点。其中，制造业、采矿业用电形势逐步好转；电力、热力生产和供应业用电量大幅增长，尤其是线路损失电量；四大高耗能行业合计用电增速为零，与2015 年 −3.4%的增速相比有所好转。第三产业和城乡居民生活用电同比分别增长11.2%和10.8%，增速较2015 年分别扩大3.8 个和5.8 个百分点，是全社会用电增速回升的主要动力。电力消费增长动力正由传统的高耗能行业向新兴制造业、服务业以及生活用电转换。2016 年，四大高耗能行业对全社会用电量增长的贡献为零，第三产业和城乡居民生活用电的贡献率均达到28%。

● 东部、中部地区用电形势好于西部和东北地区，多数地区电力消费形势有所好转。2016 年，东部、中部、西部和东北地区用电增速分别为5.9%、5.4%、3.5%和2.3%。用电量同比负增长的地区由2015 年的10 个减少至3 个，分别是云南（−2.0%）、甘肃（−3.1%）和青海（−3.1%）；电力消费增速低于2015 年的5 个地区，分别是甘肃、内蒙古、宁夏、海南和广西；陕西、浙江和河北电力消费增速增幅最大，分别提高9.9 个、7.6 个和7.0 个百分点。

● 2017 年电力消费增速或略有回落，电力消费结构将进一步优化。在考虑常年平均气温水平的情况下，预计2017 年用电增速或略有回落，同比增长3% ~5%，用电量增速将呈现前高后低的走势。第二产业用电比重预计将下降至70%左右，第三产业和居民生活用电比重将继续上升。

一、全国电力消费

（一）全社会用电量增速有所回升

2016 年，全社会用电量为 59198 亿千瓦时，同比增长 5.0%，增速较 2015 年提高 4 个百分点（见图 1－1）。电力消费形势有所好转主要受几大因素影响：一是国民经济运行缓中趋稳，2016 年 GDP（国内生产总值）同比增长 6.7%，对电力消费形成一定支撑，尤其基建、房地产开发投资以及汽车市场的回暖推动了用电需求的增长（见图 1－2）；二是 2016 年冬冷夏热的气温，带动采暖制冷电量显著增加；三是 2016 年闰年多一天的用电量；四是线路损失电量大幅提高，增加额外电量消耗；五是 2015 年基数较低，用电量增速仅为 1.0%，为 1974 年以来最低水平。

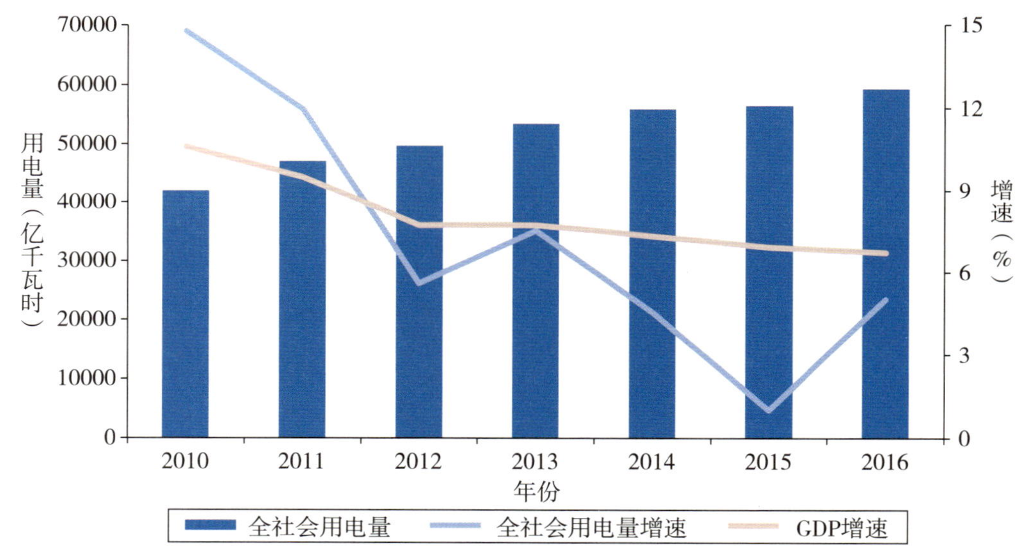

图 1－1　2010—2016 年全社会用电量及用电、GDP 增长情况

来源：中国电力企业联合会、国家统计局。

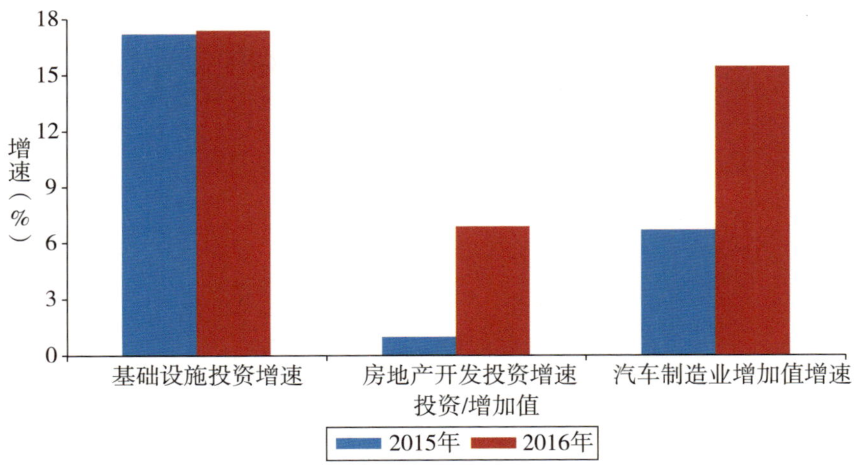

图 1－2　2015—2016 年中国基础设施投资、房地产开发投资及汽车制造业增加值增长情况

来源：国家统计局。

（二）月度/季度用电量增速前低后高

从单月情况看，工业经济平稳发展且呈现稳中向好趋势，对用电量的负面影响较小，气温对用电量的影响则较为明显。2016 年 1～2 月气温明显低于 2015 年同期，6—9月持续高温，其中 6 月、7 月气温为 1961 年以来同期第三高，8 月、9 月为历史同期最高，极大地刺激了第三产业、居民生活以及部分第二产业额外的用电需求，使得对应月份用电量同比大幅增长（见图 1－3、表 1－1）。

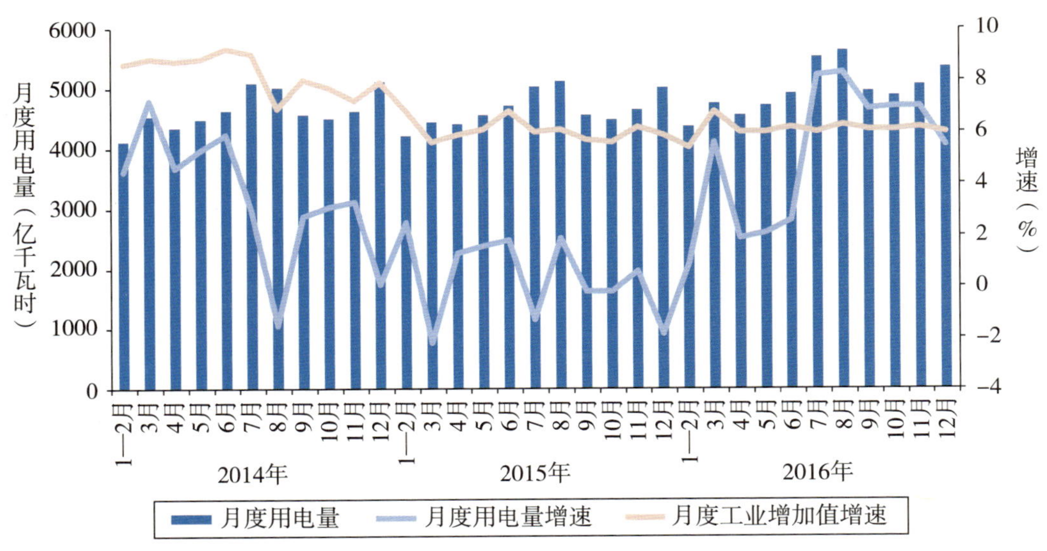

图 1－3　2014—2016 年中国月度用电量、用电量增长及工业增加值增长情况

来源：中国电力企业联合会、国家统计局。

表 1 – 1　　全国单月平均气温

月份	平均气温℃		
	2015 年	2016 年	常年平均值
1	-3. 1	-5. 3	-5. 0
2	-0. 2	-1. 6	-1. 7
3	5. 8	5. 9	4. 0
4	11. 6	12. 3	10. 7
5	16. 8	16. 3	16. 2
6	20. 3	20. 6	20. 0
7	22. 1	22. 7	21. 8
8	21. 1	22. 0	20. 8
9	16. 8	18. 0	16. 8
10	11. 0	10. 9	10. 3
11	4. 1	2. 9	2. 9
12	-2. 1	-0. 3	-2. 9

来源：国家气象局。

从季度情况看，一、二季度全社会用电量同比分别增长3. 2%（扣除闰年因素增长2. 1%）和2. 1%，增速较2015 年同期分别提高2. 6 个（扣除闰年因素提高 1. 5 个）和0. 6 个百分点；在经济稳中向好、夏季持续高温以及2015 年同期低基数等因素影响下，三季度用电量同比大幅增长7. 8%，增速较2015 年同期提高7. 7 个百分点；四季度经济向好态势愈加明显，在气温消极影响下（12 月气温偏暖，为历史同期最高），用电量保持6. 5%的增速，较2015 年同期提高5 个百分点（见图 1 –4）。

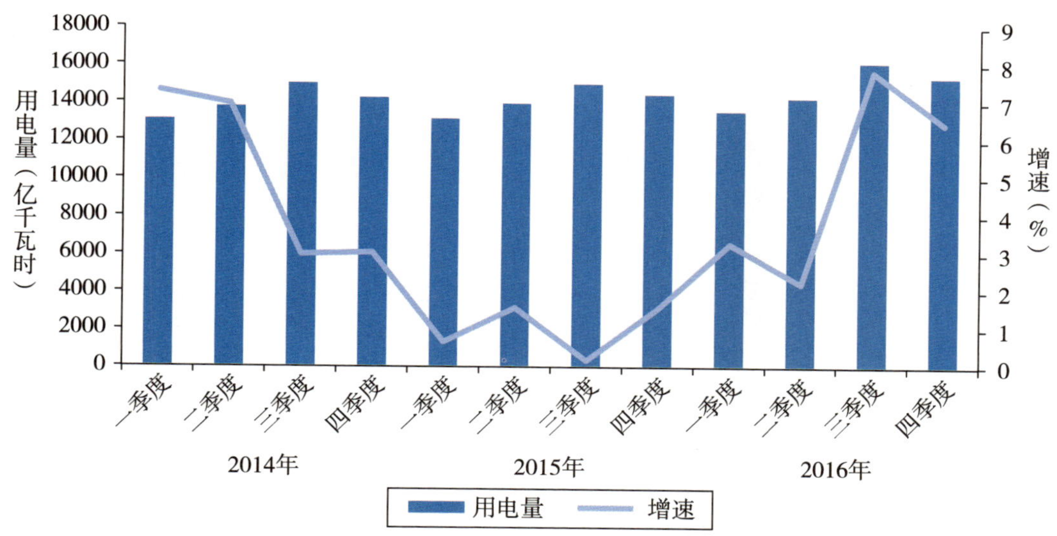

图 1－4 2014—2016 年中国季度用电量及增长情况

来源：中国电力企业联合会。

（三）电力消费指标波动明显

随着用电形势的好转，2016 年电力消费弹性系数、人均用电量、电力消费强度及增速等电力消费相关指标与 2015 年相比出现较大波动。其中，电力消费弹性系数由 2015 年的0.14 升至0.75；人均用电量为4281 千瓦时，同比增长4.4%，增速较2015 年提高3.9 个百分点；电力消费强度继续保持下降态势，约为 1212 千瓦时/万元，同比下降1.6%，降幅较2015 年收窄3.9 个百分点（见图1－5、图1－6、图1－7）。与

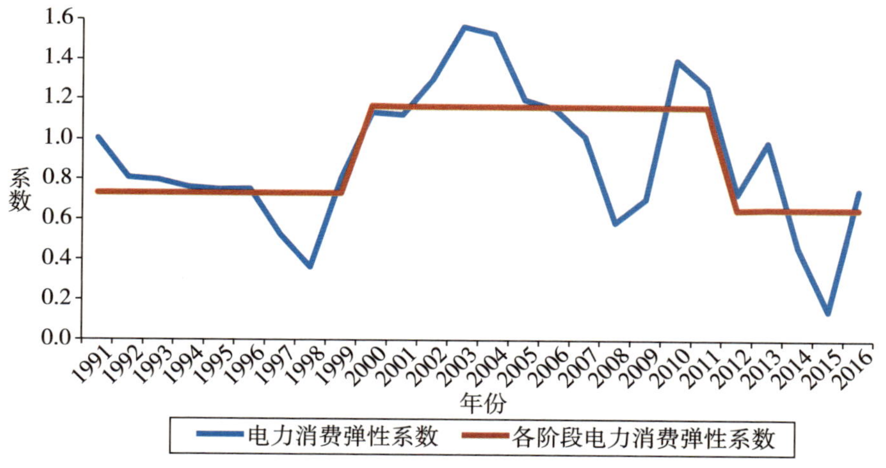

图 1－5 1991—2016 年中国电力消费弹性系数变化情况

来源：中国电力企业联合会、国家统计局。

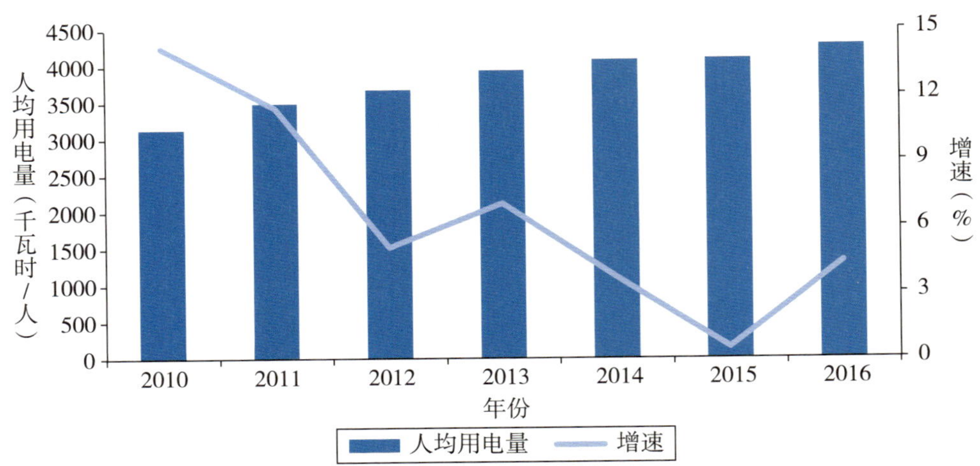

图 1 -6　2010—2015 年中国人均用电量及增长情况

来源：中国电力企业联合会、国家统计局。

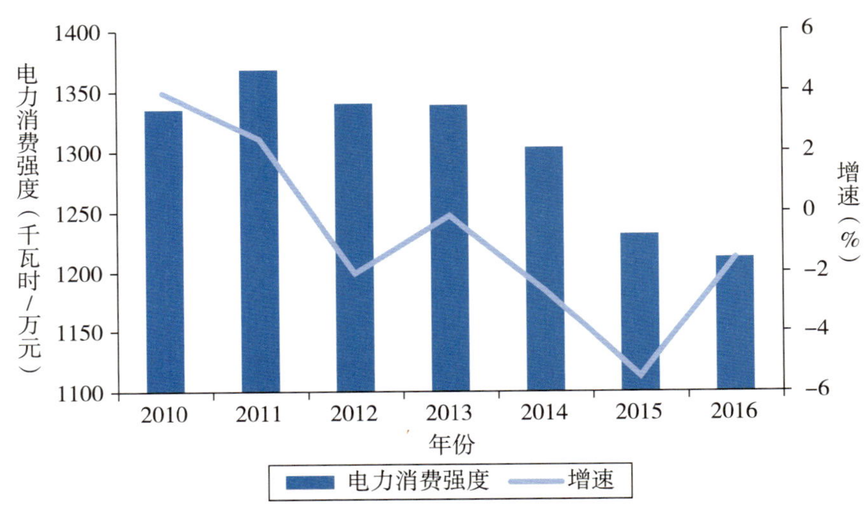

图 1 -7　2010—2016 年中国电力消费强度及增长情况

来源：中国电力企业联合会、国家统计局。

发达国家相比，人均用电量和电力消费强度的差距较为明显，电力消费及使用效率仍有较大的提升空间（见图 1 -8、图 1 -9）。

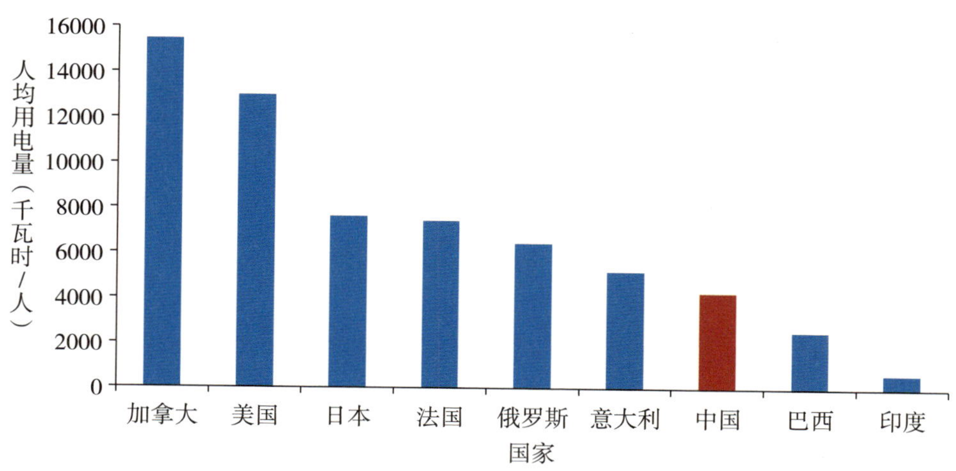

图 1－8　部分国家人均用电量情况

注：除中国为 2016 年数据外，其他国家为 2015 年数据。
来源：中国电力企业联合会、各国统计快报。

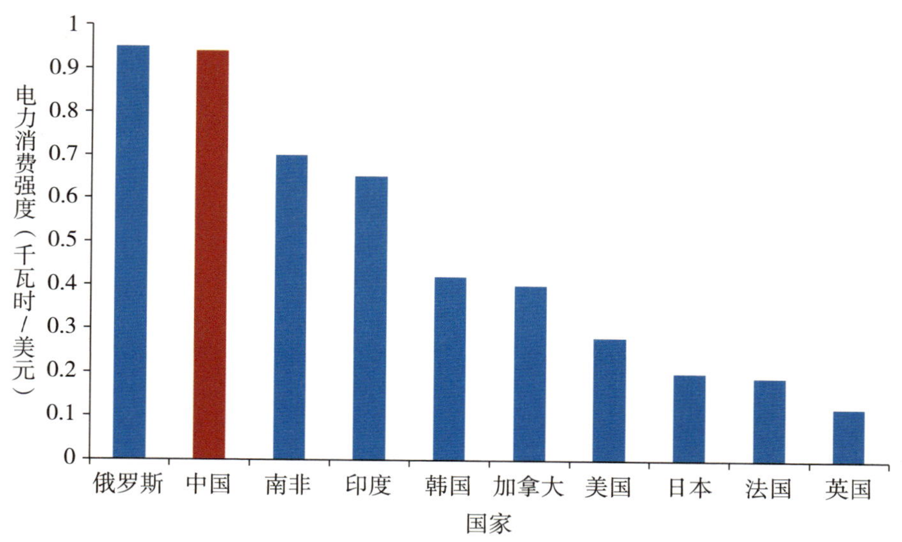

图 1－9　部分国家电力消费强度情况

注：中国为根据 2014 年数据折算得到的 2016 年数据，其他国家为 2014 年数据。
来源：IEA、World Bank、国网能源研究院《2016 全球能源分析与展望》。

二、行业电力消费

（一）第二产业用电形势有所好转，第三产业和居民生活用电快速增长

1. 第二产业用电增速由负转正，第三产业和居民生活用电量继续大幅增长

2016 年，工业经济运行总体平稳，第二产业用电量达到 42108 亿千瓦时，同比增

长2.9%，增速较2015年提高3.7个百分点，对全社会用电量回升做出了积极贡献。在产业快速发展、气温冬冷夏热以及生活水平不断提高等因素影响下，第三产业和城乡居民生活用电量分别达到7961亿千瓦时和8054亿千瓦时，同比增长11.2%和10.8%，增速较2015年提高3.8个和5.8个百分点，成为全社会用电增长的主要动力。第一产业用电量为1075亿千瓦时，同比增长5.3%，增速较2015年提高2.8个百分点（见图1－10）。

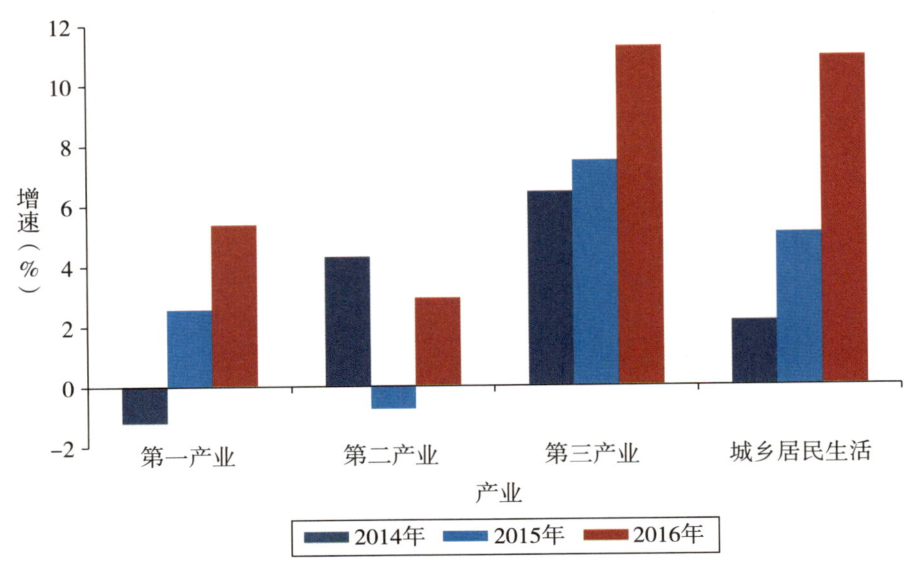

图1－10　2014—2016年中国各产业和居民生活用电量增长情况

来源：中国电力企业联合会。

2. 第二产业用电比重继续下降，第三产业及居民生活用电比重快速提高

2016年，第二产业用电比重降低至71.1%，降幅较2015年扩大0.4个百分点；第三产业占国内生产总值的比重升至51.6%，对应用电比重提高至13.4%，增幅与2015年持平；城乡居民生活用电量比重达到13.6%，增幅较2015年提高0.4个百分点；第一产业用电比重为1.8%，与2015年持平。随着中国经济结构由第二产业主导向第三产业主导转变，第二产业在国内生产总值中的比重不断下降，用电比重持续降低，第三产业及居民生活用电比重快速提升，电力消费结构调整相应加快（见图1－11、图1－12）。

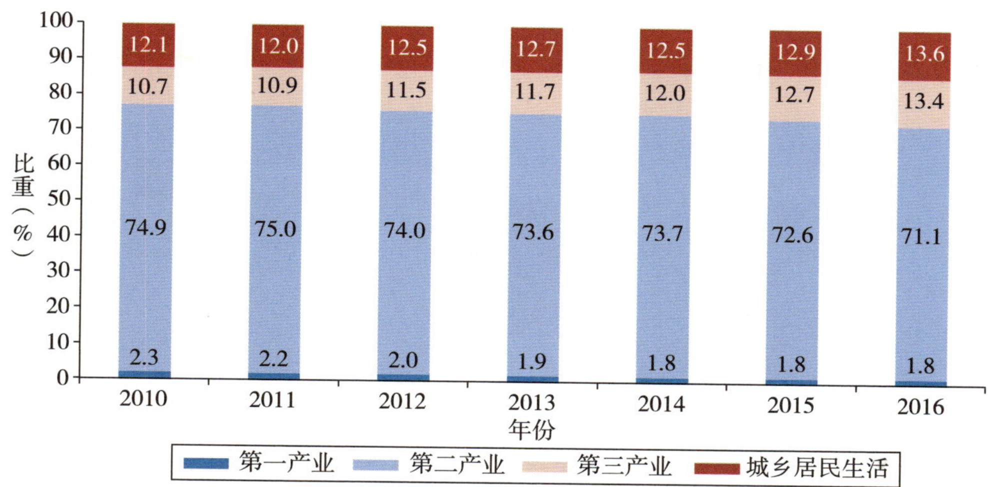

图 1－11　2010—2016 年中国电力消费结构情况

来源：中国电力企业联合会。

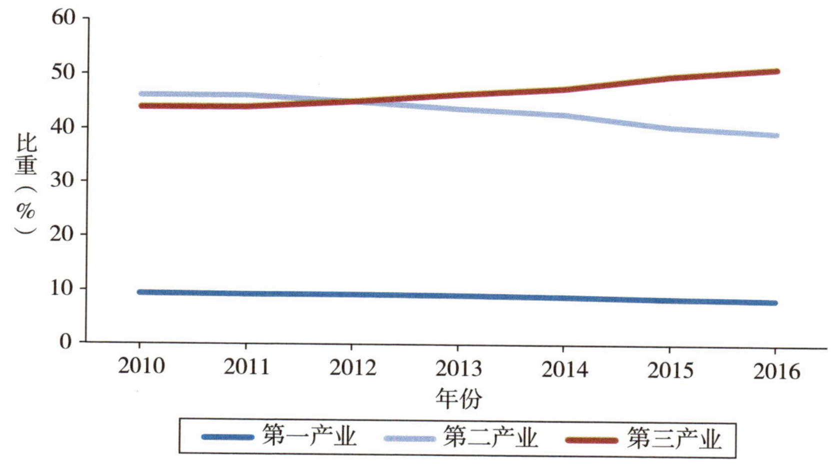

图 1－12　2010—2016 年中国各产业增加值占国内生产总值比重情况

来源：国家统计局。

（二）工业用电量有所回升

1. 制造业、采矿业用电形势逐步好转

2016 年，制造业用电量为 30863 亿千瓦时，同比增长 2.5%，增速较 2015 年提高 3.9 个百分点；采矿业用电量为 2263 亿千瓦时，同比下降 3.6%，降幅较 2015 年收窄 4.8 个百分点。受经济稳中向好的影响，制造业各季度用电量增速分别为 －1.5%、0.7%、3.8%和 6.6%，采矿业各季度用电量增速分别为 –6.9%、–6.2%、–3.2%和 1.8%，均稳步上升（见图 1－13）。

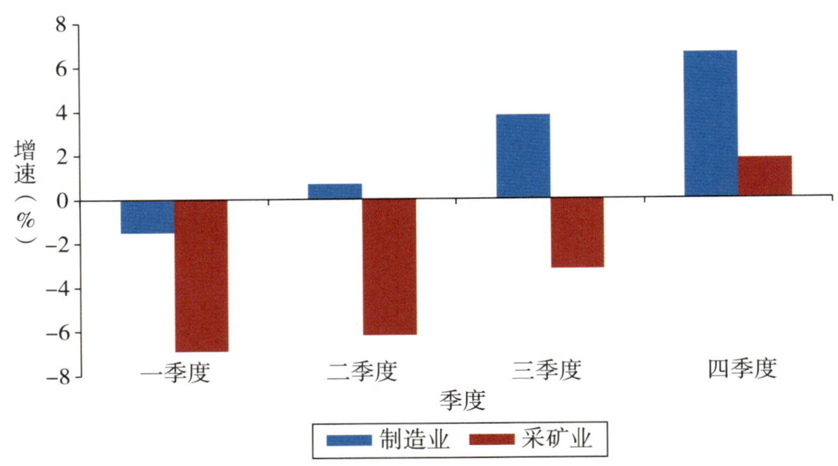

图 1－13　2016 年中国分季度制造业和采矿业用电量增长情况

来源：中国电力企业联合会。

2. 除黑色金属行业外，制造业的大部分行业用电量保持增长

除黑色金属行业用电量同比下降外，制造业中的大部分行业用电量保持增长。其中，交通运输、电气、电子设备制造，通用及专用设备制造以及金属制品等装备制造业用电快速增长，用电量分别达到 2710 亿千瓦时、1279 亿千瓦时和 1750 亿千瓦时，增速分别为 8. 7%、7. 0%和 6. 7%；造纸及纸制品业、木材加工及制品和家具制造业以及橡胶、塑料制品业等大众消费品制造业用电增长势头较好，用电量分别达到 674 亿千瓦时、424 亿千瓦时和 1237 亿千瓦时，增速分别为 6. 5%、6. 3%和 5. 4%（见图 1－14）。

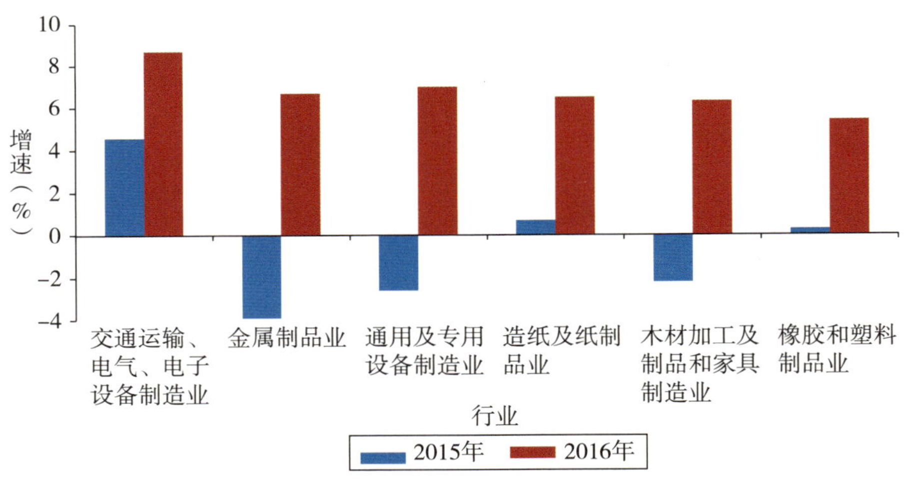

图 1－14　中国部分用电快速增长的制造业用电量增长情况

注：2015 年为 1—11 月数据。
来源：中国电力企业联合会。

3. 电力、热力生产和供应业用电量大幅增长，线路损失电量不容忽视

除制造业用电量回升外，电力、热力生产和供应业用电量达到8257亿千瓦时，增速为6.1%，主要由线路损失电量大幅提高造成。2016年，线路损失电量为3006亿千瓦时，增速由2015年的-3.0%（2015年1—11月数据）升至3.8%。粗略估算，增加的线路损失电量为全社会用电增速贡献约0.2个百分点。

（三）高耗能行业整体用电依旧低迷，但较2015年有所好转

1. 四大高耗能行业合计用电量零增长，用电比重继续降低

2016年，受产业结构调整、转型升级以及去产能政策等因素影响，四大高耗能除建材行业增加值增速与2015年持平外，其他行业增加值增速均继续下滑，因此整体用电需求依旧不振，合计用电量为17523亿千瓦时，与2015年持平。虽然合计用电量增速为零，但与2015年-3.4%的增速相比有所好转（见图1-15、图1-16）。从季度情况看，2016年一至四季度，四大高耗能行业合计用电增速由负转正，逐步回升（见图1-17）。

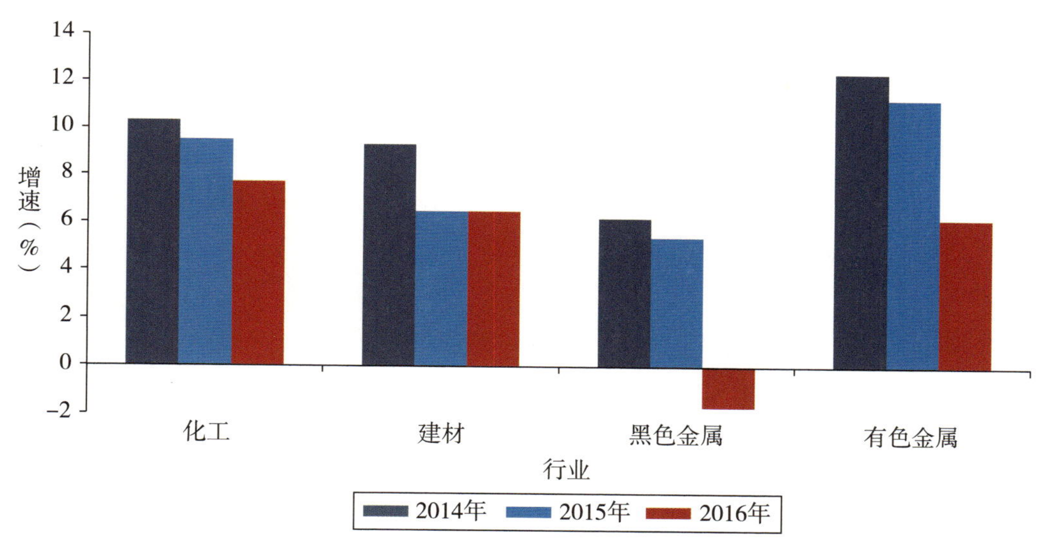

图1-15　2014—2016年中国四大高耗能行业工业增加值增长情况

来源：国家统计局。

2016年，四大高耗能行业用电量在全社会用电量中的比重约为29.6%，较2015年下降1.5个百分点（见图1-18）。第二产业在全社会用电量中的比重同样较2015年降低1.5个百分点，由此可见，高耗能行业用电不振导致了第二产业用电比重的下降。

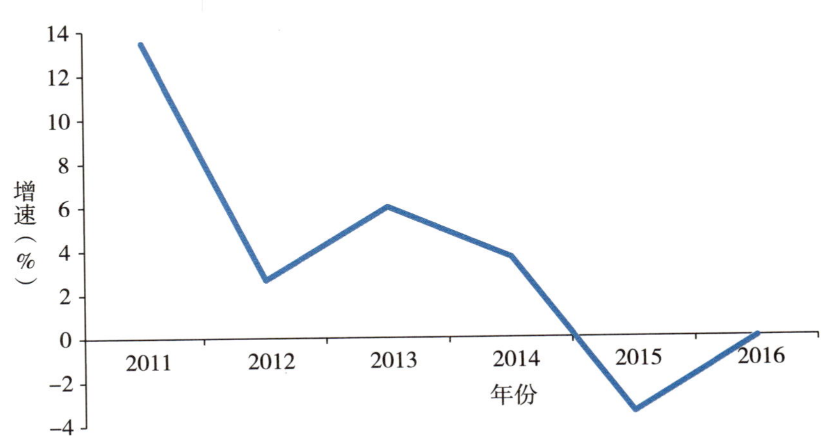

图 1－16　2011—2016 年中国四大高耗能行业合计用电量增长情况

来源：中国电力企业联合会。

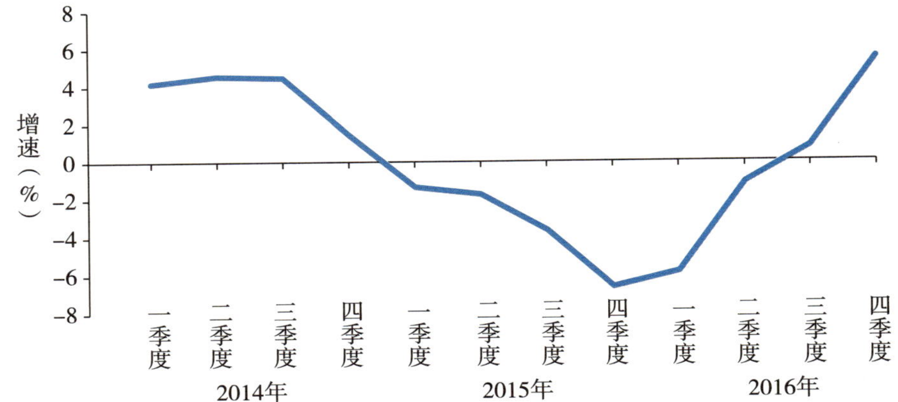

图 1－17　2014—2016 年中国分季度四大高耗能行业合计用电量增长情况

来源：中国电力企业联合会。

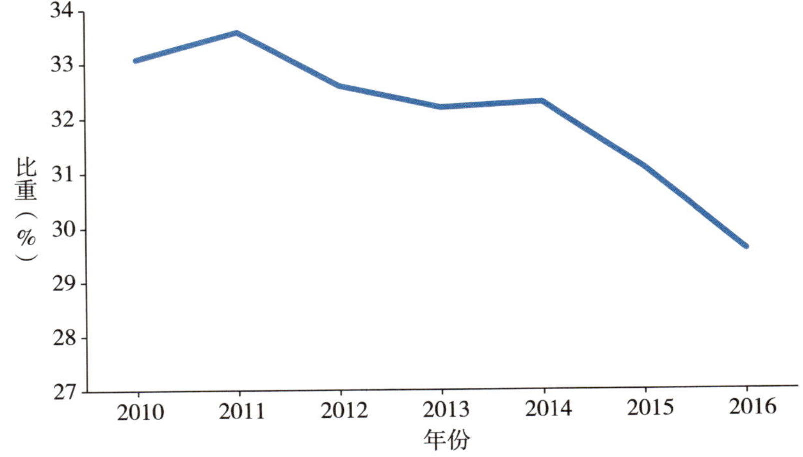

图 1－18　2010—2016 年中国四大高耗能行业用电比重情况

来源：中国电力企业联合会。

2. 除化工行业外，其他行业用电增速有所回升

2016 年，四大高耗能行业用电形势不尽相同。其中，建材行业用电量达到 3186 亿千瓦时，同比增长 2.7%，增速较 2015 年大幅提高 9.4 个百分点；黑色金属冶炼行业用电量为 4871 亿千瓦时，同比下降 3.7%，降幅较 2015 年收窄 5.6 个百分点；有色金属冶炼行业用电量为 5135 亿千瓦时，同比增长 1.1%，增速较 2015 年提高 0.2 个百分点。三大行业用电增速有所回升，一方面是因为行业相关产品价格逐步回升，刺激行业生产加快、产品产量增长，进而带动用电增长；另一方面则是因为这些行业 2015 年用电基数较低（见图 1－19、图 1－20、图 1－21、图 1－22）。2016 年，化工行业用电量为 4332 亿千瓦时，同比增长 1.0%，增速较 2015 年下降 1.0 个百分点，主要是受化肥市场低迷（化肥价格低位运行、产量大幅下跌）、肥料制造业用电量大幅下滑（同比下降 16.4%）的影响。从季度情况看，建材、黑色金属和有色金属行业用电增速逐季回升，化工行业用电量一、二季度正增长，三、四季度增速转负（见图 1－23）。

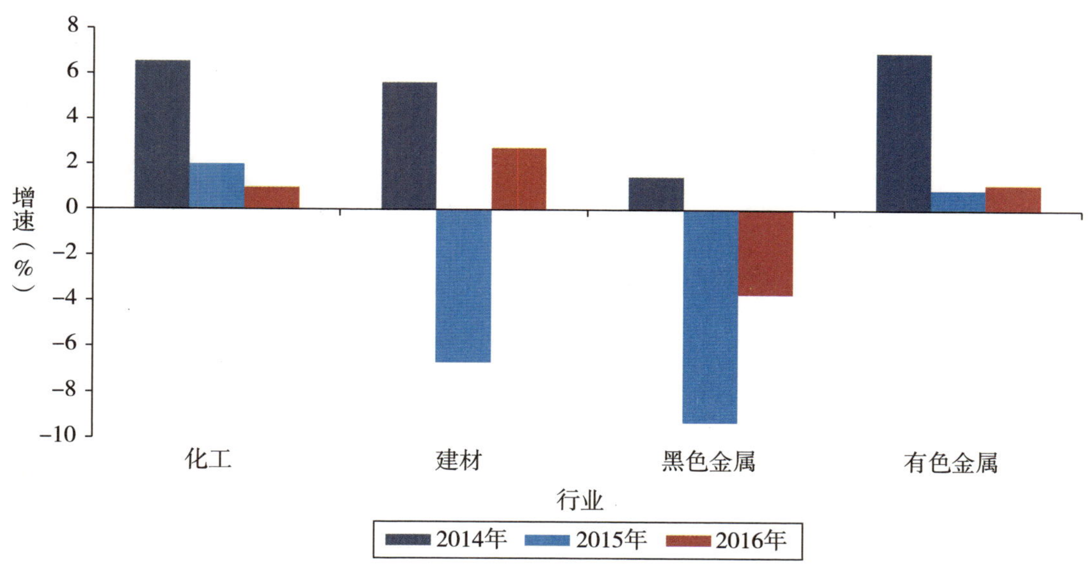

图 1－19　2014—2016 年中国四大高耗能行业用电量增长情况

来源：中国电力企业联合会。

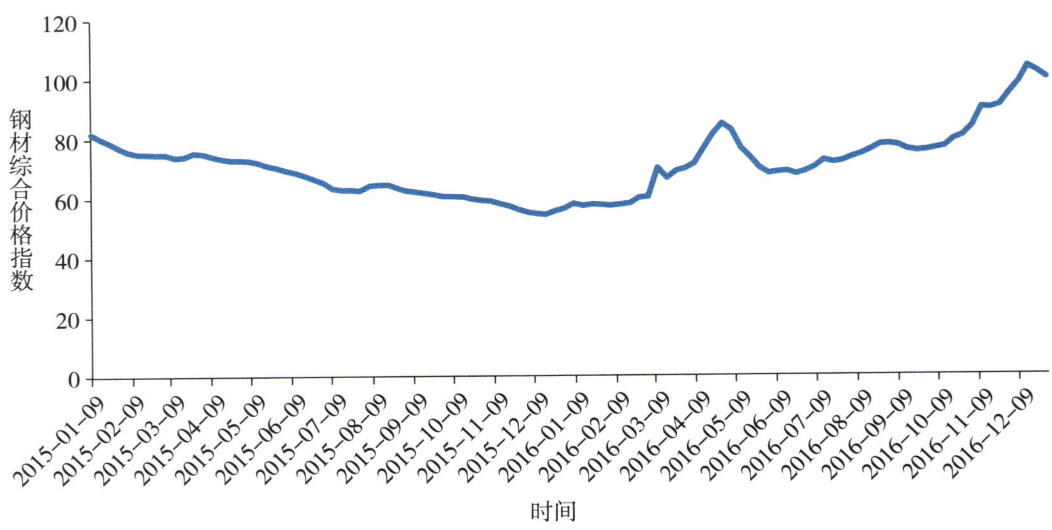

图 1 -20　2015—2016 年中国钢材综合价格指数情况

来源：wind。

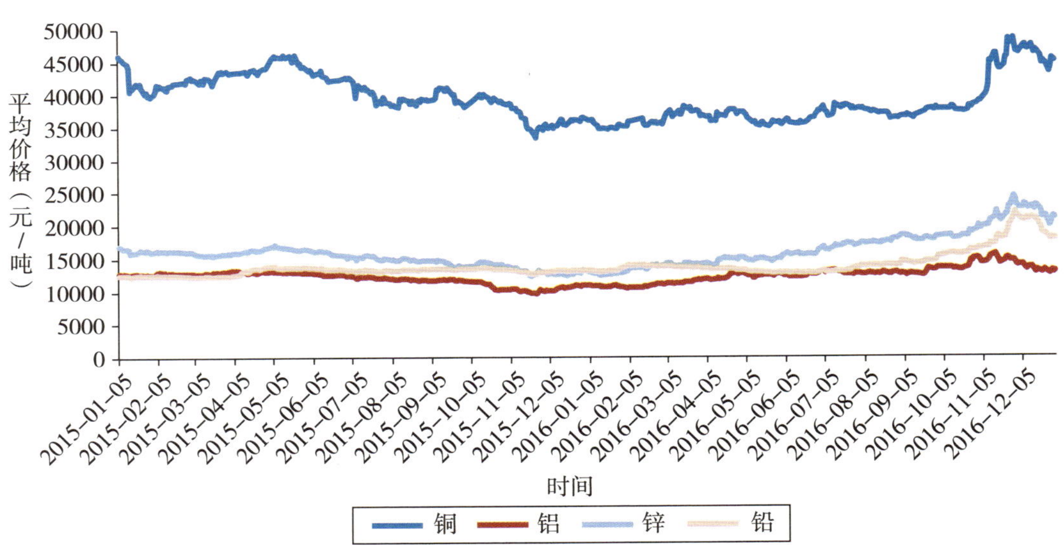

图 1 -21　2015—2016 年中国有色金属行业部分产品价格情况

来源：wind。

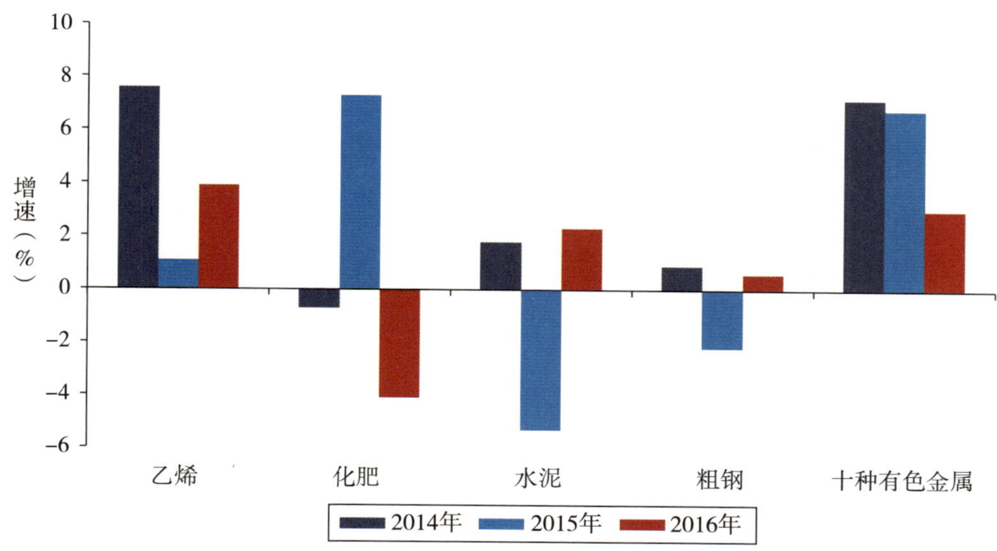

图 1-22　2014—2016 年中国高耗能行业部分产品产量增长情况

来源：国家统计局。

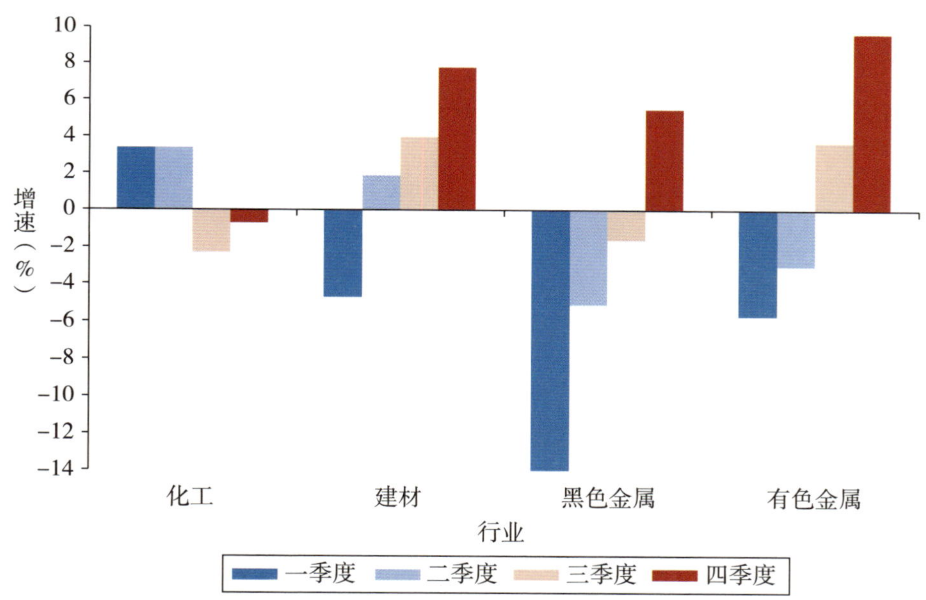

图 1-23　2016 年中国分季度四大高耗能行业用电量增长情况

来源：中国电力企业联合会。

（四）新兴行业用电继续快速增长

在第三产业快速发展的带动下，2016 年第三产业中各行业用电量均保持快速增长。其中，信息传输、计算机服务和软件业用电量延续高速增长势头，达到 556 亿千瓦时，增速为 15.0%，较 2015 年提高 0.2 个百分点；金融、房地产、商务及居民服务业，交通运输、仓储、邮政业，以及商业、住宿和餐饮业用电量继续大幅提高，分别达到 1731 亿千瓦时、1250 亿千瓦时和 2320 亿千瓦时，同比分别增长 12.3%、11.3% 和 9.5%，增速较 2015 年（2015 年 1—11 月数据）提高 5.1 个、4.9 个和 3.4 个百分点（见图 1 –24）。

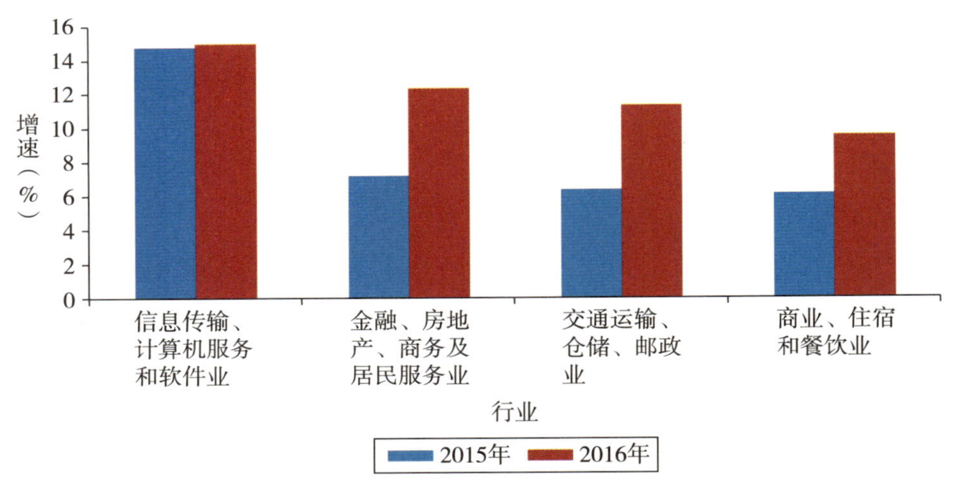

图 1 –24　2015—2016 年中国部分第三产业行业用电量增长情况

注：2015 年用电量增速为 1—11 月数据。
来源：中国电力企业联合会。

（五）居民生活用电增速明显提升

随着居民生活水平的不断提高、电气普及率以及城镇化率的增长，城乡居民生活用电稳步上升。从季度情况看，2016 年一至四季度，城乡居民生活用电增速分别为 10.8%、4.0%、18.4% 及 8.4%。其中，一季度气温明显低于 2015 年同期，增加采暖电量，增速同比提高 7.9 个百分点；三季度气温处于历史同期最高，制冷电量大幅增长，用电增速为十年来季度最高增速，较 2015 年同期提高 14.6 个百分点（见图 1 –25）。

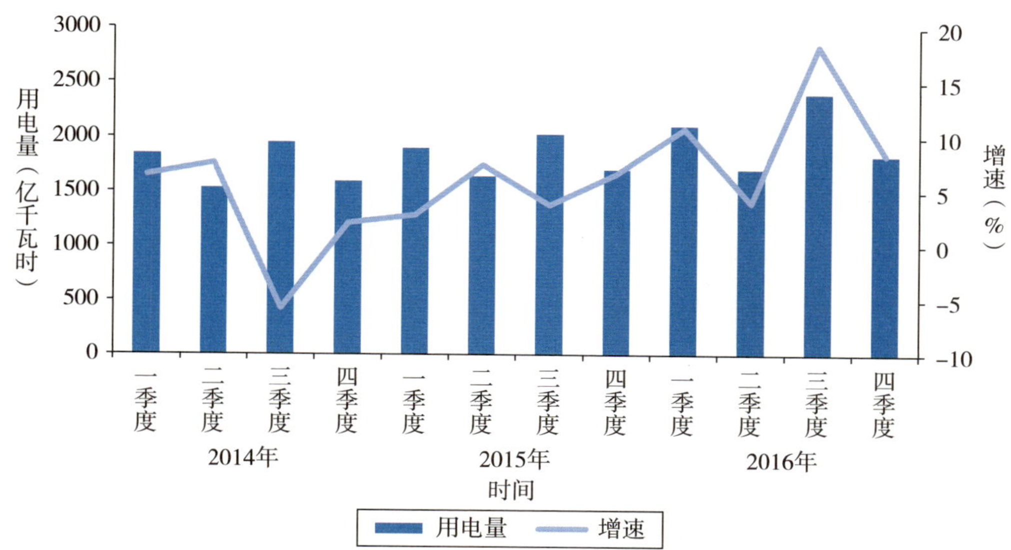

图 1-25 2014—2016 年中国分季度城乡居民生活用电量及增长情况

来源：中国电力企业联合会。

（六）用电增长动力逐渐转换

2016 年，第一产业、第二产业、第三产业和城乡居民生活用电对全社会用电增长的贡献率（用电增长量在全社会用电增长量中的比重）分别为 2%、42%、28% 和 28%（见图 1-26）。其中，第二产业中的四大高耗能行业对全社会用电量增长的贡献为零，装备制造业、大众消费品业以及新兴技术行业成为拉动第二产业和全社会用电量

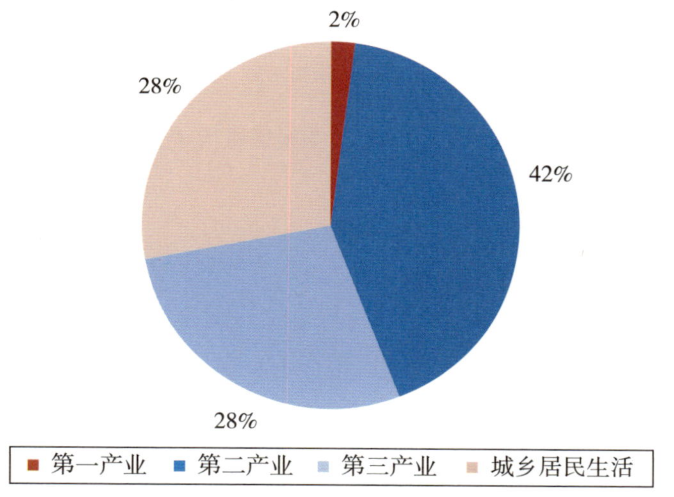

图 1-26 2016 年中国各产业用电增长量在全社会用电增长量中的比重情况

来源：中国电力企业联合会。

的主要力量。同时，第三产业和居民生活用电也为全社会用电增长作出积极贡献。电力消费增长动力正在由传统的高耗能行业逐渐向新兴制造业、服务业以及生活用电转换。

三、区域电力消费

（一）东、中部用电形势好于西部和东北

由于经济转型升级、产业结构调整的基础相对较好，东部和中部地区用电增速高于全国平均水平。其中，东部用电量同比增长5.9%，是增速最高的地区；中部用电量同比增长5.4%，是增速上涨幅度最大的地区，较2015年提高5.2个百分点。而西部、东北地区产业结构相对单一、高耗能产业比重偏大、服务业发展相对滞后，用电量同比分别增长3.5%和2.3%，低于全国平均水平（见图1－27）。

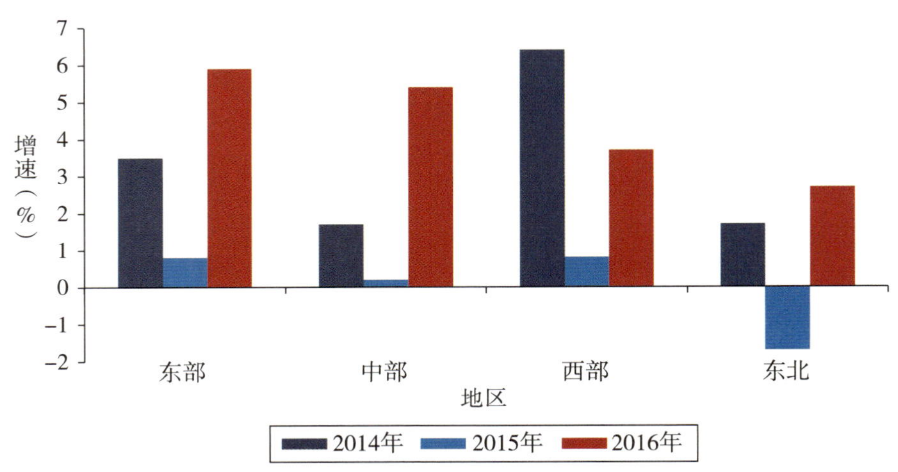

图1－27　2014—2016年中国区域用电量增长情况

来源：中国电力企业联合会。

（二）多数地区电力消费形势有所好转

2016年，用电量同比负增长的地区由2015年的10个减少至3个，分别是云南（－2.0%）、甘肃（－3.1%）和青海（－3.1%），用电为负增长的主要原因是工业用电需求不足、第三产业及居民生活用电增长有限。31个省份中用电量增速超过全国平均水平的省份有17个，大部分位于华东、华中及南方等经济较发达地区（见图1－28）。

仅有5个地区电力消费增速低于2015年，分别是甘肃（下降3.4个百分点）、内蒙古

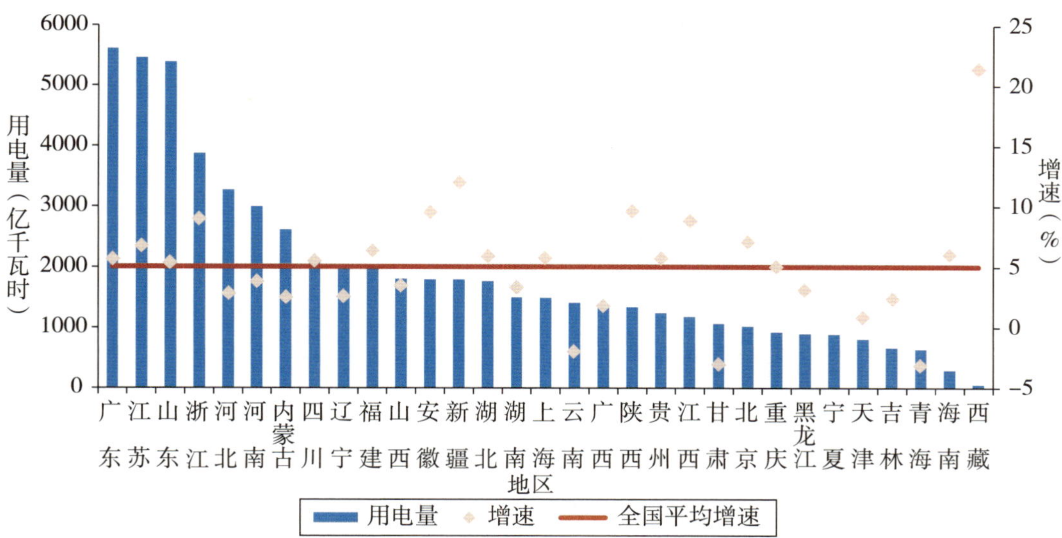

图 1－28　2016 年中国各地区用电量及增长情况

来源：中国电力企业联合会。

（下降 2.8 个百分点）、宁夏（下降 2.5 个百分点）、海南（下降 2.1 个百分点）和广西（下降 0.2 个百分点），主要是由于这些地区经济增长有所放缓。其他 26 个地区电力消费形势较 2015 年均有不同程度的好转。其中，陕西、浙江和河北电力消费增速增幅最大，分别提高 9.9 个、7.6 个和 7.0 个百分点。陕西电力消费快速增长主要是由于第二产业用电增速由负转正大幅提高。浙江增幅较高得益于除四大高耗能行业外的其他制造业用电同比增长以及第三产业和居民生活用电的高速增长。河北则主要受 2015 年基数较低影响（见图 1－29）。

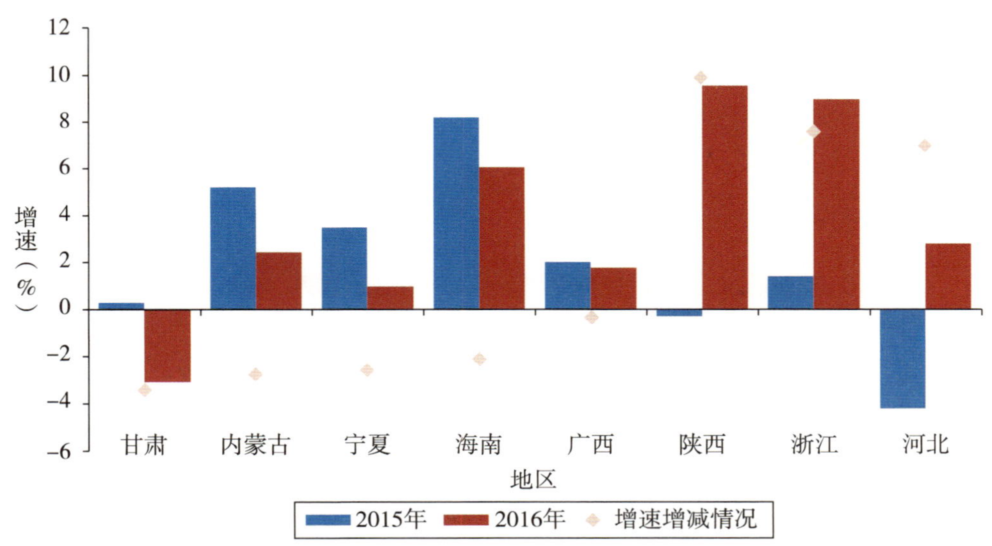

图 1－29　2015—2016 年中国部分地区用电量增长及增减情况

来源：中国电力企业联合会。

四、电力消费形势展望

（一）2017 年电力消费增速或略有回落

2016 年，电力消费增速超出市场预期，主要受基础设施建设、房地产和汽车市场回暖的拉动以及异常气温、低基数、高线损电量、闰年等因素的影响。2017 年，低基数、闰年等积极影响因素消失，经济、气温的走势将极大地决定电力消费增速。在考虑常年平均气温水平的情况下，预计 2017 年用电增速略有回落，同比增长 3% ~5%，全社会用电量达到 6. 1 万亿 ~6. 2 万亿千瓦时，用电量增速将呈现前高后低的走势。用电增速预计略有回落基于以下原因：

一方面，虽然 2016 年四季度各经济指标都好于年初，2017 年经济呈现稳中向好局面，但仍面临较多的不确定性。首先是对 2016 年用电产生积极推动作用的房地产行业，2017 年将迎来新一轮调控，下行压力较大，用电拉动效果将大幅减弱。其次是 2017 年车辆购置税优惠收窄将影响汽车销量，汽车市场发展速度放缓将对汽车制造业及其上下游相关行业的用电产生抑制作用。此外，包括制造业和劳动密集型产品在内的出口持续降速、固定资产投资增速显现后劲不足的态势以及居民收入增速低于经济增速等因素都将在一定程度上制约电力消费的增长。

另一方面，稳增长、去产能以及电能替代等政策措施的实施将刺激电力需求。2016 年，基建投资作为稳增长的重要手段对电力消费的拉动不容忽视，2017 年预计将继续对电力消费形成支撑。煤炭、钢铁、有色金属等行业在去产能政策调控下，2016 年产品价格、产量等呈现前低后高的走势，行业用电量有所起色。2017 年去产能政策或将继续促进产量的回升，进而带动用电量增长。电能替代政策则将继续在交通运输、商业餐饮以及生活用电方面增加电力消费需求。此外，新兴产业仍将保持快速发展，作为拉动电力消费的主要动力，将继续对用电增长贡献力量。

（二）电力消费结构将进一步优化

2017 年，经济结构深度调整，高耗能行业继续面临去产能、调结构的转型升级，供给侧结构性改革的推进则使得制造业加快发展装备制造、大众消费品以及高新技术等产业，预计第二产业用电量将保持2% ~3%的低速增长，拉动全社会用电量增长1.4 ~2.1个百分点，用电比重下降至70%左右。第三产业尤其是新兴行业发展势头不减，居民生活用电也将继续增长，但在常年气温和较高基数下，预计2017年第三产业和居民生活用电增速将回落至6% ~10%，拉动全社会用电量增长1.6 ~2.9个百分点，用电比重将继续上升。第一产业用电比重或略微下降，电力消费结构将进一步优化。

（三）四大高耗能行业合计用电增速或有所提高

目前房地产及基建是黑色金属、建材行业产品需求的主要拉动力量。2017年，房地产调控政策将对黑色金属、建材行业带来负面影响，但基建投资的稳定增长将对需求形成一定支撑，预计黑色金属、建材市场总体不会发生较大变化，产品需求将会保持平稳或略有下降。但产能过剩局面将持续存在，因此钢材、水泥等产品价格难以大幅上涨，产品产量增速或放缓，预计粗钢产量同比将下降2.2%（冶金工业规划研究院预测），水泥产量同比提高1.1%（中国建材联合会信息部预测）。受此影响，2017年黑色金属、建材行业用电增速难有较大起色。受累于化肥产能过剩日益突出、价格低位运行以及部分企业处于亏损导致的化肥产量下降，2017年化工行业用电需求预计将继续低迷。2017年，有色金属市场供需关系有望进一步改善，主要有色金属价格回升迹象明显，预计主要有色金属产品产量将保持4.8%左右的增速，行业工业增加值同比增长5.5%左右（工业和信息化部预测），均较2016年有所提高。受此影响，2017年有色金属行业用电量有望实现较快增长，四大高耗能行业合计用电量预计将实现正增长。

第二部分
电力供应

观点提要

- **发电装机容量保持快速增长，增速有所回落。**2016年，全国发电装机容量达到164575万千瓦，同比增长8.2%，增速较2015年回落2.2个百分点。新增装机容量12061万千瓦，同比下降8.5%，增速自2015年达到最高水平后开始下降。

- **火电装机容量增速下降，非化石能源装机容量快速增长，电源结构继续优化。**2016年，火电装机容量达到105388万千瓦，同比增长5.3%，新增装机容量同比下降27.6%；煤电、气电新增装机容量明显减少，分别下降29.4%和62.4%。非化石能源发电装机容量达到59187万千瓦，同比增长13.7%，新增装机容量同比增长11.1%；风电新增装机容量大幅下降40.3%，太阳能发电新增装机容量增长150%。2016年，电源结构继续优化，非化石能源装机比重达到36%，非水可再生能源装机比重快速提升至13.7%，煤电装机比重下降至57.3%。

- **部分电源类型布局正在调整优化，气电、非化石能源发电已在一些地区占据相当比重。**12个地区火电装机容量低速或零增长，煤电装机容量增长较快省份主要集中在西部地区。非化石能源装机容量普遍快速增长，中东部地区风电、太阳能发电装机容量增长速度明显加快。北京、上海、天津、浙江、广东等地区气电已形成一定规模；部分地区水电、核电、风电、太阳能发电等非化石能源装机已占据相当比重。

- **发电量增速大幅回升。**2016年，在电力消费大幅回升拉动下，我国全口径发电量达到59897亿千瓦时，同比增长5.2%，增速为近三年最高水平。

- **火电发电量恢复正增长，非化石能源发电量快速增长，比重进一步提升。**2016年，火电发电量达到42886亿千瓦时，同比增长2.5%，结束了自2014年以来连续两年的负增长；煤电发电量同比增长1.3%，恢复正增长。非化石能源发电量17010亿千瓦时，同比增长12.7%。发电结构继续优化，非化石能源发电比重达到28.4%，非水可再生能源发电比重达到5.1%，煤电发电比重下降至65.2%。

- **火电发电量呈现分化态势，多数地区距实现可再生能源电力消纳比重目标存在差距。**2016年，火电发电量下降地区明显减少，但部分地区下降幅度较大，呈现明显分化；非化石能源发电量普遍保持快速增长。非水可再生能源发电比重远低于装机比重，除宁夏、青海、内蒙古、吉林、云南、山西能够实现可再生能源消纳比重目标，其他地区距实现目标存在不同程度差距。

- 发电设备利用小时继续下行，水电、风电利用小时回升。2016年，发电设备利用小时降至3785小时，同比下降203小时；火电利用小时降至4165小时，同比下降近200小时；核电、太阳能利用小时同比分别下降361小时、99小时；水电、风电利用小时同比分别增长31小时、18小时。从各地区情况看，多数地区发电设备利用小时下降，不同发电类型设备利用小时变化存在较大差异。

- 在建装机规模庞大，预计2017年新增装机规模依然较大，装机容量将保持快速增长。截至2017年1月，中国在建装机规模达到32511.5万千瓦，其中火电达到18785.5万千瓦，煤电超过17000万千瓦。2017年，预计新增装机容量达到11000万千瓦，装机容量增长7%左右。多数地区将延续火电装机增速回落、非化石能源装机快速增长的发展态势。

- 受用电增速回落影响，预计2017年发电量增速有所下降，火电发电量维持低速增长。2017年，预计发电量增长3%~5%，火电发电量维持低速增长，非化石能源发电量保持快速增长。从各地区情况看，发电量增速下降地区将增加，火电发电量继续呈现分化态势，非化石能源发电量将普遍快速增长。

- 电力供应结构继续调整优化。2017年，预计非化石能源装机比重将提高到37.3%左右，非水可再生能源装机比重提高到15.4%左右；火电发电比重降至69.5%左右。非水可再生能源电力消纳比重目标的推出将加快各地区电源结构的调整优化速度。

- 电力供应能力总体过剩，发电设备利用小时进一步下降。2017年，预计全国发电设备平均利用小时降至3700小时左右；火电利用小时降至4000小时以下；核电利用小时降至6900小时左右；风电利用小时在1700~1800小时波动；太阳能发电利用小时将进一步下降。

一、装机容量

（一）全国发电装机容量保持快速增长，增速有所回落

2016 年，全国发电装机容量达到 164575 万千瓦，同比增长 8.2%，保持较快增长速度，增速较2015 年回落2.2 个百分点。新增装机容量12061 万千瓦，同比下降8.5%，增速自2015 年达到26.3%的最高水平后开始下降。发电装机容量增速回落、新增装机容量下降的主要原因在于政府出台了一系列政策控制电力行业投资节奏、调整投资结构。2016 年，电源投资3429 亿元，同比下降12.9%，为2010 年以来最低增长水平，抑制了装机容量的增长速度（见图2－1、图2－2、图2－3）。

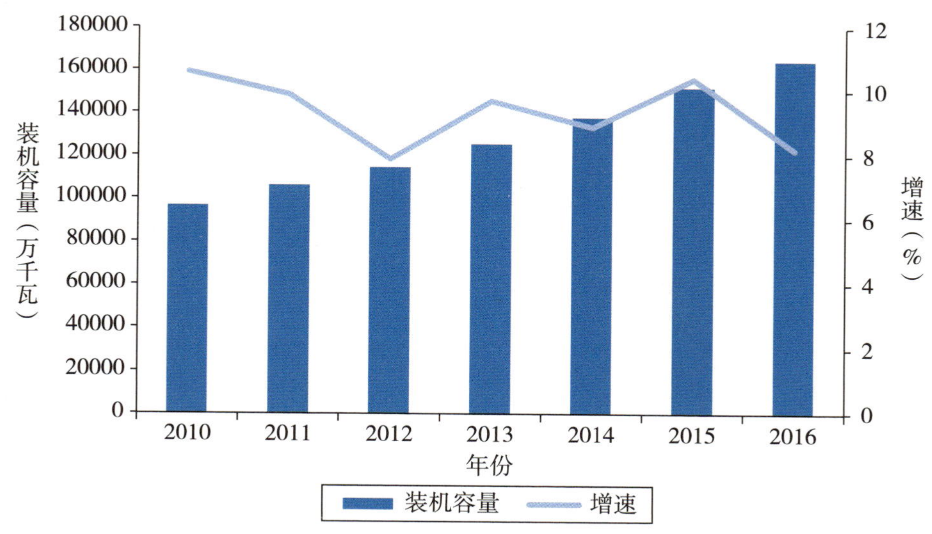

图2－1　2010—2016 年中国装机容量及增长情况

来源：中国电力企业联合会。

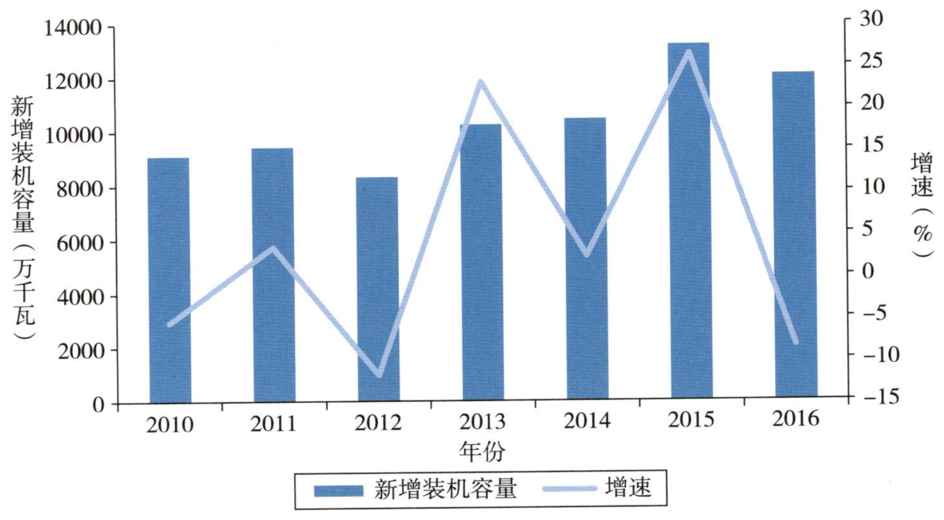

图 2-2　2010—2016 年中国新增装机容量及增长情况

来源：中国电力企业联合会。

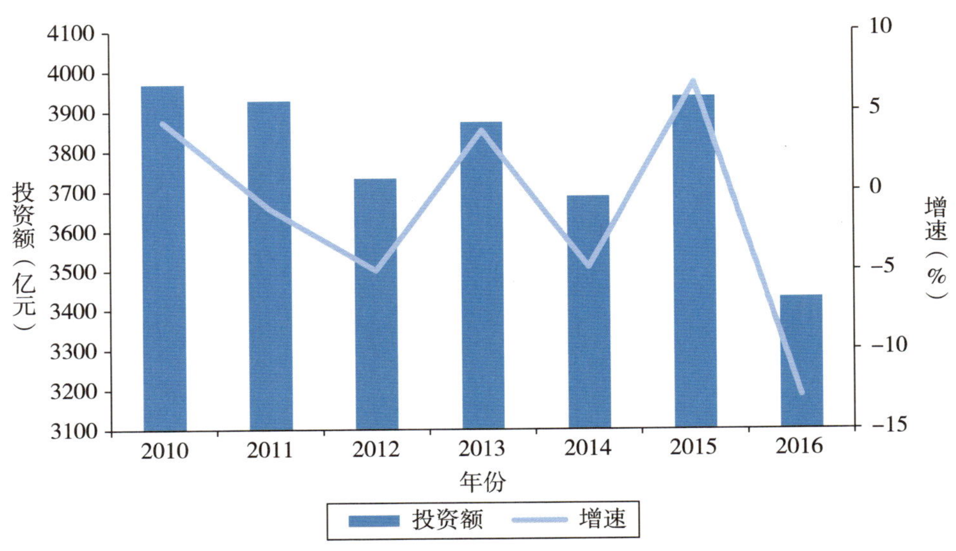

图 2-3　2010—2016 年中国电源投资及增长情况

来源：中国电力企业联合会。

（二）火电装机容量增速下降，非化石能源装机容量快速增长，电源结构继续优化

1. 火电装机容量保持增长，增长速度回落

2016 年，火电装机容量达到 105388 万千瓦，同比增长 5.3%，增速较 2015 年回落 2.6 个百分点；新增装机容量同比下降 27.6%，增速由大幅增长 39.4% 转变为大幅下降 27.6%。**其中：**

煤电（含煤矸石）装机容量94259万千瓦，同比增长5.3%，增速较2015年回落1.7个百分点；新增装机容量明显减少，同比下降29.4%，增速由大幅增长54.4%转变为大幅下降29.4%。

气电装机容量7008万千瓦，同比增长6.1%，增速较2015年回落9.8个百分点；新增装机容量大幅下降，同比下降62.4%，降幅较2015年扩大36.0个百分点。

其他火电①装机容量4121万千瓦，同比增长4.6%，增速较2015年回落10.2个百分点；新增装机容量同比增长31.2%，增速较2015年收窄36.6个百分点（见图2–4、图2–5）。

2016年，中国政府出台多项政策控制煤电投资及项目建设、投产速度，火电投资1174亿元，同比仅增长0.9%，增长速度为近3年最低水平（见图2–6）。煤电投资1012亿元，同比下降4.7%，结束了2014年以来煤电投资快速增长的势头。投资增速下降以及其他煤电调控政策的实施，使火电发电装机容量增速回落、新增装机容量明显下降。

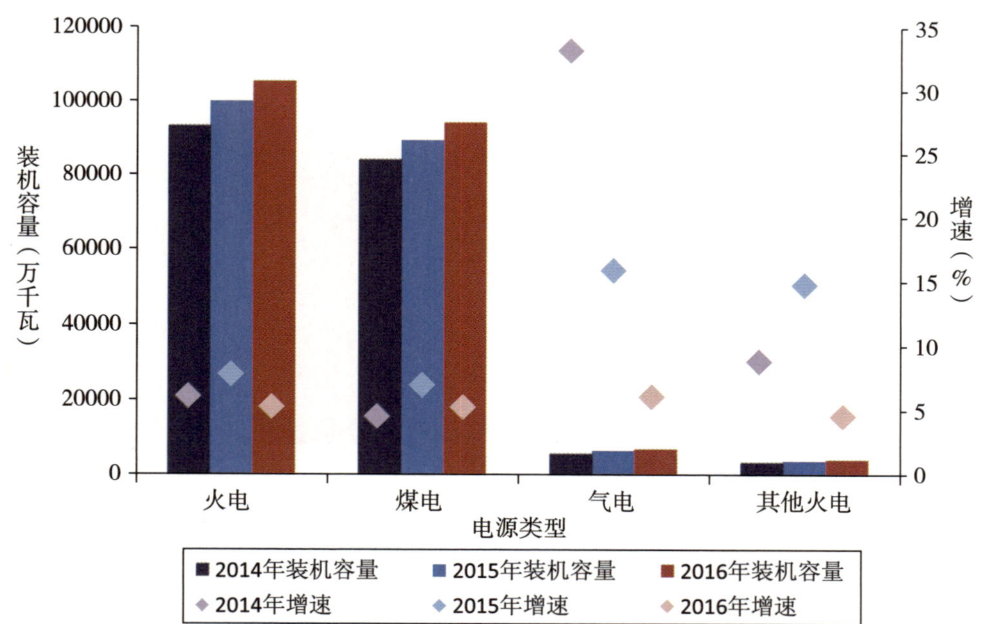

图2–4　2014—2016年中国火电与细分电源类型装机容量及增长情况

来源：中国电力企业联合会。

① 其他火电包括燃油发电、余温余压发电、垃圾发电、秸秆发电等。

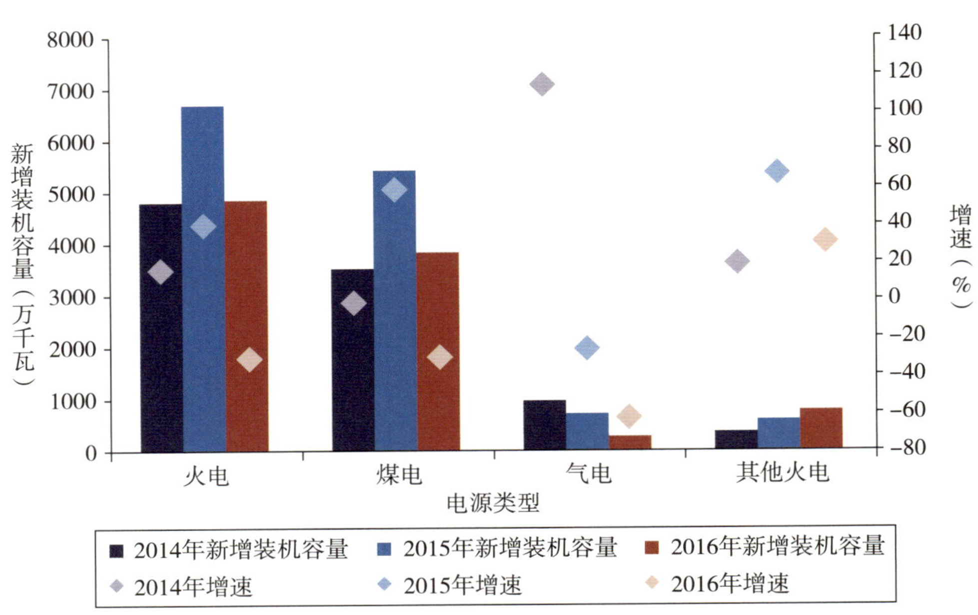

图 2-5　2014—2016 年中国火电与细分电源类型新增装机容量及增长情况

来源：中国电力企业联合会。

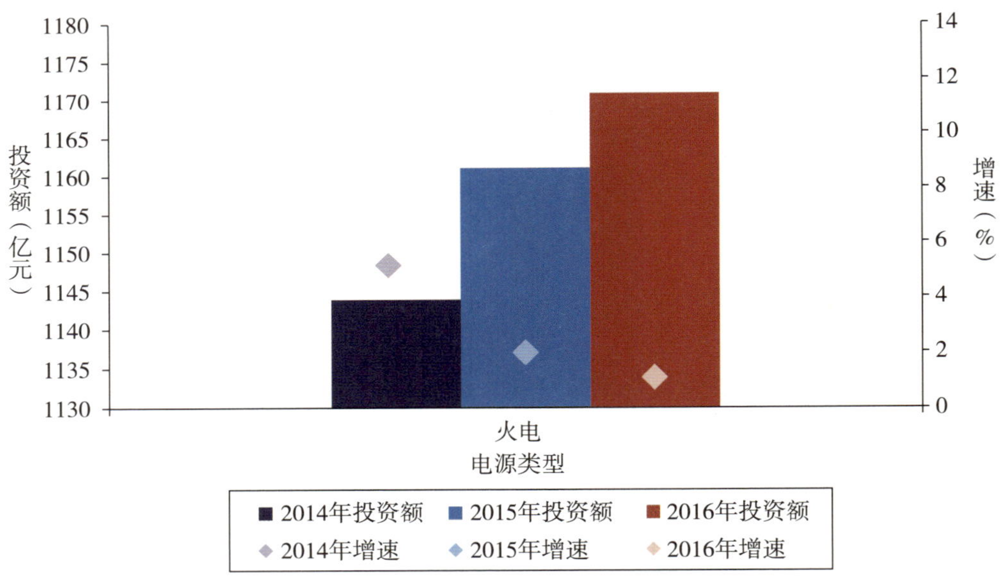

图 2-6　2014—2016 年中国火电投资情况

来源：中国电力企业联合会。

2. 非化石能源发电装机容量快速增长

2016 年，非化石能源发电装机容量 59187 万千瓦[②]，同比增长 13.7%，增速较 2015 年回落 2.9 个百分点；新增装机容量同比增长 11.1%，增速较 2015 年回落 4.0 个百分点。非水可再生能源发电装机容量 22606 万千瓦，同比增长 30.7%，增速较 2015 年回落 12.5 个百分点；新增装机容量同比增长 18.0%，增速较 2015 年大幅下降 36.5 个百分点，主要受风电新增装机容量明显下降的影响。

其中：

水电装机容量 33211 万千瓦，同比增长 3.9%，增速较 2015 年回落 0.9 个百分点；新增装机容量同比下降 14.6%，降幅较 2015 年收窄 22.3 个百分点，自 2013 年水电项目集中投产后，近 3 年水电投资持续下降带动新增装机规模持续下降。

核电装机容量 3364 万千瓦，同比增长 23.8%，增速较 2015 年回落 11.5 个百分点；新增装机容量同比增长 17.7%，增速较 2015 年提高 5.8 个百分点。自 2012 年年底核电重启以来，核电新增装机容量逐年上升。

风电并网装机容量 14864 万千瓦，同比增长 13.2%，增速较 2015 年回落 22.2 个百分点；新增并网装机容量同比下降 40.3%，由于 2016 年下调上网电价导致 2015 年出现抢装潮，2016 年新增并网装机容量由增长 49.4% 转变为大幅减少 40.3%。

太阳能发电并网装机容量 7742 万千瓦，同比增长 81.6%，增速较 2015 年提高 11.9 个百分点；新增并网装机容量同比增长 150%，由于 2016 年光伏上网电价下调导致上半年出现抢装潮，新增并网装机容量高速增长，增速较 2015 年提高 83.3 个百分点（见图 2－7、图 2－8）。

---

② 非化石能源发电装机除包括水电、核电、风电以及太阳能发电等，还含少量地热、潮汐等发电装机。

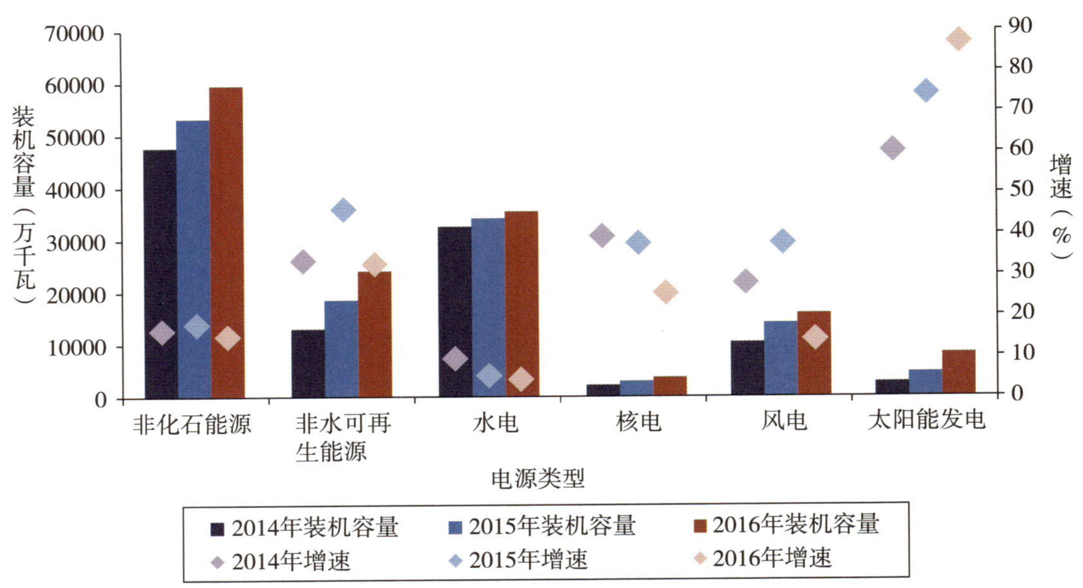

图2－7　2014—2016年中国非化石能源发电与细分电源类型装机容量及增长情况

来源：中国电力企业联合会。

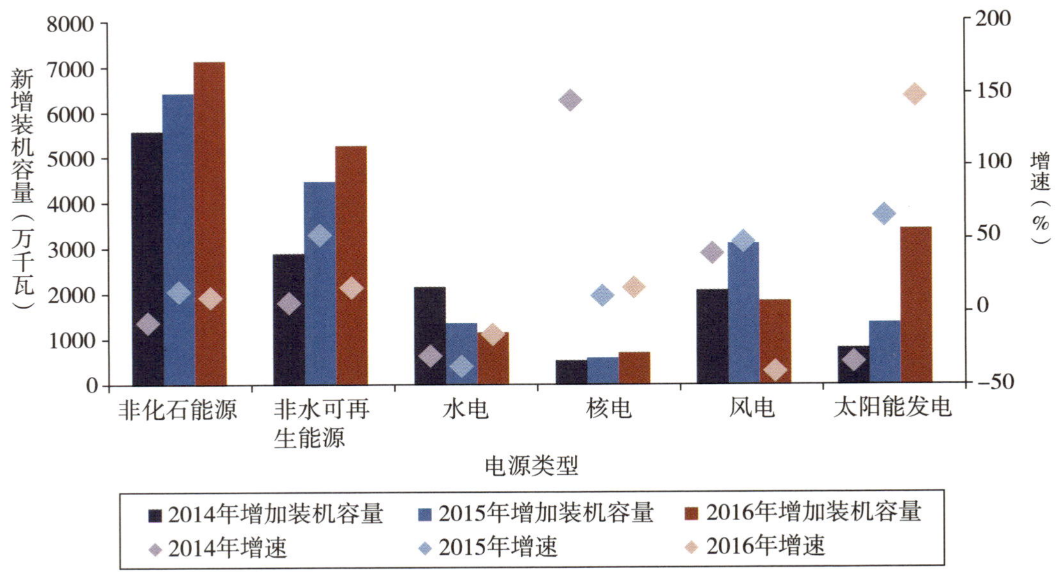

图2－8　2014—2016年中国非化石能源发电与细分电源类型新增装机容量及增长情况

来源：中国电力企业联合会。

2016 年，非化石能源发电投资达到 2255.1 亿元，同比下降 18.7%，主要受水电投资继续下降、风电抢装潮结束投资大幅下降影响；非水可再生能源投资 1136.9 亿元，同比下降 19.9%，仍保持 1000 亿元以上的投资规模。较高的投资水平推动非化石能源发电装机容量保持快速增长（见图 2 –9）。

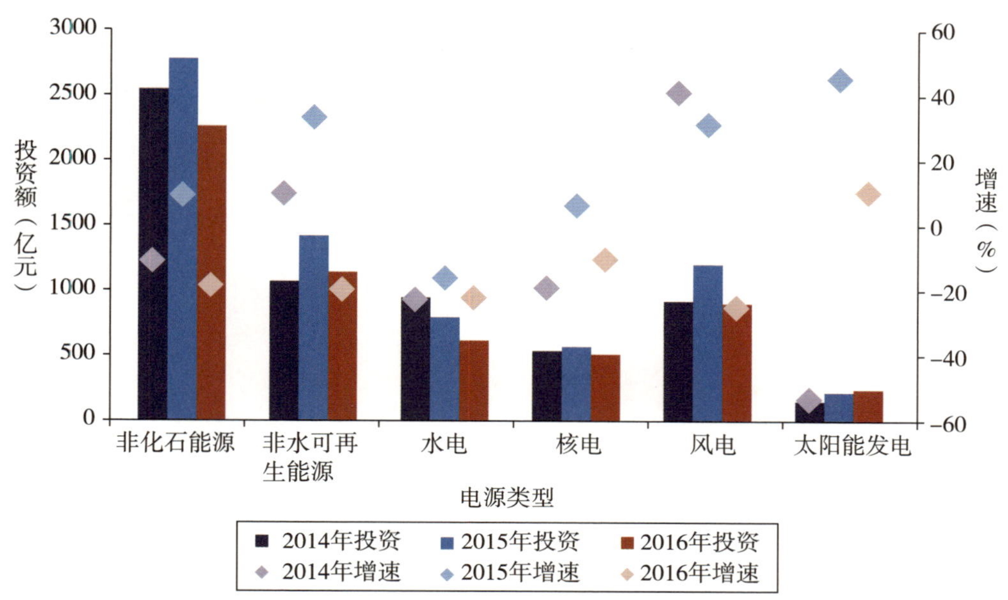

图 2 –9　2014—2016 年中国非化石能源发电投资情况

来源：中国电力企业联合会。

3. 电源结构继续调整优化，非化石能源装机比重进一步提高

2016 年，中国火电装机比重为 64%，较 2015 年降低 1.8 个百分点。其中煤电装机比重为 57.3%，较 2015 年降低 1.6 个百分点；由于 2016 年气电新增装机大幅减少，气电装机比重微降至 4.3%，较 2015 年降低 0.1 个百分点；其他火电装机比重为 2.5%。非化石能源装机比重达到 36%，较 2015 年提高 1.8 个百分点，较 2010 年提升 9.4 个百分点。其中，水电 20.2%，核电 2.0%，风电 9.0%，太阳能发电 4.7%。非水可再生能源装机比重达到 13.7%，较 2015 年提高 2.3 个百分点，提升速度较快（见图 2 –10、图 2 –11）。

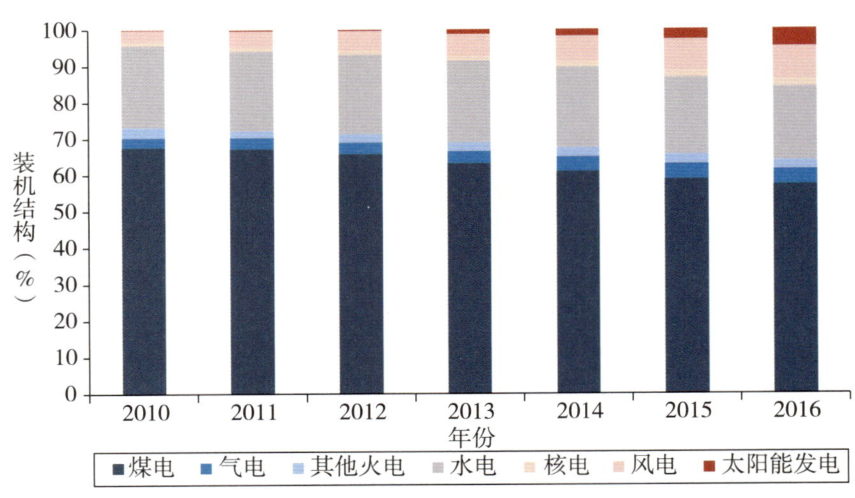

图 2－10　2010—2016 年中国装机结构情况

来源：中国电力企业联合会。

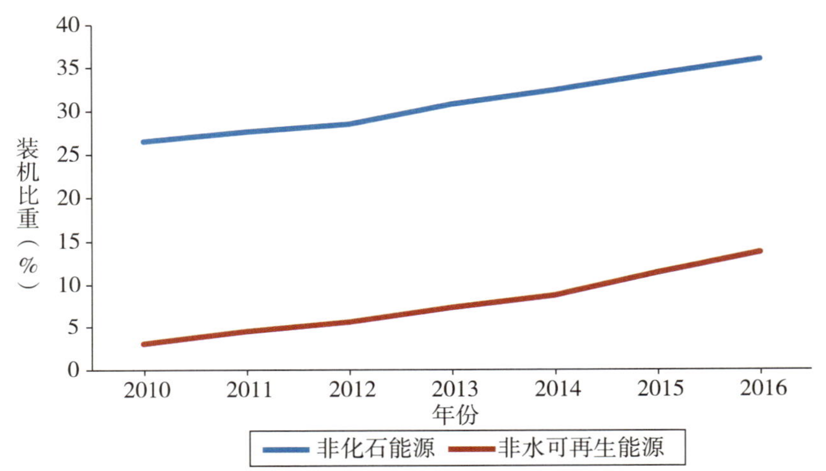

图 2－11　2010—2016 年中国非化石能源、非水可再生能源装机比重情况

来源：中国电力企业联合会。

（三）部分电源类型布局正在调整优化，气电、非化石能源发电已在一些地区占据相当比重

1. 4 个地区装机容量超过 10000 万千瓦

2016 年，中国装机容量超过 10000 万千瓦的地区达到 4 个，分别是内蒙古、山东、广东、江苏，四川装机容量超过 9000 万千瓦。山东、新疆新增装机容量超过 1000 万千瓦，山西、广西、江苏、内蒙古、河北超过 600 万千瓦。2016 年，受投资及政府出台相关调控政策影响，21 个地区装机增速下降，20 个地区新增装机容量减少（见图 2－12、图 2－13）。

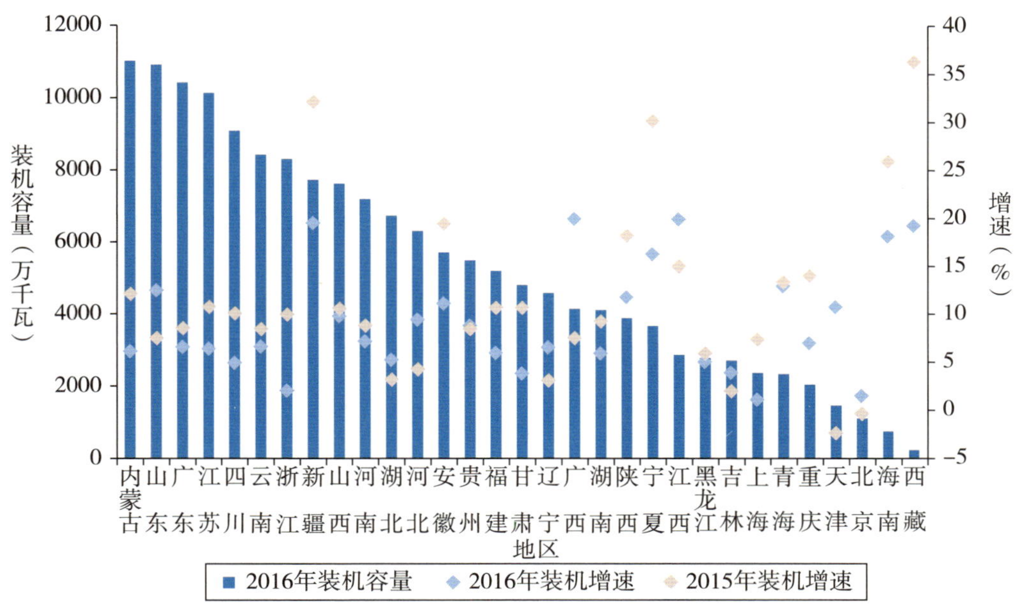

图 2－12　2016 年中国各地区装机容量及增长情况

来源：中国电力企业联合会。

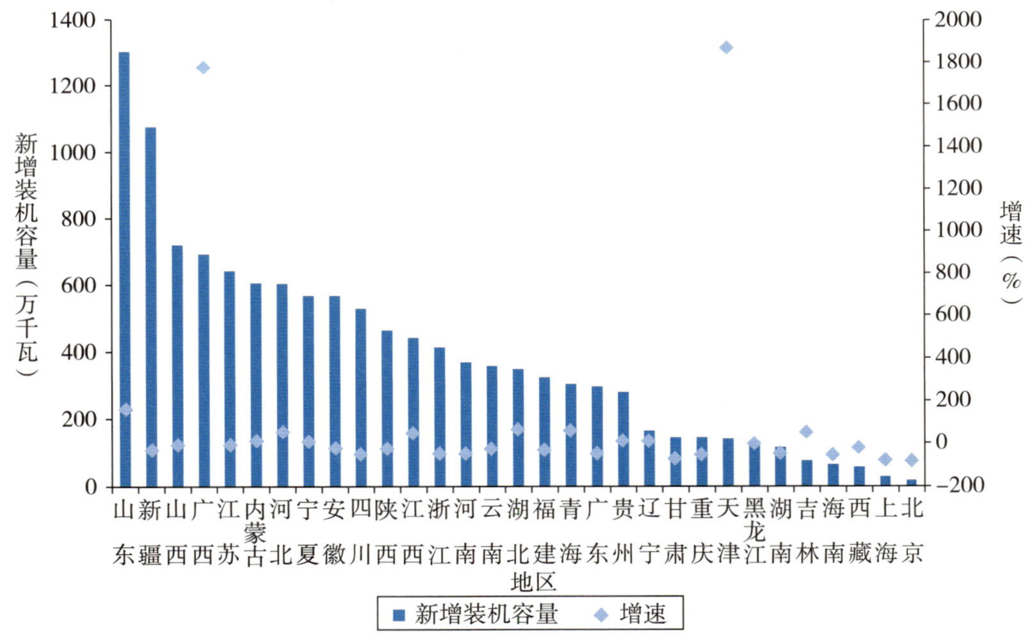

图 2－13　2016 年中国各地区新增装机容量及增长情况

来源：中国电力企业联合会。

2. 12 个地区火电装机容量低速或零增长，煤电装机容量增长较快省份主要集中在西部地区

2016 年，火电装机容量超过 6000 万千瓦的地区为 7 个，分别是山东、江苏、广东、内蒙古、河南、山西、浙江。山东新增装机容量超过800万千瓦，广西、江苏超过400万千瓦，新疆、山西、内蒙古、贵州、安徽超过300万千瓦。12个地区火电装机容量处于4%以下的低速增长或零增长，只有新疆、贵州、广西、青海等4个地区装机增速超过10%（见图2－14、图2－15）。

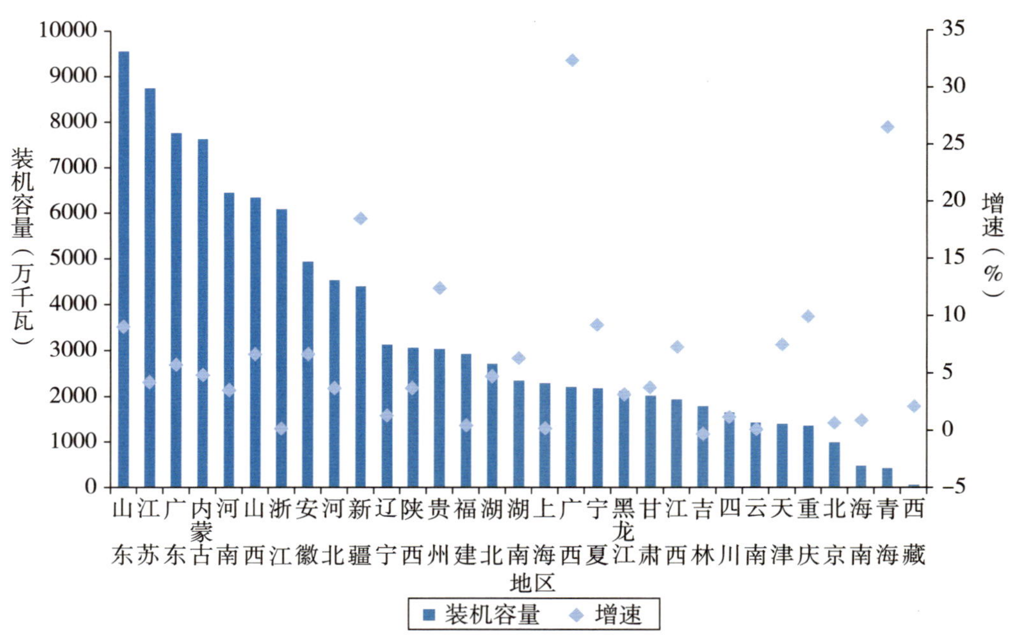

图2－14　2016年中国各地区火电装机容量及增长情况

来源：中国电力企业联合会、神华科学技术研究院。

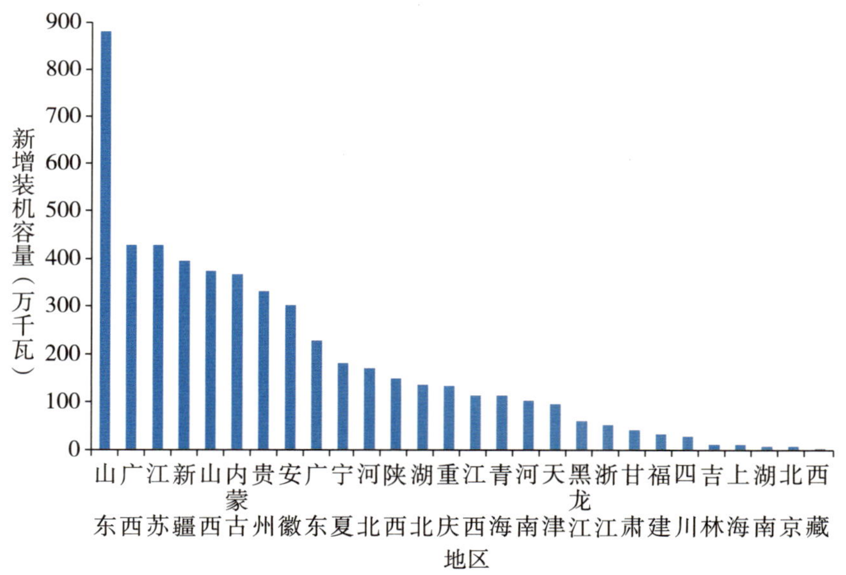

图2－15　2016年中国各地区火电新增装机容量情况

来源：中国电力企业联合会、神华科学技术研究院。

煤电： 2016 年，煤电装机容量超过 5500 万千瓦的地区为 6 个，分别是山东、江苏、内蒙古、河南、广东、山西，其中山东超过 9000 万千瓦，江苏、内蒙古超过 7000 万千瓦。山东新增装机容量超过 800 万千瓦，广西超过 400 万千瓦，内蒙古、新疆、山西、贵州、江苏超过 300 万千瓦。17 个地区煤电装机容量处于 4% 以下的低速增长或零增长，新疆、贵州、宁夏、广西、重庆、青海等 6 个省份装机增速超过 10%，大多处于西部地区（见图 2－16、图 2－17）。

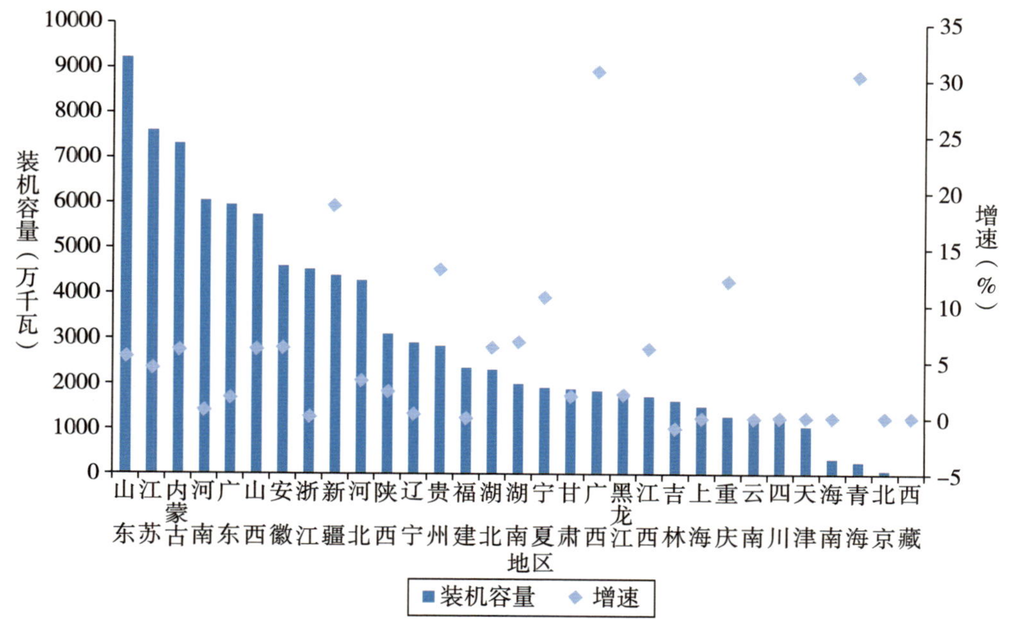

图 2－16　2016 年中国各地区煤电装机容量及增长情况

来源：中国电力企业联合会、神华科学技术研究院。

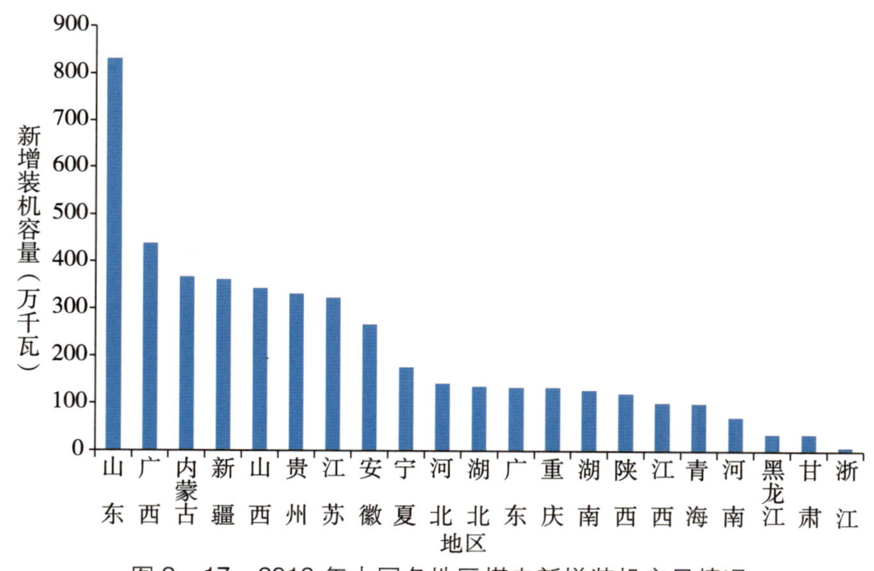

图 2－17　2016 年中国各地区煤电新增装机容量情况

来源：中国电力企业联合会、神华科学技术研究院。

气电：截至2016年年底，中国已在22个地区进行气电布局。2016年，气电装机容量超过600万千瓦的地区为5个，分别是广东、浙江、江苏、北京、上海，其中广东超过1500万千瓦，浙江超过1200万千瓦，江苏超过900万千瓦。2016年仅广东、江苏、天津有新增装机（见图2－18、图2－19）。

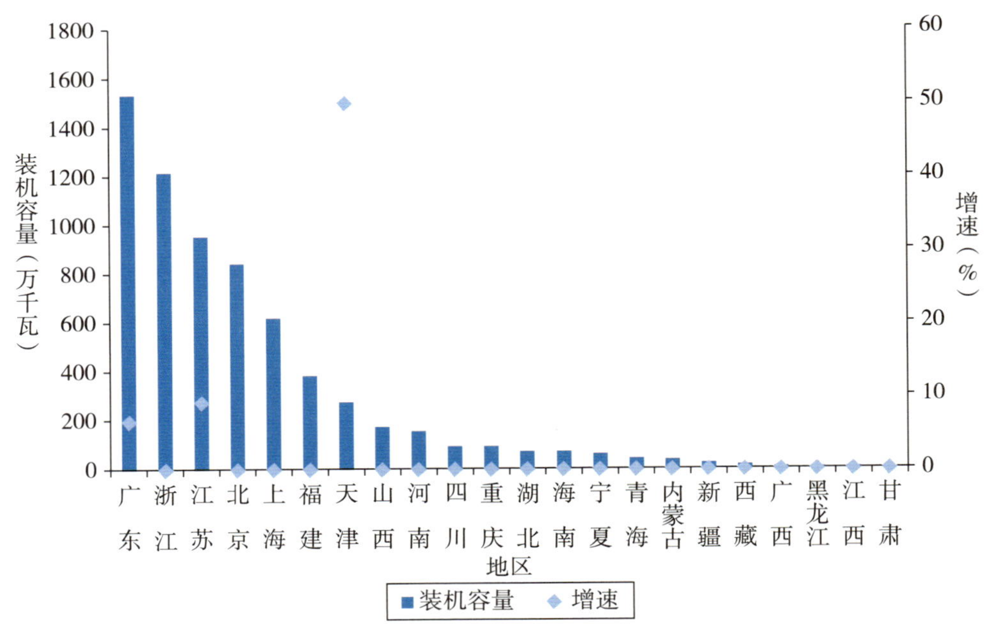

图2－18　2016年中国各地区气电装机容量及增长情况

来源：中国电力企业联合会、神华科学技术研究院。

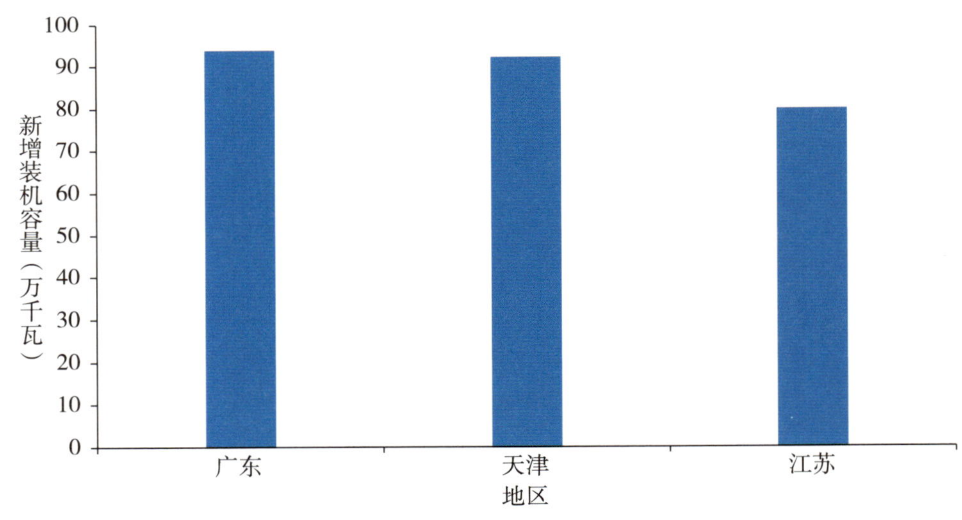

图2－19　2016年中国各地区气电新增装机容量情况

来源：中国电力企业联合会、神华科学技术研究院。

3. 非化石能源装机容量普遍快速增长，中东部地区风电、太阳能发电装机容量增长速度明显加快

2016 年，非化石能源装机容量超过 3000 万千瓦的地区为 5 个，分别是四川、云南、湖北、内蒙古、新疆。其中，四川、云南超过 7000 万千瓦，湖北超过 4000 万千瓦，3 个地区装机类型主要为水电。新疆非化石能源新增装机容量超过 600 万千瓦，四川超过 500 万千瓦，河北、山东超过 400 万千瓦，宁夏、浙江、云南、山西、江西、陕西超过 300 万千瓦。21 个地区非化石能源装机容量增长速度超过 10%，13 个地区增长速度超过 20%（见图 2 –20、图 2 –21）。

水电：2016 年，水电装机容量超过 1000 万千瓦的地区为 10 个，分别是四川、云南、湖北、贵州、广西、湖南、广东、福建、青海、浙江，其中四川超过7000 万千瓦，云南超过 6000 万千瓦，湖北超过 3500 万千瓦，贵州超过 2000 万千瓦，大多位于西南地区。四川新增装机容量超过 350 万千瓦，云南、浙江、江西超过 100 万千瓦。浙江、新疆、江西、西藏、海南 5 个地区水电装机容量增速超过 10%，江西、海南增速超过 20%（见图 2 –22、图 2 –23）。

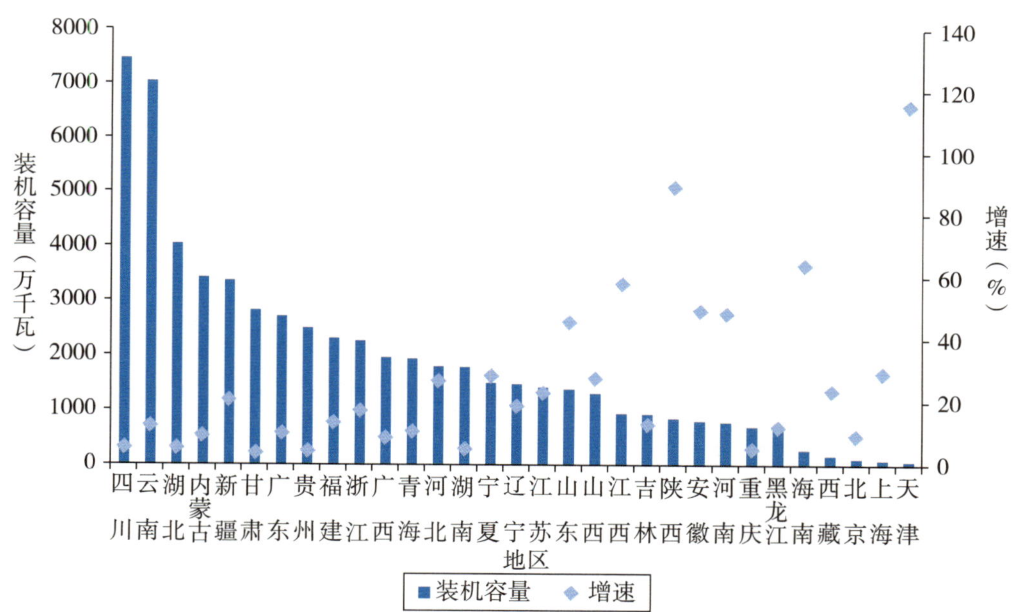

图 2 –20　2016 年中国各地区非化石能源装机容量及增长情况

来源：中国电力企业联合会、神华科学技术研究院。

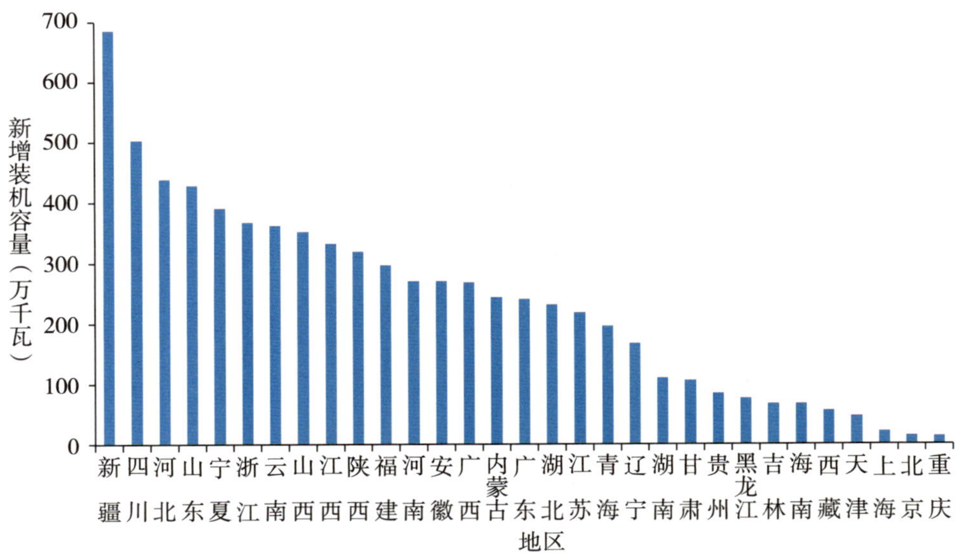

图 2 -21　2016 年中国各地区非化石能源新增装机容量情况

来源：中国电力企业联合会、神华科学技术研究院。

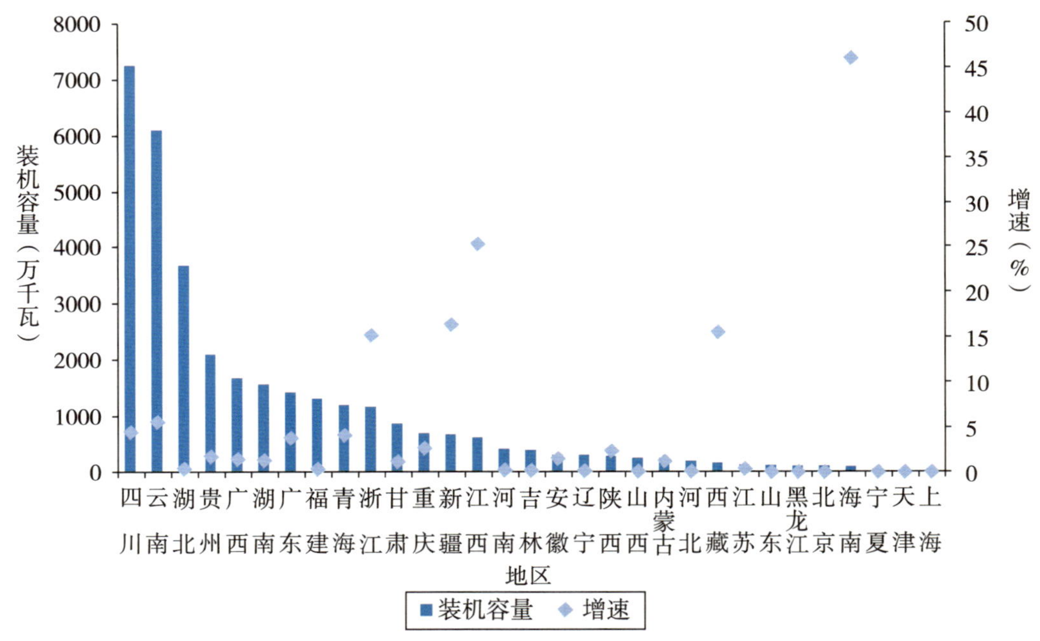

图 2 -22　2016 年中国各地区水电装机容量及增长情况

来源：中国电力企业联合会、神华科学技术研究院。

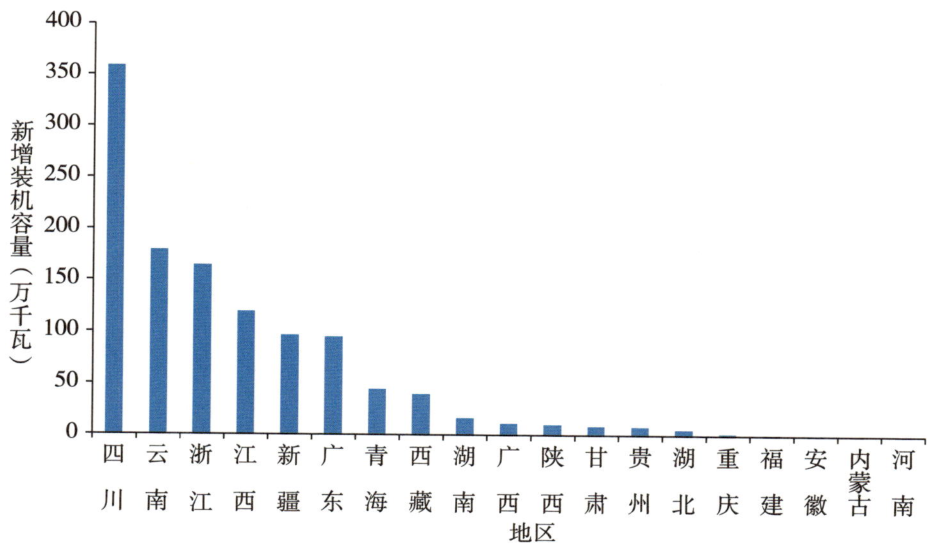

图 2－23　2016 年中国各地区水电新增装机容量情况

来源：中国电力企业联合会、神华科学技术研究院。

核电：截至 2016 年年底，中国已在 7 个地区进行核电布局，均位于沿海地区。2016 年，广东核电装机容量超过 900 万千瓦，福建超过 750 万千瓦，浙江超过 650 万千瓦，辽宁超过 400 万千瓦。广西、海南由于基数较低，装机容量增速达到 100%；福建、辽宁增速超过 40%；浙江、江苏没有新增装机（见图 2－24、图 2－25）。

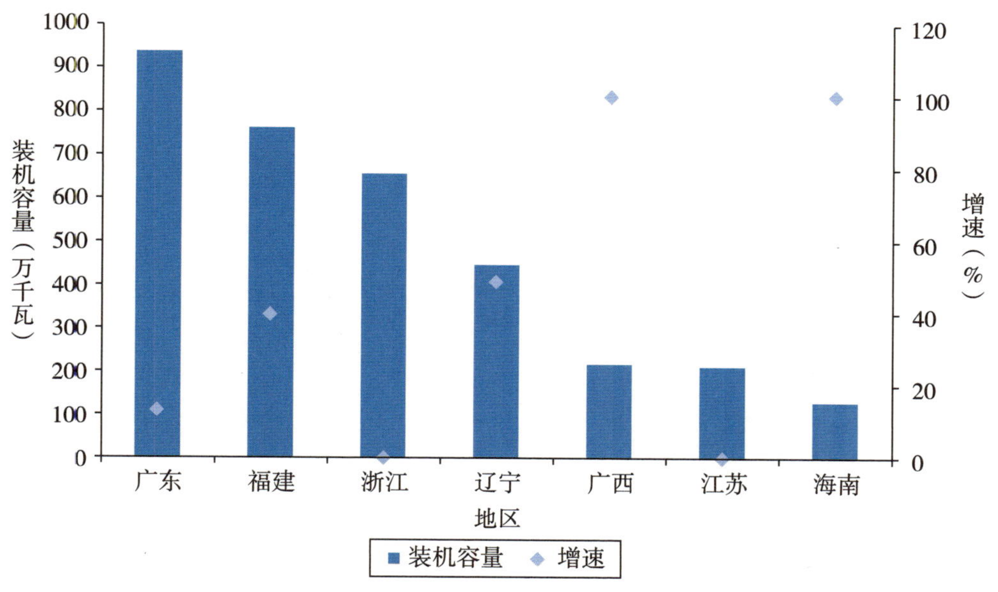

图 2－24　2016 年中国各地区核电装机容量及增长情况

来源：中国电力企业联合会、神华科学技术研究院。

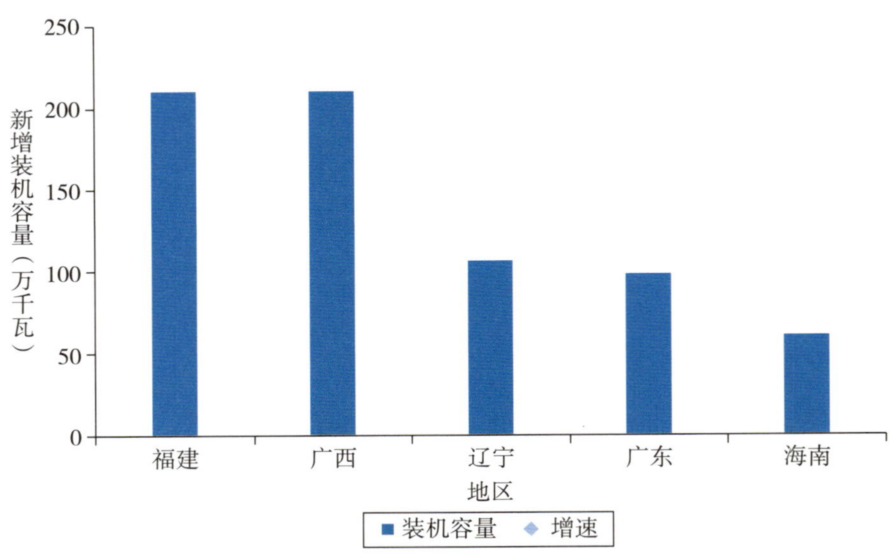

图2－25　2016年中国各地区核电新增装机容量情况

来源：中国电力企业联合会、神华科学技术研究院。

风电：2016年，风电装机容量超过1000万千瓦的地区为4个，分别是内蒙古、新疆、甘肃、河北，其中内蒙古超过2500万千瓦，新疆超过1500万千瓦，甘肃、河北超过1000万千瓦，宁夏、山东、山西、云南、辽宁超过700万千瓦。河北风电新增装机容量超过200万千瓦，新疆、宁夏、山西、山东超过100万千瓦，山东、江苏、云南、陕西、湖南、湖北、内蒙古、四川、黑龙江、福建超过50万千瓦。由于风电抢装潮结束且“三北”地区弃风问题突出、政府调整风电发展思路，风电新增装机容量大幅下降。但多数地区风电装机容量仍保持较快增长速度，24个地区风电装机容量增速超过10%，14个地区增速超过20%，中、东部地区增速加快省份增多。新增装机容量超过一半位于中、东部地区，较前几年明显提高，风电布局正在进行调整优化（见图2－26、图2－27）。

太阳能发电：2016年，太阳能发电装机容量超过600万千瓦的地区为4个，分别是新疆、甘肃、青海、内蒙古，其中新疆超过900万千瓦，江苏、宁夏超过500万千瓦，山东、河北超过400万千瓦。新疆太阳能发电新增装机容量超过400万千瓦，山东超过300万千瓦，河南、安徽、河北、山西、陕西、宁夏超过200万千瓦，江西、浙江、内蒙古、湖北、青海、江苏超过100万千瓦。各地区太阳能发电装机容量普遍高速增长，18个地区装机容量增速超过100%。在政府政策引导下，半数以上新增装机位于中、东部地区省份（见图2－28、图2－29）。

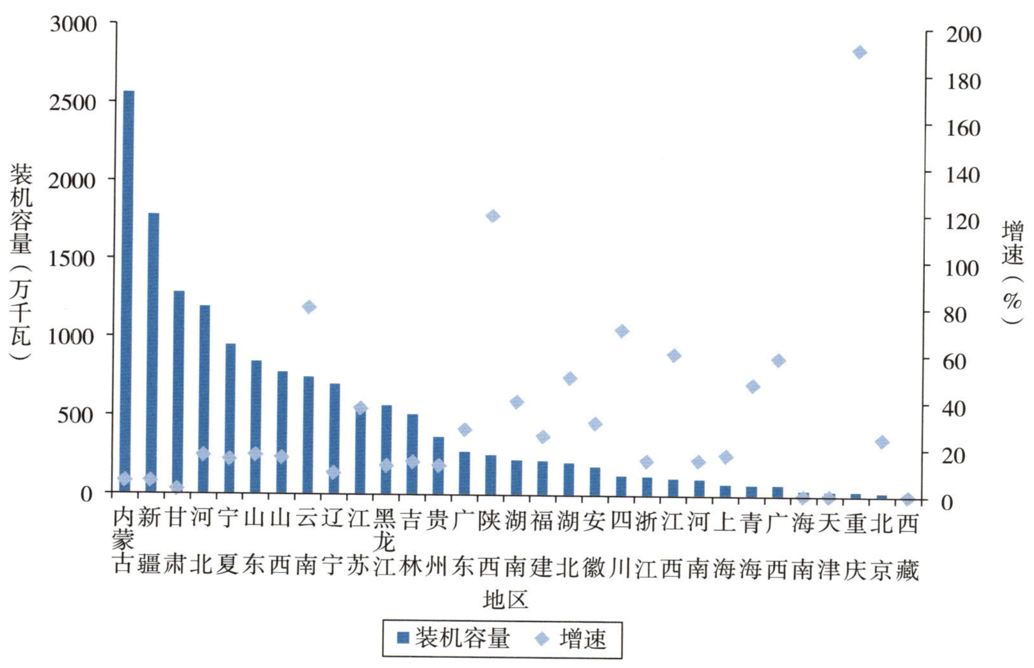

图 2－26 2016 年中国各地区风电装机容量及增长情况

来源：中国电力企业联合会、神华科学技术研究院。

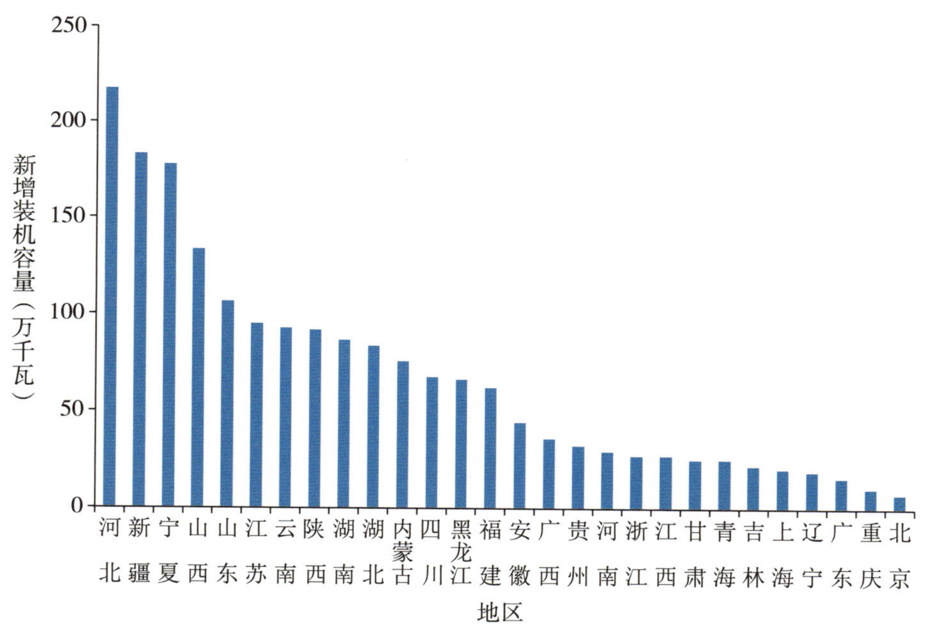

图 2－27 2016 年中国各地区风电新增装机容量情况

来源：中国电力企业联合会、神华科学技术研究院。

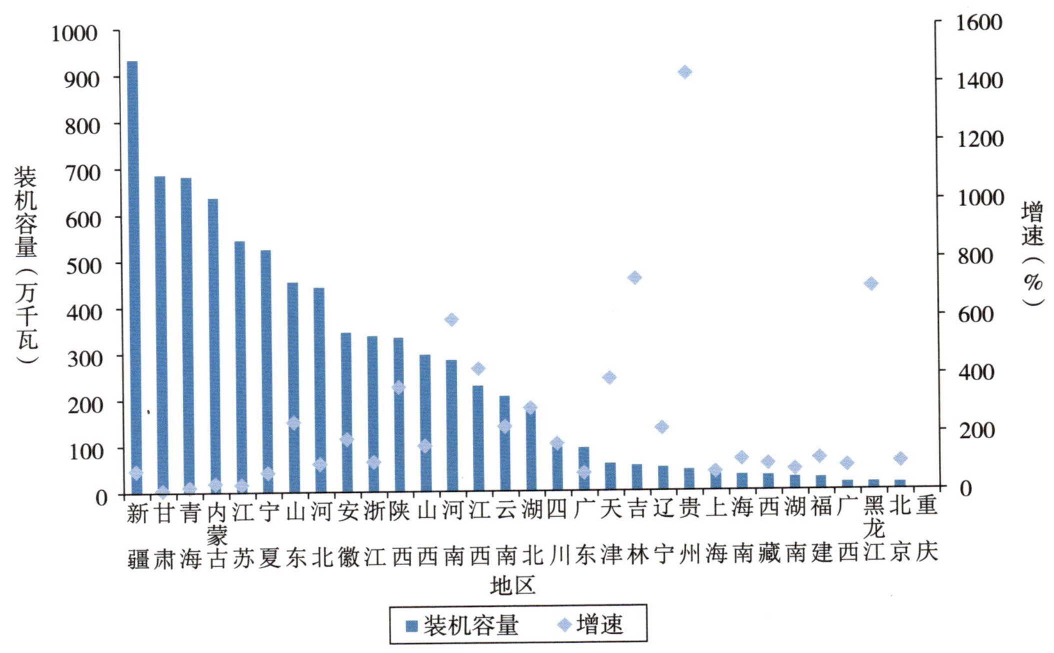

图 2－28　2016 年中国各地区太阳能发电装机容量及增长情况

来源：中国电力企业联合会、神华科学技术研究院。

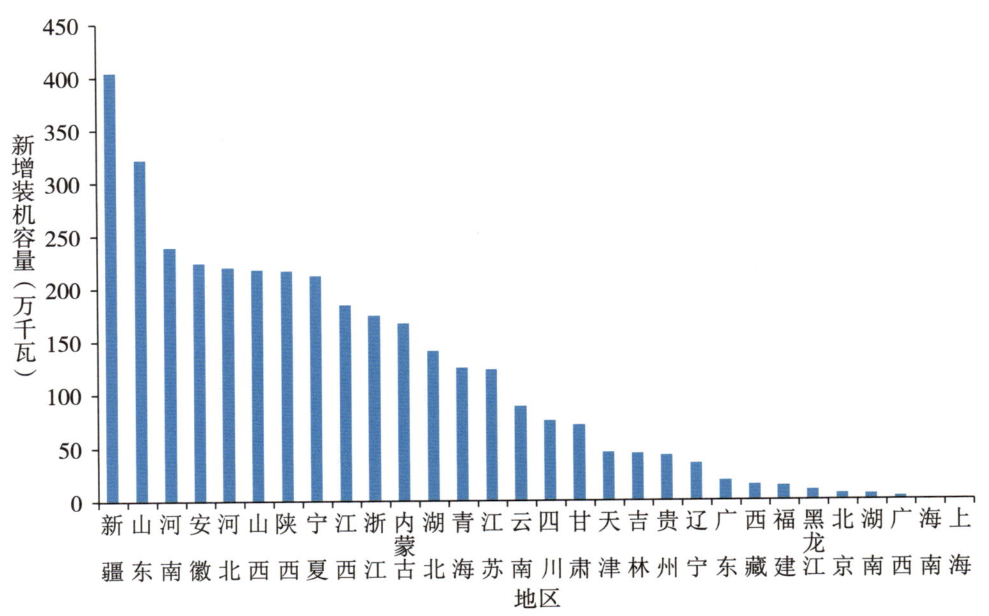

图 2－29　2016 年中国各地区太阳能发电新增装机容量情况

来源：中国电力企业联合会、神华科学技术研究院。

4. 气电、非化石能源装机已在一些地区占据相当比重

中国各地区火电以煤电为主，随着气电的发展，一些地区的气电已经形成一定规模。

2016 年，北京气电装机比重超过 75%，上海超过 25%，天津超过 18%，浙江、广东超过 14%，江苏超过 9%。

非化石能源发电也已在一些地区形成相当规模。2016 年，非化石能源装机比重超过 50% 的地区为 6 个，分别是云南、青海、西藏、四川、湖北、甘肃，其中前 4 个地区比重超过 80%。非水可再生能源装机比重超过 25% 的地区为 6 个，分别是甘肃、宁夏、新疆、青海、内蒙古、河北，其中甘肃比重超过 40%。水资源丰富地区水电装机比重普遍较高，四川、云南、西藏、青海、湖北 5 个地区水电装机比重超过 50%，其中四川、云南超过 70%，广西、贵州、湖南超过 35%。核电主要集中在广东、福建、浙江、江苏、辽宁、广西、海南等沿海区域，海南、福建、辽宁核电装机比重超过 10%。风电、太阳能发电主要集中在“三北”、西部地区，甘肃、宁夏、内蒙古、新疆、黑龙江风电装机比重超过 20%，河北、吉林、辽宁、陕西超过 10%；青海太阳能发电装机比重达到 29%，甘肃、宁夏、西藏、新疆超过 10%（见图 2 –30、图 2 –31、图 2 –32）。

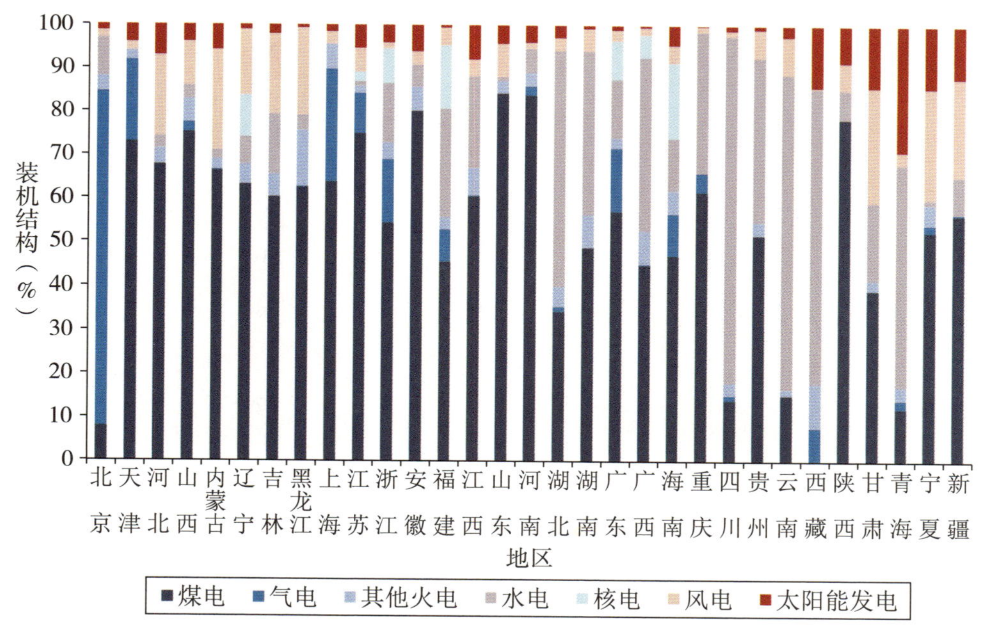

图 2 –30 2016 年中国各地区装机结构情况

来源：中国电力企业联合会、神华科学技术研究院。

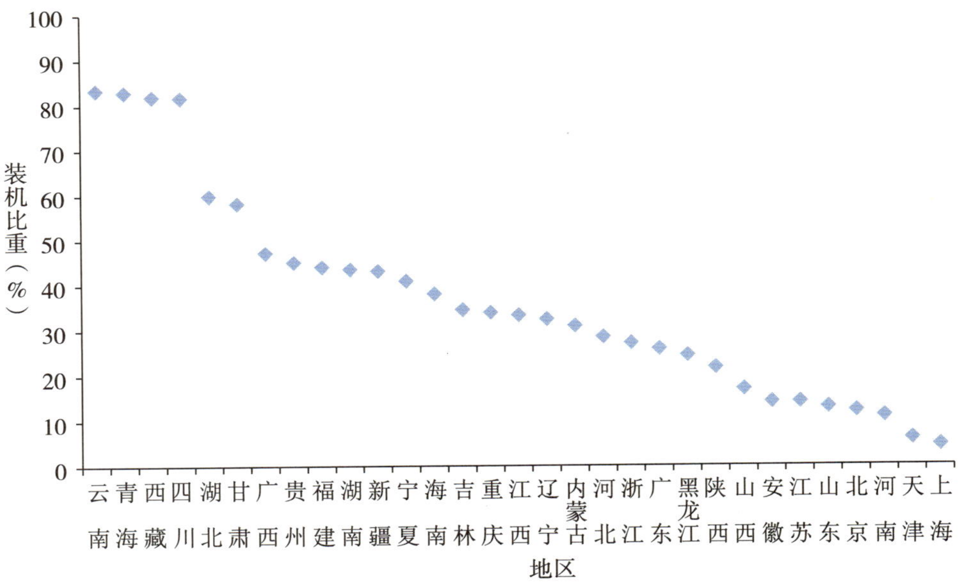

图 2－31　2016 年中国各地区非化石能源装机比重情况

来源：中国电力企业联合会、神华科学技术研究院。

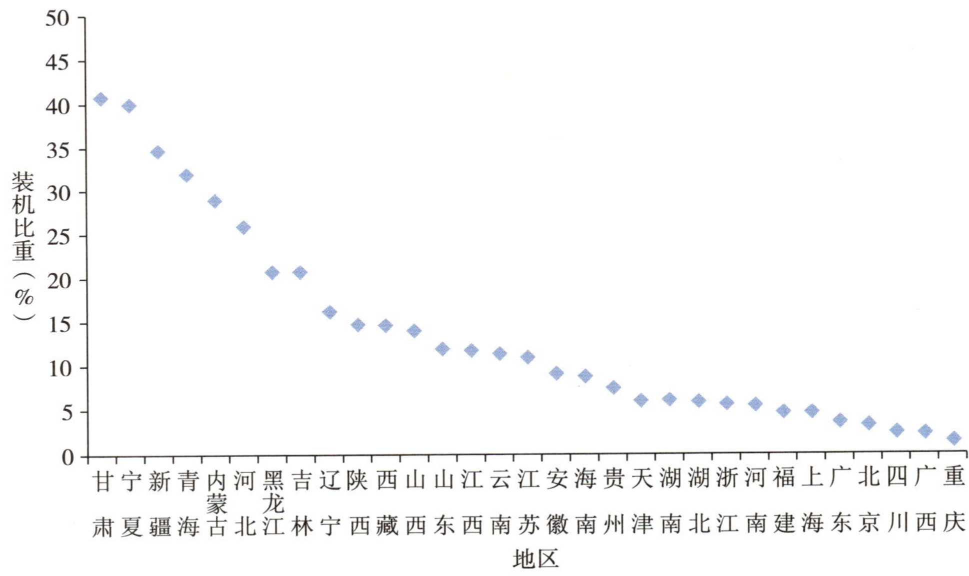

图 2－32　2016 年中国各地区非水可再生能源装机情况

来源：中国电力企业联合会、神华科学技术研究院。

二、发电量

（一）发电量增速大幅回升

2016 年，在全国电力消费大幅回升拉动下，中国全口径发电量达到 59897 亿千瓦时，同比增长 5.2%，增速较 2015 年提高 4.1 个百分点，增长速度为近三年最高水平（见图 2-33）。

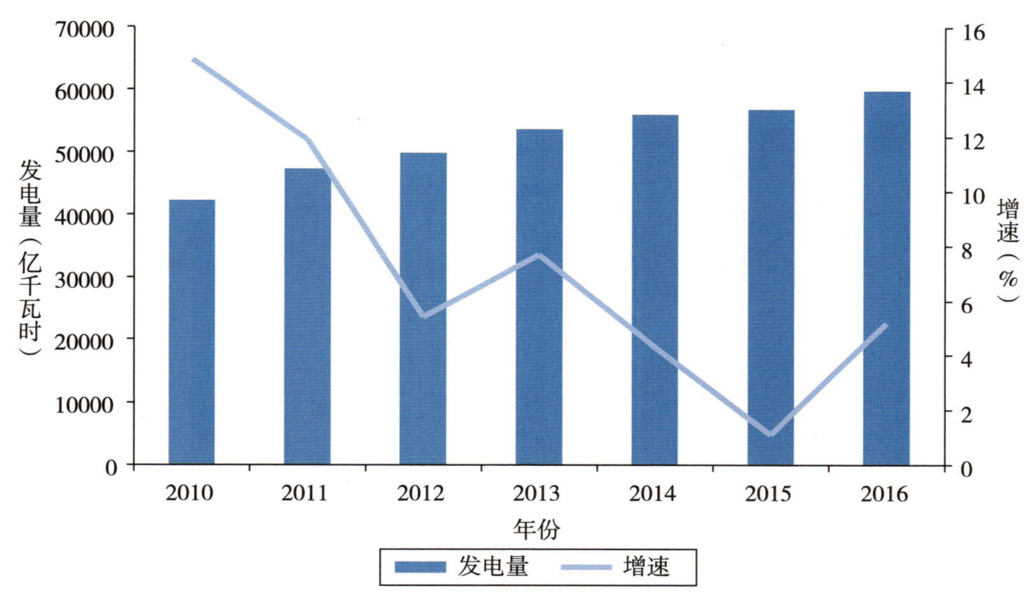

图 2-33　2010—2016 年全国发电量情况

来源：中国电力企业联合会。

（二）火电发电量恢复正增长，非化石能源发电量快速增长，比重继续提升

1. 火电发电量结束下降态势，恢复正增长

2016 年，火电发电量达到 42886 亿千瓦时，增速由 2015 年的 -1.7% 转变为 2.4%，结束了自 2014 年以来连续两年的负增长。火电发电量恢复正增长，主要原因在于全国电力消费大幅回升以及下半年水电发电量明显下降等。

其中：

煤电发电量 39058 亿千瓦时，增速由 2015 年的 -3.2% 转变为 1.3%，结束两年负增长，恢复正增长。

气电发电量1881亿千瓦时，同比增长12.7%。由于装机容量增速下降，发电量增速较2015年回落12.5个百分点。

其他火电发电量1947亿千瓦时，同比增长17.3%，增速较2015年提高1.3个百分点（见图2－34）。

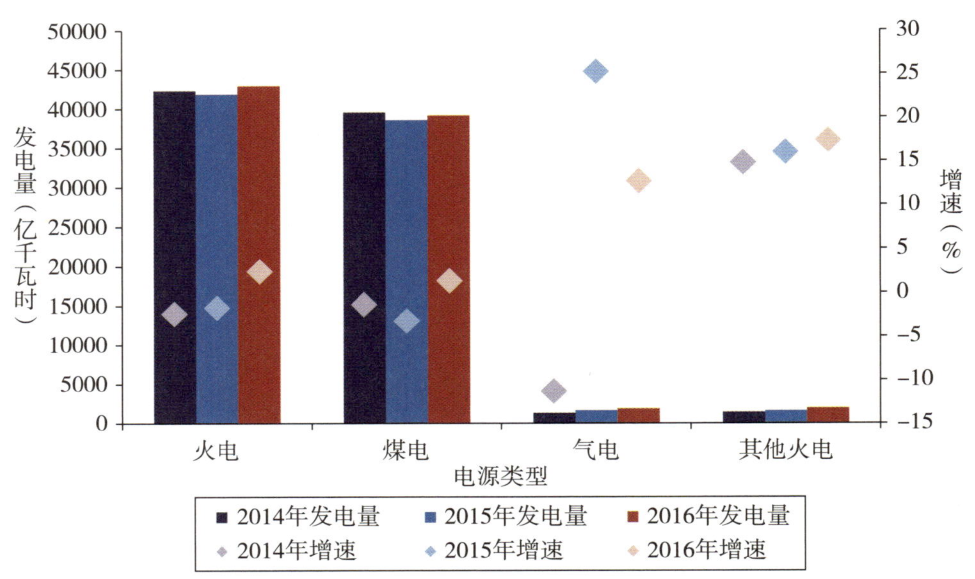

图2－34　2014—2016年中国火电和细分电源类型发电量及增长情况

来源：中国电力企业联合会。

2. 非化石能源发电量快速增长

2016年，非化石能源发电量达到17010亿千瓦时，同比增长12.7%，增速较2015年提高3.2个百分点；非水可再生能源发电量达到3071亿千瓦时，同比增长36.5%，增速较2015年提高14.4个百分点，主要原因在于非化石能源装机大规模投产且政府大力推动可再生能源消纳。

其中：

水电发电量11807亿千瓦时，同比增长6.2%，由于水电装机增速下降且下半年部分地区水电发电量明显下降，增速仅较2015年提升1.2个百分点。

核电发电量2132亿千瓦时，同比增长24.4%，增速较2015年回落4.3个百分点。

风电发电量2410亿千瓦时，同比增长30.2%，由于风电装机仍保持较快增长且消纳水平提高，增速较2015年提高13.9个百分点。

太阳能发电量662亿千瓦时，同比增长72%，由于太阳能装机大量投产且消纳水平提高，发电量保持高速增长，增速较2015年提高4.1个百分点（见图2-35）。

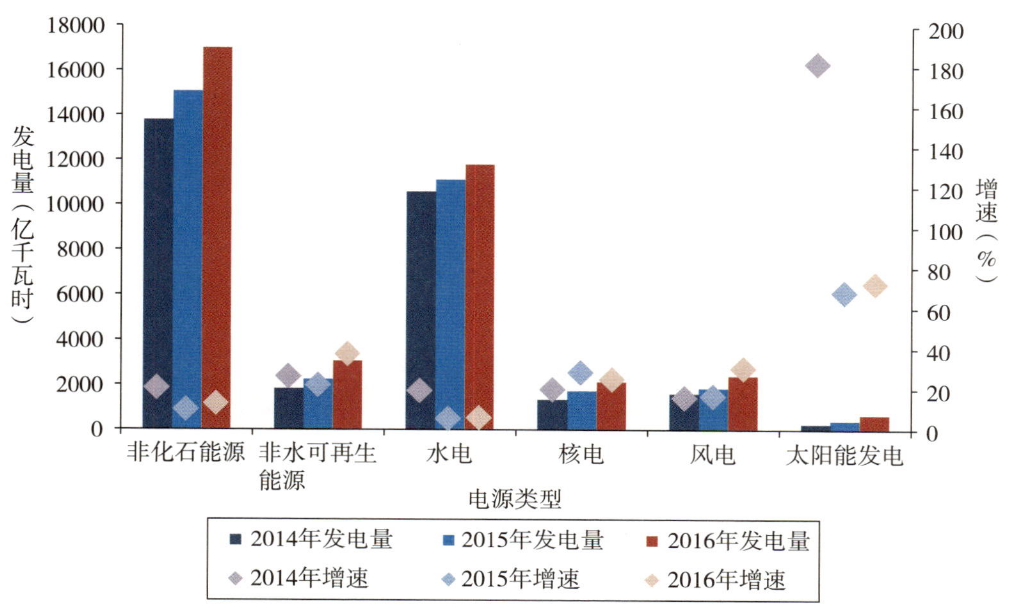

图2-35　2014—2016年中国非化石能源及细分电源类型发电量增长情况

来源：中国电力企业联合会。

3. 非化石能源发电比重继续快速提升，发电结构调整速度快于装机结构

随着可再生能源消纳水平的提高，中国火电特别是煤电市场份额被严重挤压，发电结构调整速度快于装机结构。2016年，火电发电比重降至71.6%，较2015年降低1.9个百分点，较火电装机比重下降速度快0.2个百分点。其中煤电发电比重降至65.2%，较2015年降低2.5个百分点，较煤电装机比重下降速度快0.8个百分点；气电、其他火电发电比重均有所提升，分别为3.1%和3.3%。

非化石能源发电比重2016年达到28.4%，较2015年提高1.9个百分点，较2010年提高9.2个百分点；非水可再生能源发电比重5.1%，较2015年提高1.3个百分点，提升速度加快。其中水电19.7%，核电3.6%，风电4.0%，太阳能发电1.2%。非水电可再生能源电力消纳比重达到6.3%，较2015年提高1.3个百分点，距实现2020年非水电可再生能源电力消纳比重9%的目标仍有2.7个百分点的差距（见图2-36、图2-37）。

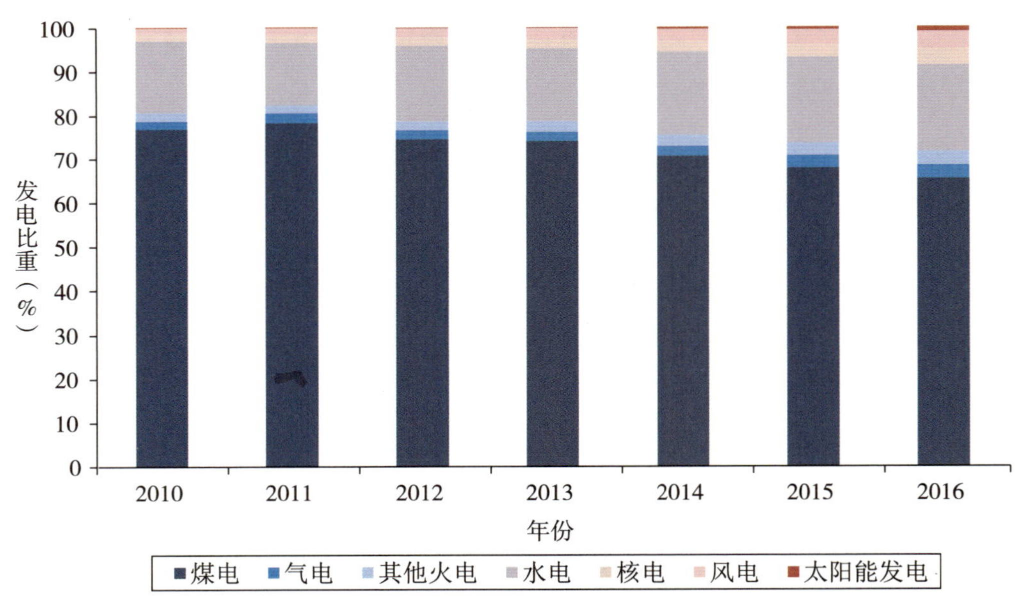

图 2－36　2010—2016 年中国发电结构情况

来源：中国电力企业联合会、神华科学技术研究院。

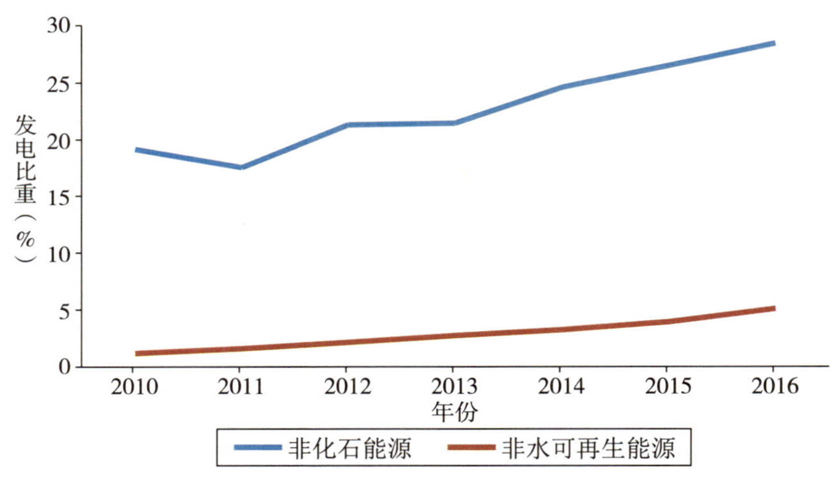

图 2－37　2010—2016 年中国非化石能源、非水可再生能源发电比重情况

来源：中国电力企业联合会、神华科学技术研究院。

（三）火电发电量呈现分化态势，多数地区距实现可再生能源电力消纳比重目标存在差距

1. 发电量下降地区明显减少

2016 年，发电量下降地区明显减少，由 2015 年的 13 个地区下降到 2016 年的 4 个地区，分别是广东、广西、甘肃、陕西，其中甘肃和陕西的下降幅度收窄。2016 年发

电量增速较2015年增加的地区达到22个（含甘肃和陕西）。大多数地区发电量增速上涨主要受本地和电力受端地区电力消费回升、电力输出地区向区外输送电量增加等因素影响。电力输出地区主要集中在云南、内蒙古、四川、贵州、山西、新疆、宁夏等资源富足地区（见图2－38、图2－39）。

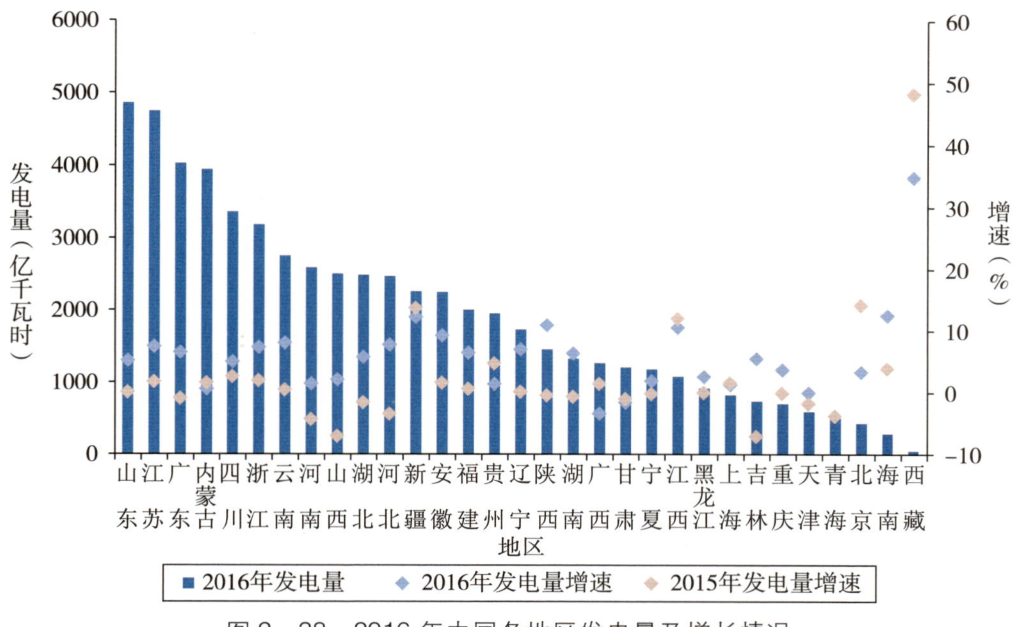

图2－38　2016年中国各地区发电量及增长情况

来源：中国电力企业联合会。

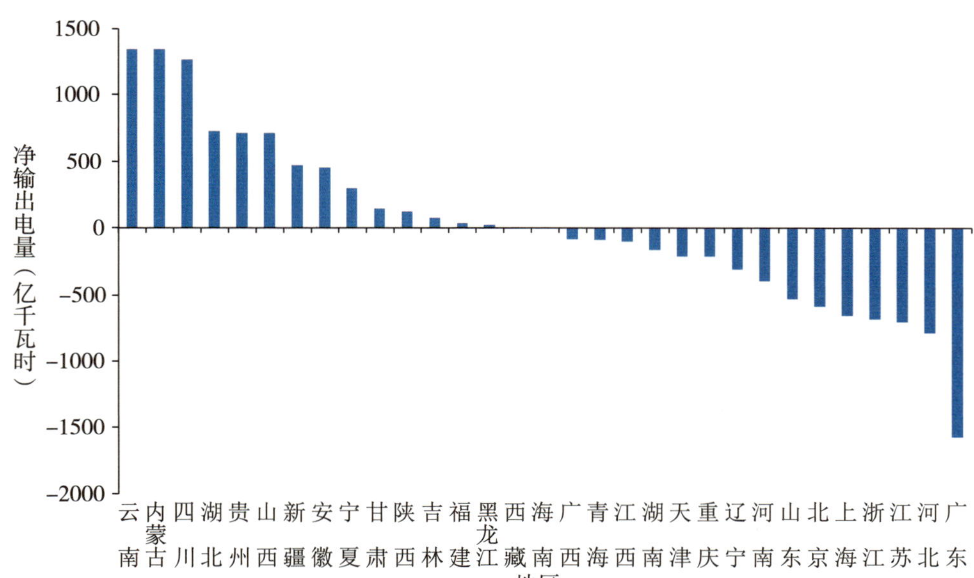

图2－39　2016年中国各地区电力净输出情况

来源：中国电力企业联合会。

2. 火电发电量呈现分化态势

一方面，受电力消费快速回升、部分地区水电发电量减少影响，火电发电量下降区域明显减少，火电正增长地区由 2015 年的 12 个增加到 2016 年的 20 个。另一方面，在火电市场份额被非化石能源发电挤压、本地电力消费下降、向区外输送电量减少等因素影响下，11 个地区火电发电量下降且部分地区下降幅度较大，四川、福建、海南 3 个地区火电发电量分别下降 18.6%、17.5%、16.1%，下降幅度超过 10%，四川主要是水电发电较好、发电量较快增长，福建主要是水电发电量大幅增长和核电新机组投产，海南主要是核电新机组投产（见图 2－40）。

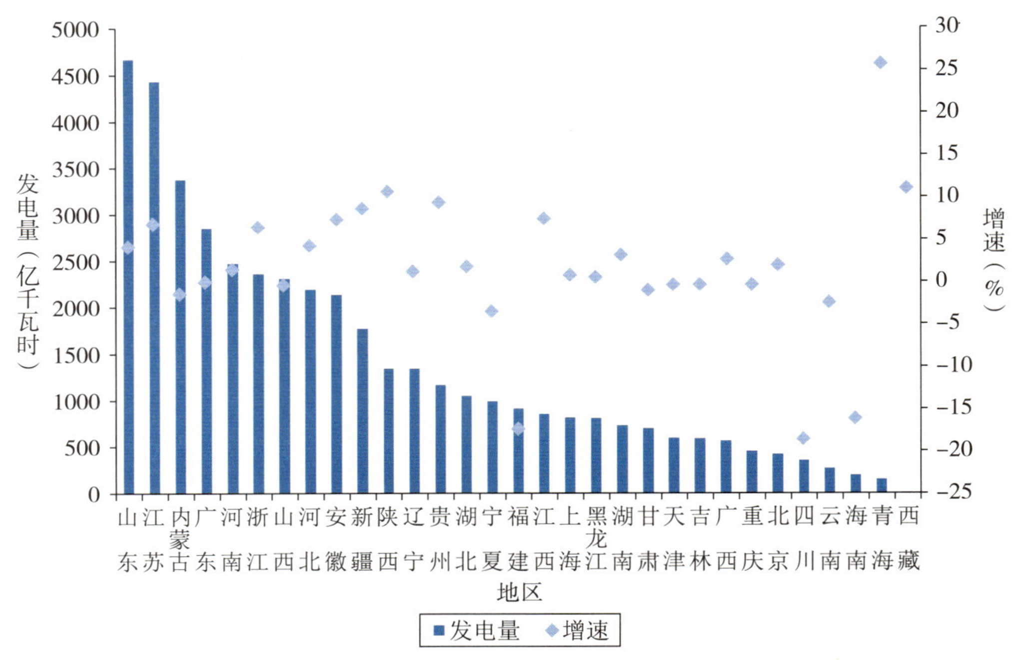

图 2－40　2016 年中国各地区火电发电量及增长情况

来源：中国电力企业联合会。

3. 非化石能源发电量普遍快速增长

2016 年，四川、云南、湖北、广东、福建 5 个地区的非化石能源发电量超过 1000 亿千瓦时，大多数地区非化石能源发电量较 2015 年有不同程度增长，仅有贵州、广西、甘肃、青海、河南 5 个地区下降，主要是由于当地水电发电量下降导致非化石能源发电量减少（见图 2－41）。

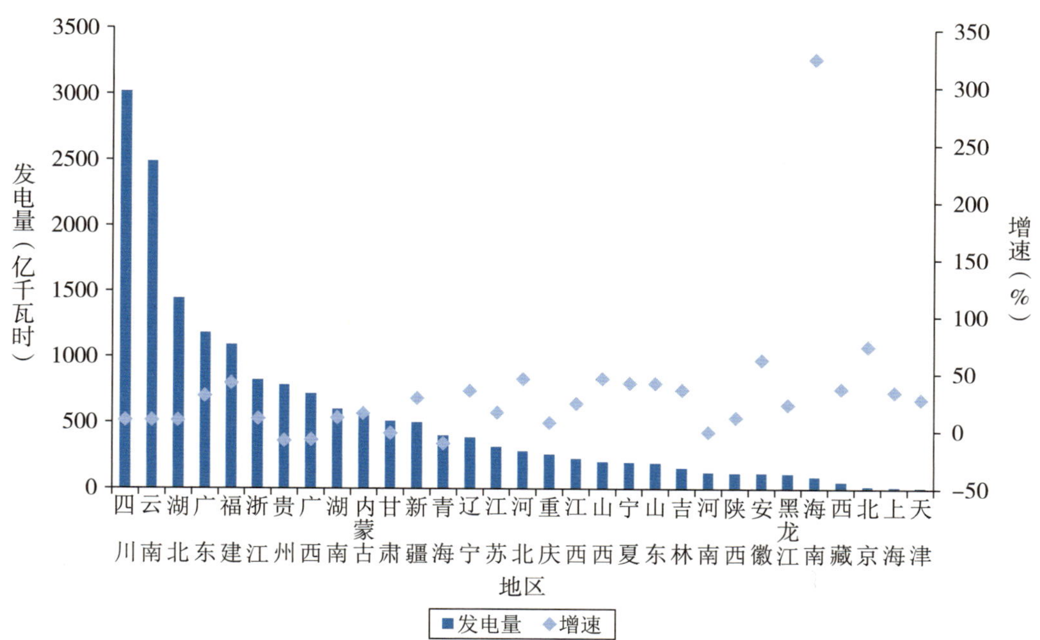

图2－41　2016年中国各地区非化石能源发电量及增长情况

来源：中国电力企业联合会。

水电：2016年，四川、云南、湖北3个地区的水电发电量超过1000亿千瓦时。受当地降水量影响，9个地区水电发电量较2015年有所下降。在水电装机容量超过500万千瓦的地区中，广西、青海、贵州水电发电量分别下降21.2%、18.5%、11.8%，下降幅度较大；广东、福建、浙江、江西、重庆由于水量较好，水电发电量增长幅度均在10%以上，其中广东和福建分别达到了49%和43.6%，四川、湖南、湖北、云南等水电大省增速在6%～8%（见图2－42）。

核电：2016年，广东、浙江、福建的核电发电量超过400亿千瓦时，其中广东达到705亿千瓦时。在拥有核电布局的7个地区中，除江苏外其他6个地区的核电发电量均有不同程度增长，广东、福建、辽宁保持快速增长，广西、海南由于此前装机基数较小，2016年新机组投产使核电发电量增长超过1000%；江苏受核电厂大修时间安排及电网要求降功率影响，核电发电量下降7.6%（见图2－43）。

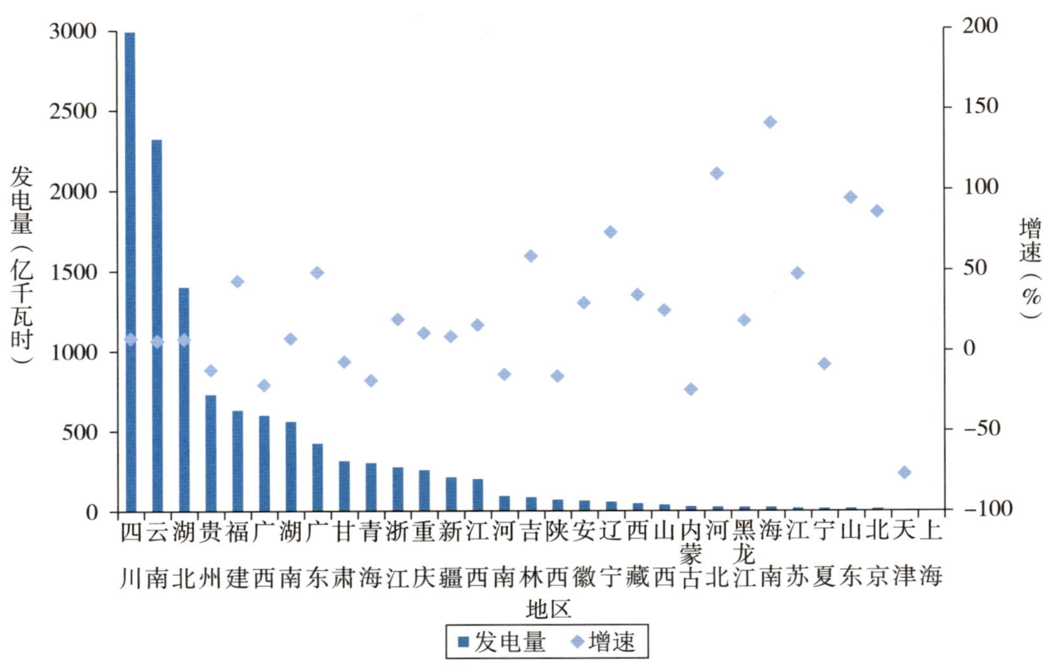

图 2-42　2016 年中国各地区水电发电量及增长情况

来源：中国电力企业联合会。

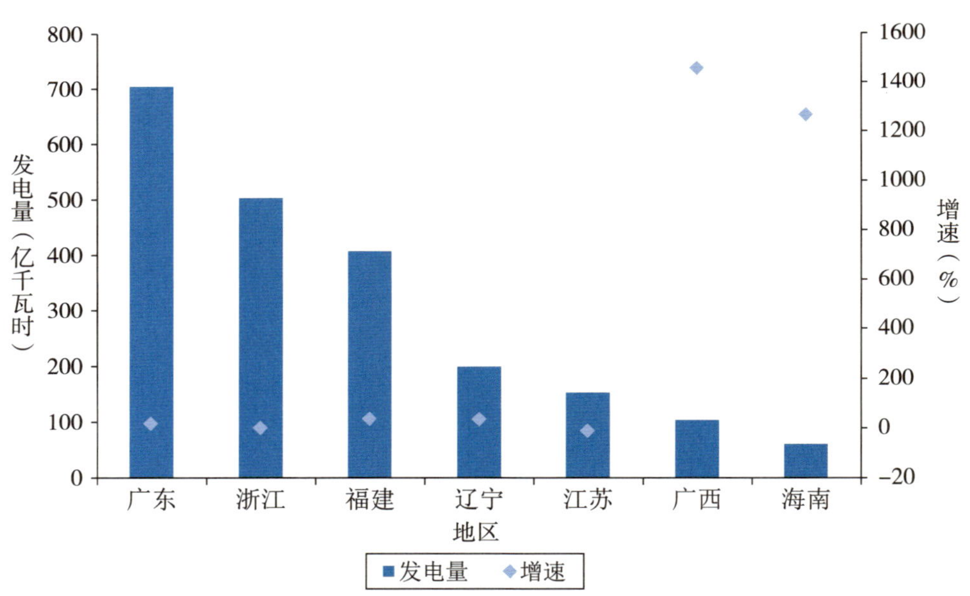

图 2-43　2016 年中国各地区核电发电量及增长情况

来源：中国电力企业联合会。

风电：2016 年，内蒙古、新疆、河北等 9 个地区的风电发电量超过 100 亿千瓦时。其中内蒙古达到464 亿千瓦时，新疆、河北超过200 亿千瓦时。天津、海南由于风电装机基数小且没有新增装机，风电发电量受本年风资源情况等因素影响有所下降；其他地区在新机组投产、消纳水平提高影响下均有不同程度上涨，特别是中东部地区省份由于新增装机较前几年明显增长且消纳条件较好，发电量增长幅度普遍较大（见图 2 –44）。

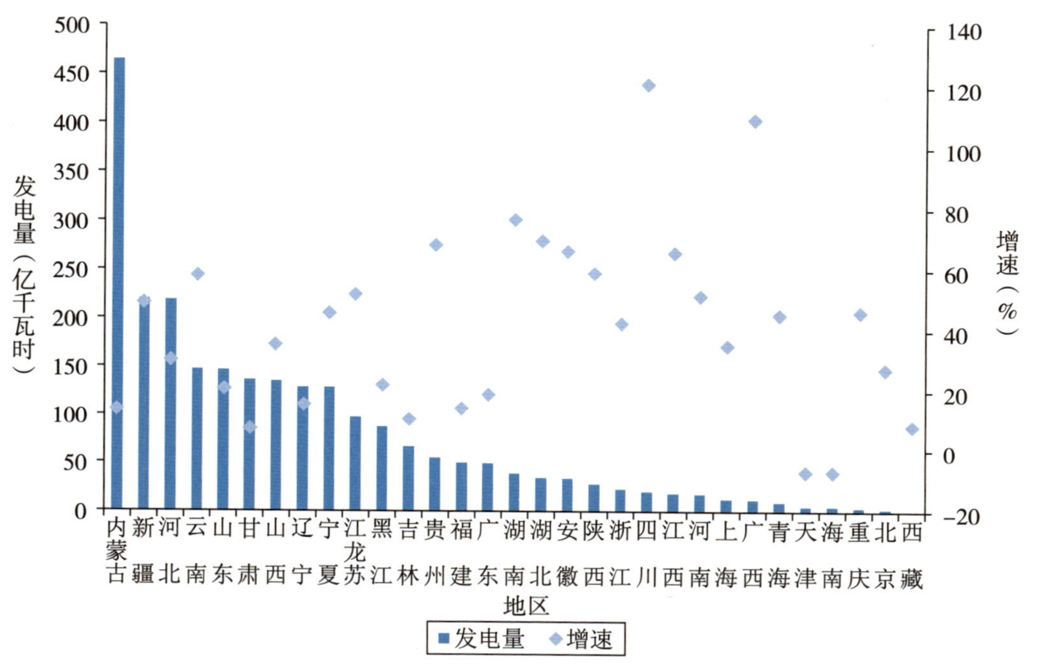

图 2 –44　2016 年中国各地区风电发电量及增长情况

来源：中国电力企业联合会。

太阳能发电：2016 年，青海、内蒙古、新疆、甘肃、宁夏 5 个地区太阳能发电量超过 50 亿千瓦时，均位于西部地区；由于新增装机在中、东部地区比重加大，中、东部地区省份的太阳能发电量规模不断扩大，江苏、河北、山东发电量超过 30 亿千瓦时，山西、浙江、安徽发电量超过 20 亿千瓦时。受光伏上网电价下调、太阳能发电装机集中投产以及消纳水平提高影响，各地区太阳能发电量普遍高速增长（见图 2 –45）。

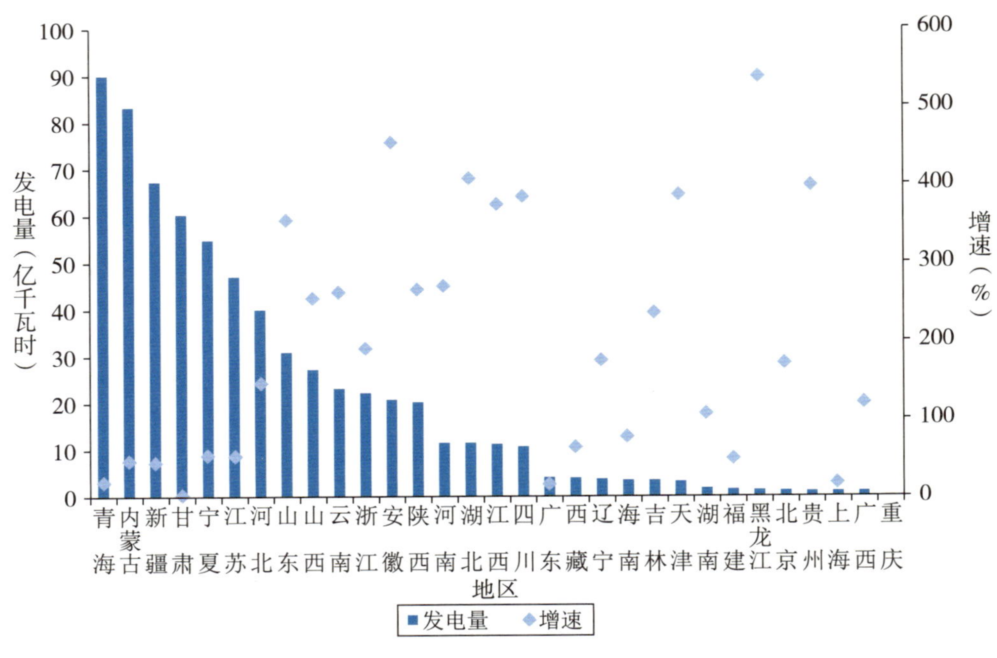

图 2－45　2016 年中国各地区太阳能发电量及增长情况

来源：中国电力企业联合会。

4. 非水可再生能源发电比重远低于装机比重，多数地区距实现可再生能源电力消纳比重目标存在差距

截至 2016 年年底，虽然中国已有多个地区布局气电装机，但受制于天然气成本以及设备利用效率，除了北京、上海、天津等气电装机比重相对较高以及没有煤电装机的西藏，大多数地区火电发电量仍主要来自煤电。

中国非化石能源发电装机规模较大，除核电外，其他发电形式特别是非水可再生能源发电受资源条件和并网消纳问题影响，上网电量并不稳定，虽然政府出台多项政策提高并网消纳水平，但是发电比例仍远低于装机比例；水电则受资源条件影响大，水量偏丰年份，水电发电比例普遍高于装机比例，水量偏枯年份，发电比例大幅下降。2016 年，西藏非化石能源发电比重达到 99.4%，云南超过 90%，四川接近 90%，青海超过 70%，湖北、广西、福建超过 50%。非水可再生能源发电比重超过 10% 的地区为 7 个，分别是青海、甘肃、宁夏、内蒙古、新疆、河北、黑龙江。西藏水电发电比重超过 90%，四川、云南超过 80%，青海、湖北超过 50%，广西、湖南超过 40%。海南、福建核电发电比重超过 20%，广东、浙江、辽宁超过 10%。风电发电比重超过 10% 的地区为 5 个，分别是内蒙古、甘肃、宁夏、新疆、黑龙江。太阳能发电比重超过10%的地区只有青海（见图2－46、图2－47、图2－48）。

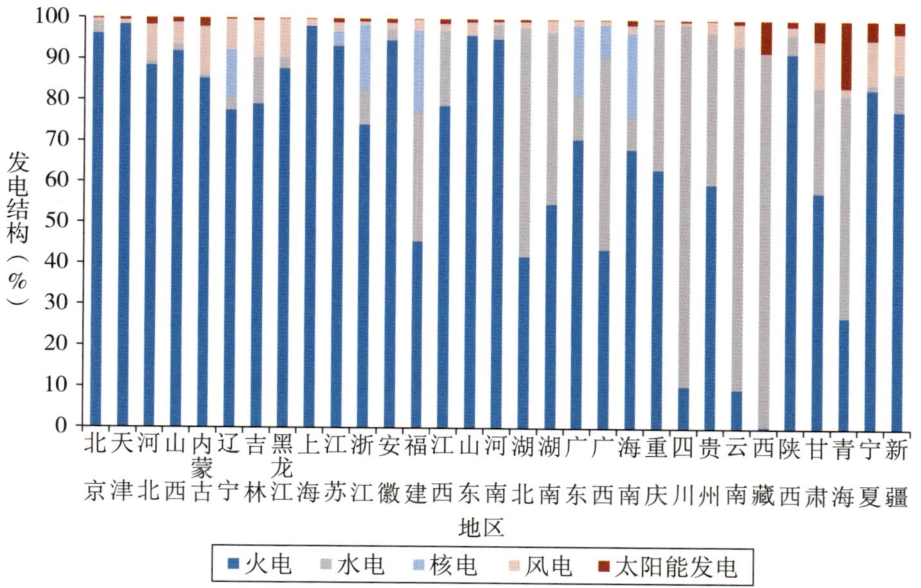

图2－46　2016年中国各地区发电结构情况

来源：中国电力企业联合会、神华科学技术研究院。

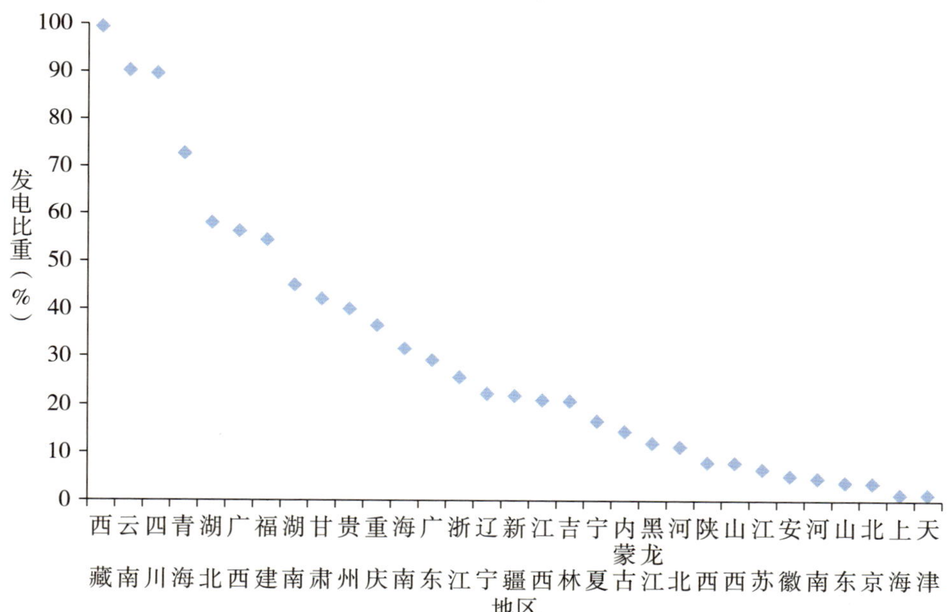

图2－47　2016年中国各地区非化石能源发电比重情况

来源：中国电力企业联合会、神华科学技术研究院。

根据《关于建立可再生能源开发利用目标引导制度的指导意见》提出的非水可再生能源电力消纳比重目标及相关计算方法，2016年，只有宁夏、青海、内蒙古、吉林、

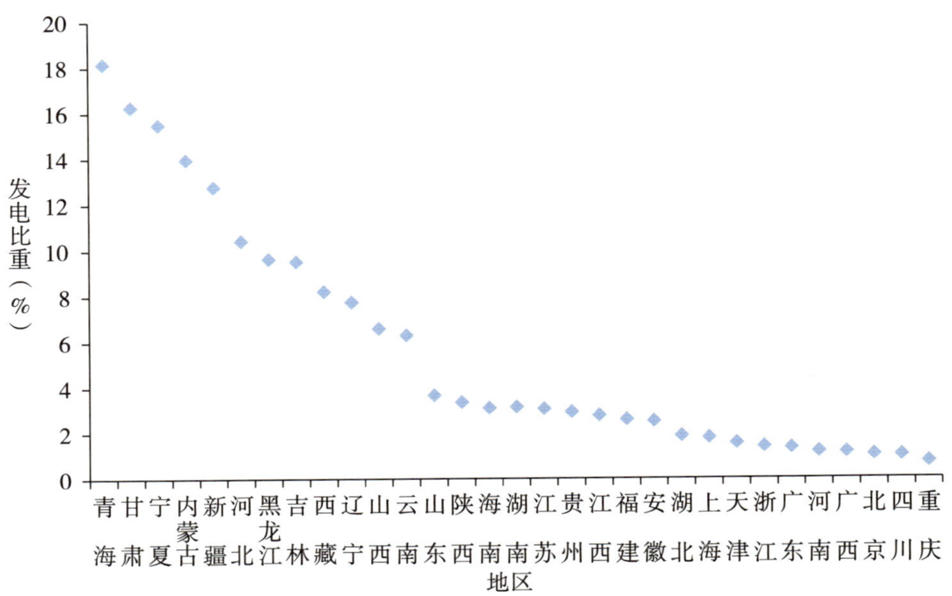

图2－48　2016年中国各地区非水可再生能源发电比重情况

来源：中国电力企业联合会、神华科学技术研究院。

云南、山西6个地区能够实现目标，贵州、甘肃、黑龙江、安徽、京津冀和江西接近实现目标，其他地区距目标存在不同程度差距（见图2－49）。

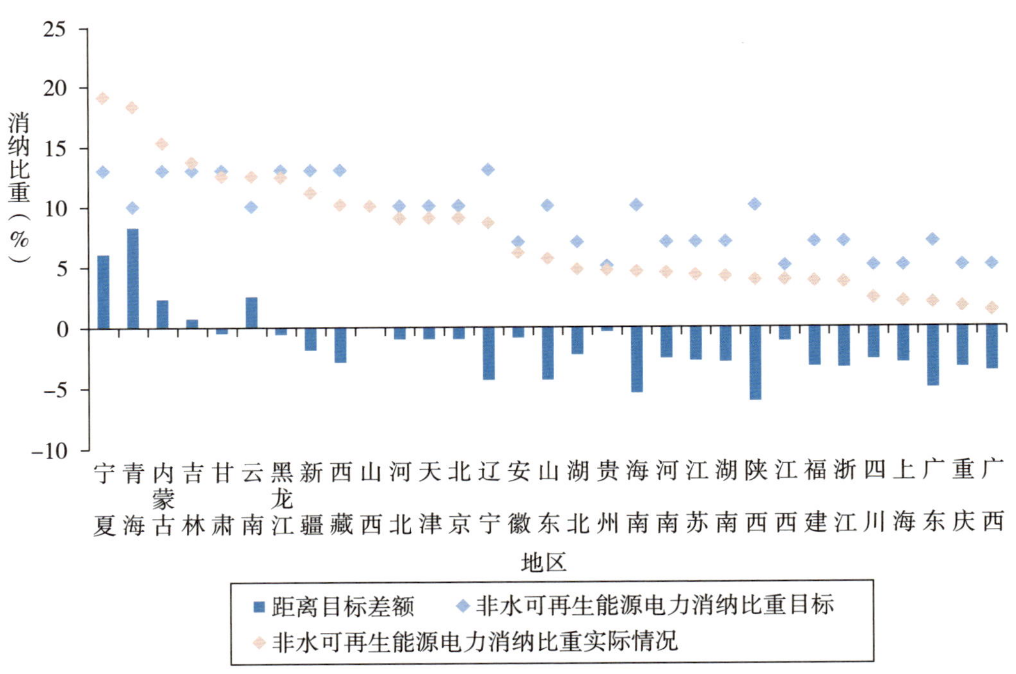

图2－49　中国各地区非水可再生电力消纳比重目标及2016年实际情况

来源：国家能源局。

三、发电设备利用小时

（一）发电设备利用小时继续下行，水电、风电利用小时回升

2016 年，在装机容量快速增长且高于电力消费增速以及非化石能源发电，特别是可再生能源发电比重提高、不断拉低整体利用小时数水平等因素影响下，发电平均利用小时继续下行，降至 3785 小时，较 2015 年下降 203 小时，较 2012 年下降近 1200 小时。

水电发电总体形势好于 2015 年，设备利用小时回升至 3621 小时，较 2015 年增长 31 小时。风电由于装机增速大幅放缓且消纳水平提高，设备利用小时回升至 1742 小时，较 2015 年增长 18 小时，结束了连续两年大幅下降的趋势。

火电受装机过剩、市场份额受非化石能源发电挤压影响，设备利用小时数继续下降，2016 年降至 4165 小时，较 2015 年下降近 200 小时。核电由于各电源类型装机普遍快速增长、挤压发电空间且部分机组降负荷运行，设备利用小时降至 7042 小时，较 2015 年下降 361 小时，较 2013 年下降超过 800 小时。太阳能发电由于装机容量高速增长且部分地区消纳市场有限、弃光问题加剧，设备利用小时降至 1125 小时，较 2015 年下降 99 小时（见图 2 –50）。

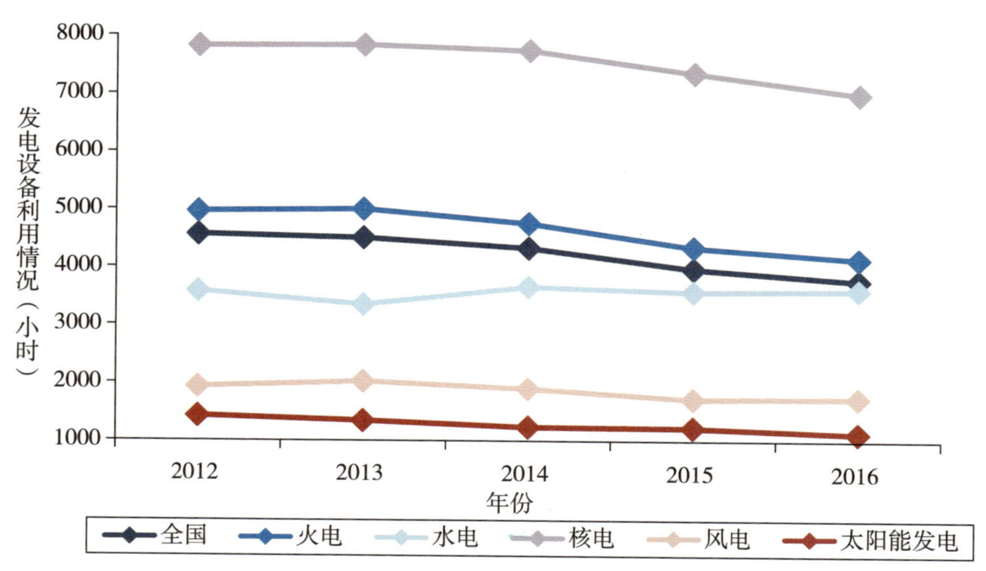

图 2 –50　2012—2016 年中国发电设备利用小时情况

来源：中国电力企业联合会、神华科学技术研究院。

（二）多数地区发电设备利用小时下降，不同类型发电设备利用小时存在较大差异

1. 6 个地区发电设备利用小时增长，多数地区发电设备利用小时下降

2016 年，15 个地区设备利用小时高于全国平均水平。各地区发电设备利用小时均低于 5000 小时，仅有江苏、山东高于 4500 小时，江西、安徽、河北、天津、陕西、海南、浙江 7 个地区设备利用小时在 4000 ~4200 小时。北京、西藏、湖北、河北、辽宁、吉林 6 个地区设备利用小时较 2015 年有所增长；其他地区设备利用小时出现不同程度下降，其中宁夏、海南、新疆、青海下降超过 500 小时（见图 2 –51、图 2 –52）。

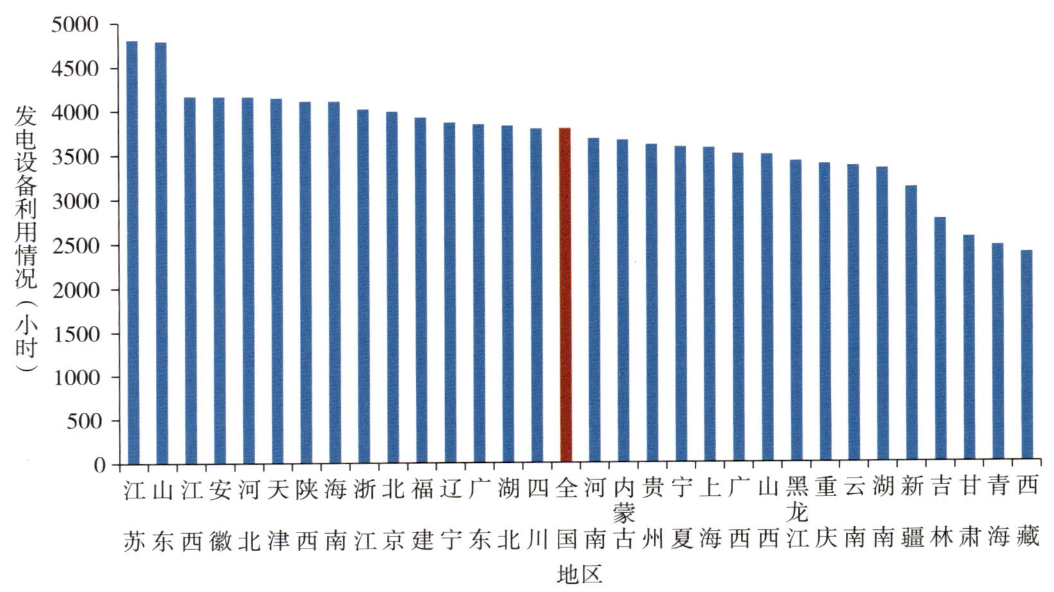

图 2 –51　2016 年中国各地区发电设备平均利用小时情况

来源：中国电力企业联合会。

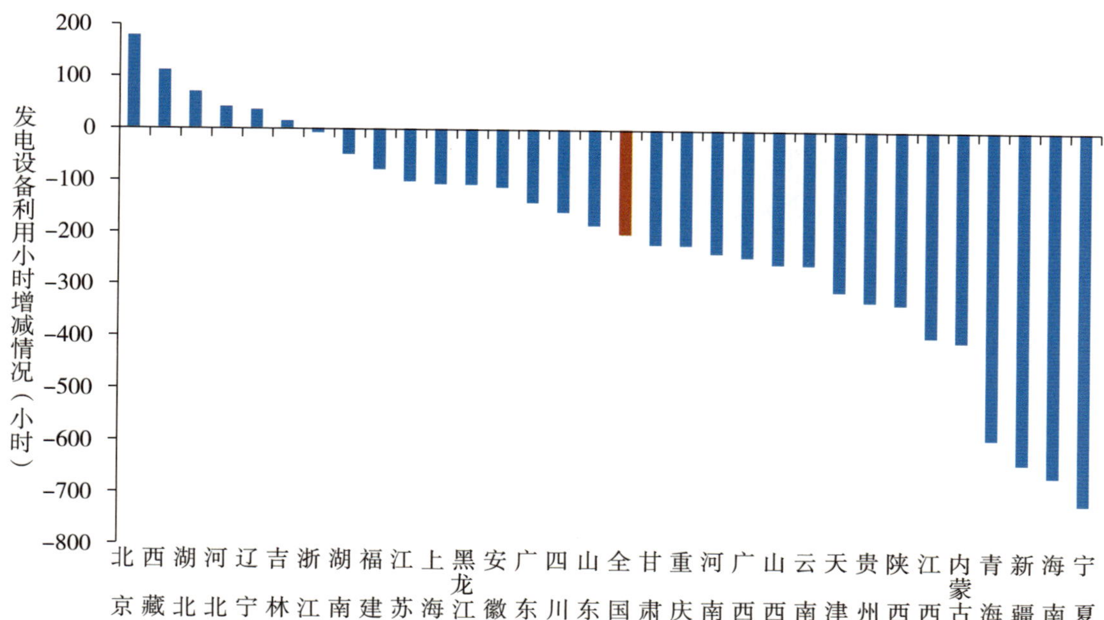

图2－52　2016年中国各地区发电设备平均利用小时变化情况

来源：中国电力企业联合会。

2. 除北京、河北、西藏外，其他地区火电设备利用小时下降，海南下降超过1000小时

2016年，13个地区火电设备利用小时高于全国平均水平。山东、江苏超过5000小时，河北、宁夏超过4900小时，江西、内蒙古、陕西、安徽等4个地区火电设备利用小时在4400～4600小时。北京、河北、西藏火电设备利用小时较2015年有所增长，其他地区火电设备利用小时出现不同程度下降，其中海南由于水电、核电、太阳能发电新机组投产挤压市场份额，火电设备利用小时下降1345小时，青海由于电力消费放缓和火电新机组投产下降969小时，福建由于核电、风电、太阳能发电新机组投产挤压市场份额下降711小时，四川、新疆、宁夏下降幅度均超过500小时（见图2－53、图2－54）。

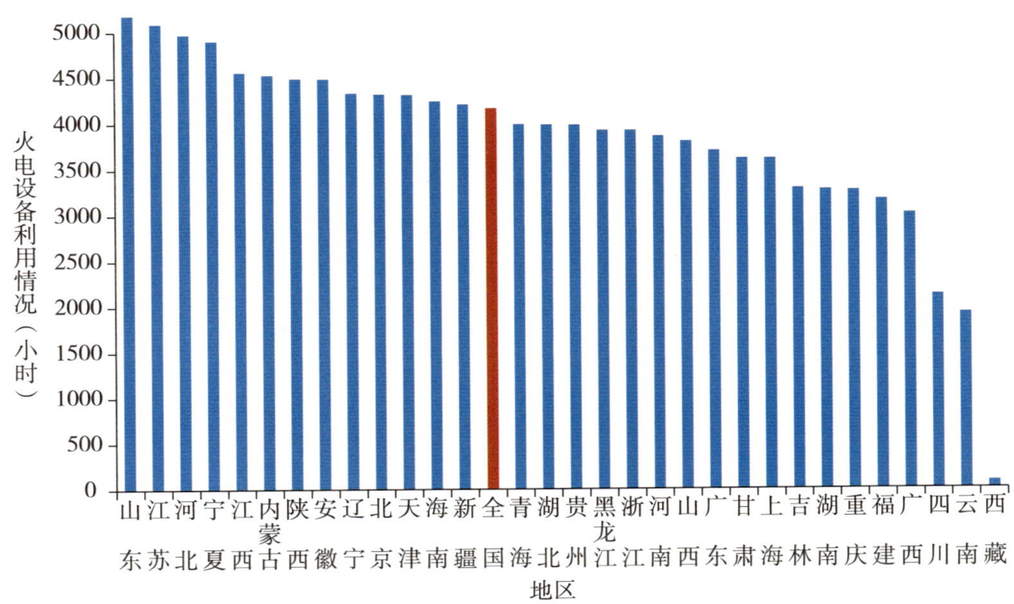

图 2 -53　2016 年中国各地区火电设备平均利用小时情况

来源：中国电力企业联合会。

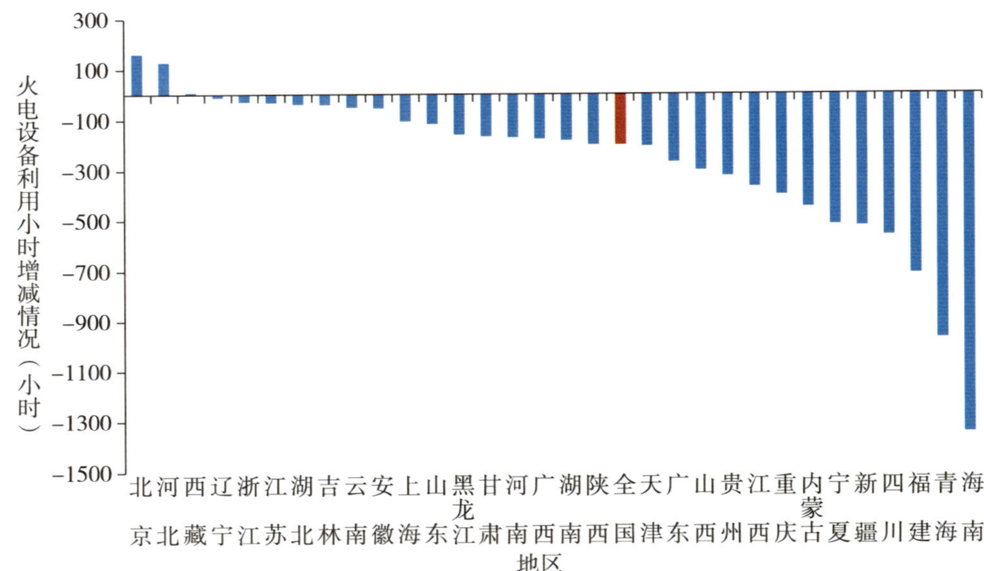

图 2 -54　2016 年中国各地区火电设备平均利用小时变化情况

来源：中国电力企业联合会。

3. 受水量影响，各地区水电设备利用小时变化呈现较大差异

2016 年，7 个地区水电设备利用小时高于全国平均水平。福建、四川分别达到 4776 小时和 4234 小时，湖北、云南、江西、广西超过 3800 小时。受各地降水量影响，部分地区降水偏多，水电发电量大幅增长，部分地区由于汛期结束偏早、降水偏少，水

电发电量明显下降，设备利用小时变化呈现较大差异。在水电装机容量超过500万千瓦的地区中，福建水电设备利用小时增长1408小时，广东、江西分别增长754小时和530小时，浙江、湖南、湖北、重庆增长均超过200小时；青海水电设备利用小时下降685小时，广西、贵州下降超过500小时，甘肃下降320小时，四川、云南2个水电大省分别下降52小时和97小时（见图2－55、图2－56）。

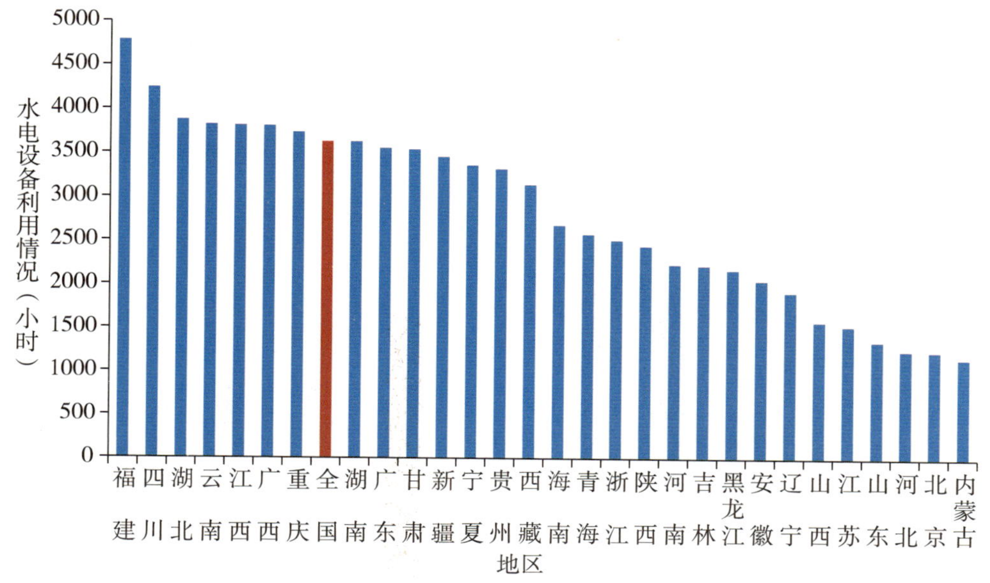

图2－55　2016年中国各地区水电设备平均利用小时情况

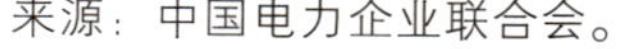
来源：中国电力企业联合会。

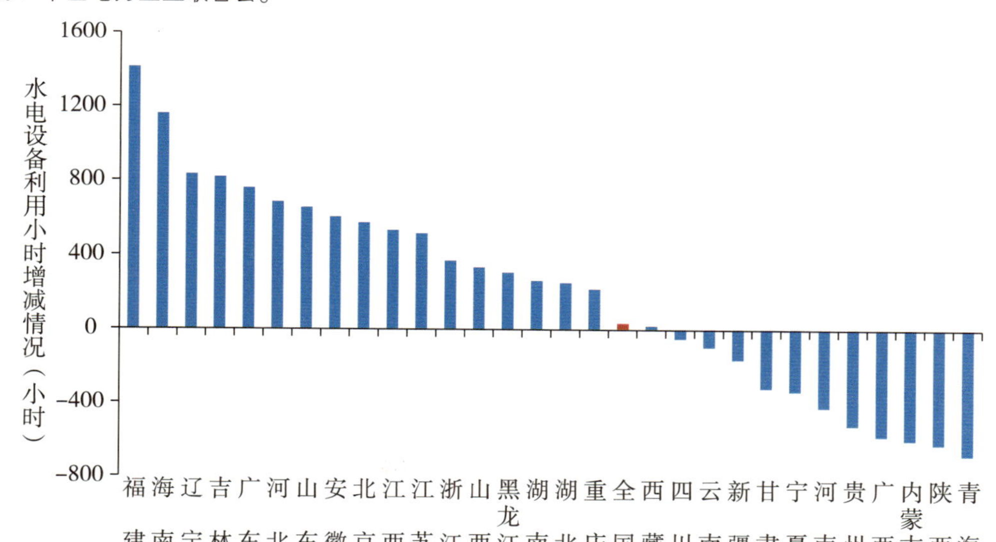

图2－56　2016年中国各地区水电设备平均利用小时变化情况

来源：中国电力企业联合会。

4. 部分地区核电利用小时大幅下降

2016 年，在有核电布局的 7 个地区中，浙江、江苏、广东、广西核电设备利用小时高于全国平均水平，其中浙江、江苏、广东高于 7500 小时。海南、辽宁核电设备利用小时较 2015 年下降较大，低于全国平均水平较多，海南核电设备利用小时 5775 小时，下降 1819 小时，主要原因在于核电装机基数较低，2016 年下半年投产了新机组，拉低了核电整体设备利用小时；辽宁核电设备利用小时 4982 小时，下降 833 小时，主要原因在于多台机组轮流处于换料大修、临停备用、降功率运行、季节性停运等状态，设备利用偏低。此外，江苏核电设备利用小时虽然超过 7500 小时，但是较 2015 年下降 746 小时，主要原因在于部分核电机组大修以及降功率运行。广西由于首个核电厂机组投产，利用小时大幅增长（见图 2 –57、图 2 –58）。

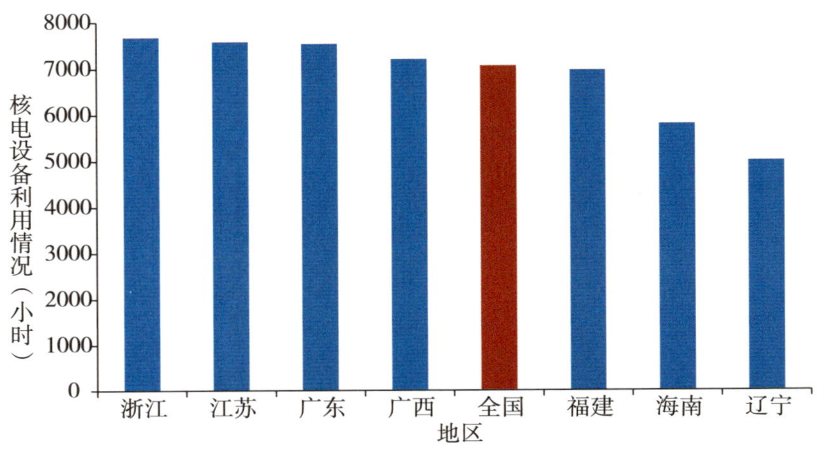

图 2 –57　2016 年中国各地区核电设备平均利用小时情况

来源：中国电力企业联合会。

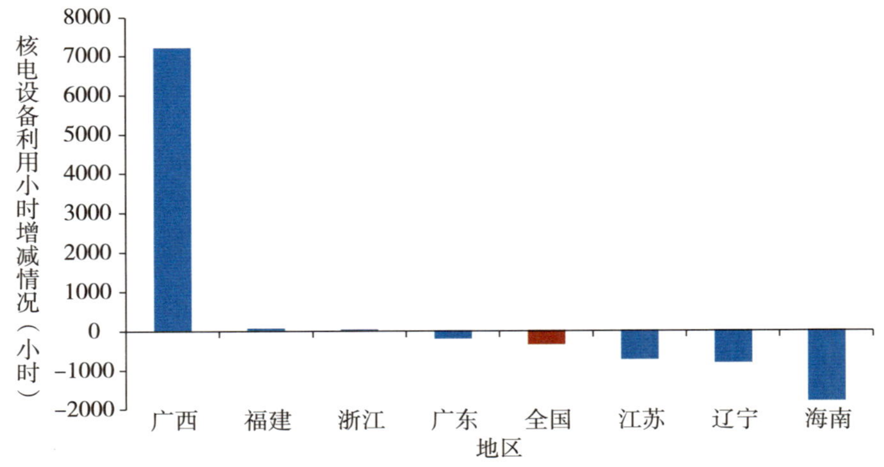

图 2 –58　2016 年中国各地区核电设备平均利用小时变化情况

来源：中国电力企业联合会。

5. 中东部地区省份风电设备利用小时普遍增长，利用小时下降省份主要集中在西部地区

2016 年，风电设备利用情况相对较好，24 个地区风电设备利用小时高于全国平均水平，12 个地区在 2000 小时以上，其中福建超过 2500 小时，广西超过 2300 小时，四川、云南超过 2200 小时；甘肃、新疆、吉林由于弃风情况依然严重，风电设备利用小时低于 1400 小时，其中甘肃仅 1088 小时。在风电设备利用小时增长的地区中，多数位于消纳条件较好的中、东部地区省份。在风电并网装机容量超过 500 万千瓦的地区，河北、山西、江苏、山东分别增长 269 小时、239 小时、227 小时和 74 小时，均位于中、东部地区。辽宁、黑龙江利用小时增长主要是采取了多项措施促进风电消纳、降低弃风率。利用小时下降的省份主要集中在西部地区。云南、新疆、青海分别下降 350 小时、281 小时、226 小时，甘肃、宁夏、内蒙古下降幅度在 100 小时以内（见图 2 -59、图 2 -60）。

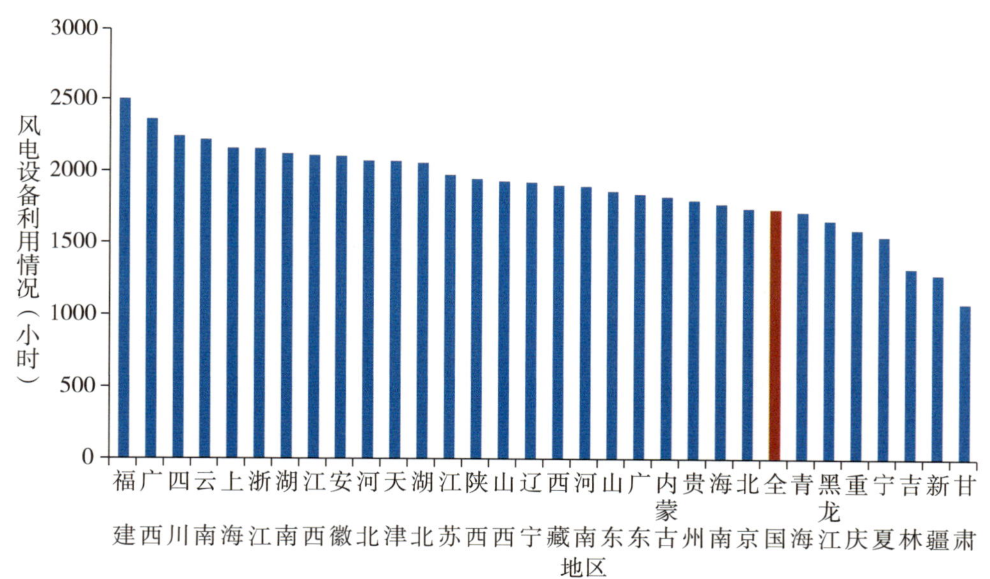

图 2 -59　2016 年中国各地区风电设备平均利用小时情况

来源：中国电力企业联合会。

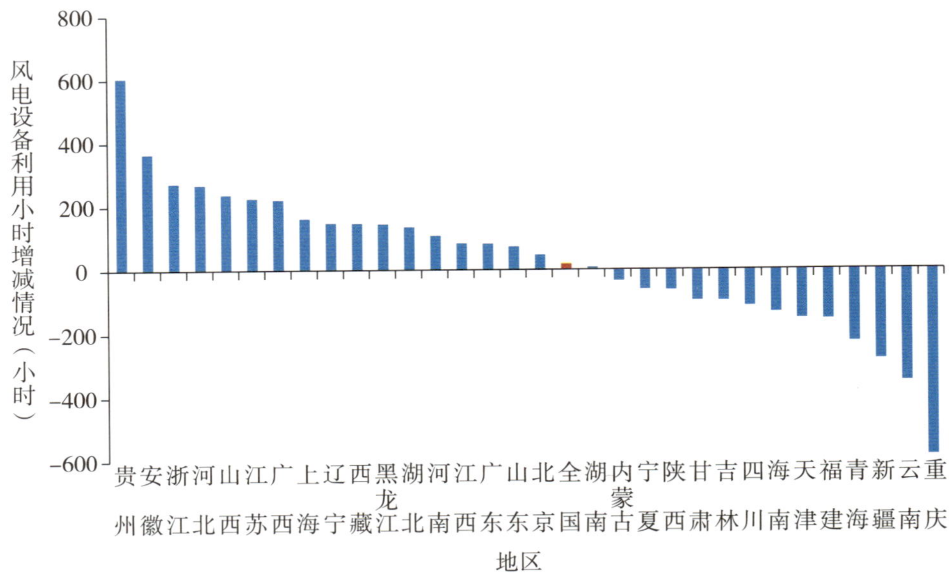

图 2 –60　2016 年中国各地区风电设备平均利用小时变化情况

来源：中国电力企业联合会。

四、电力供应形势展望

（一）新增装机规模依然较大，装机容量保持快速增长

1. 新增装机容量超过 10000 万千瓦，装机容量增长 7%

2017 年，随着政府控制投资节奏、调整投资结构等一系列政策的继续深入实施，预计新增装机容量将继续下降。截至 2017 年 1 月，中国在建装机规模达到 32511. 5 万千瓦，火电达到 18785. 5 万千瓦，其中煤电在建装机规模超过 17000 万千瓦；水电、风电、太阳能发电在建装机规模均较 2015 年年末有所提升（见表 2 –1）。由于目前仍有大规模在建装机将要陆续投产，新增装机容量将不低于 10000 万千瓦，约为 11000 万千瓦。预计全国发电装机容量增速继续回落，仍保持较快增长速度，同比增长 7% 左右，达到 175000 万千瓦。

表 2 –1　　2017 年 1 月中国在建发电装机规模情况　　单位：万千瓦

	在建装机规模	2016 年新开工装机规模
总装机	32452. 6	11773
火电	18785. 5	7769

（续表）

	在建装机规模	2016 年新开工装机规模
水电	6475	1000
风电	2756	1251
太阳能发电	1695	1753
核电	2741.1	0

注：表中水电数据截至 2016 年年底；太阳能发电数据为光伏发电数据。

来源：电力工程质量监督总站、中国电力企业联合会、神华科学技术研究院。

综合考虑近几年投资、建设周期、机组退役和关停以及控制煤电发展速度、发展清洁能源发电等相关政策的情况，受煤电建设投产速度放缓影响，2017 年，预计火电新增装机容量维持低速或负增长，新增装机 4700 万千瓦左右，非化石能源装机容量继续快速增长，新增装机 6400 万千瓦左右（见图 2－61）。

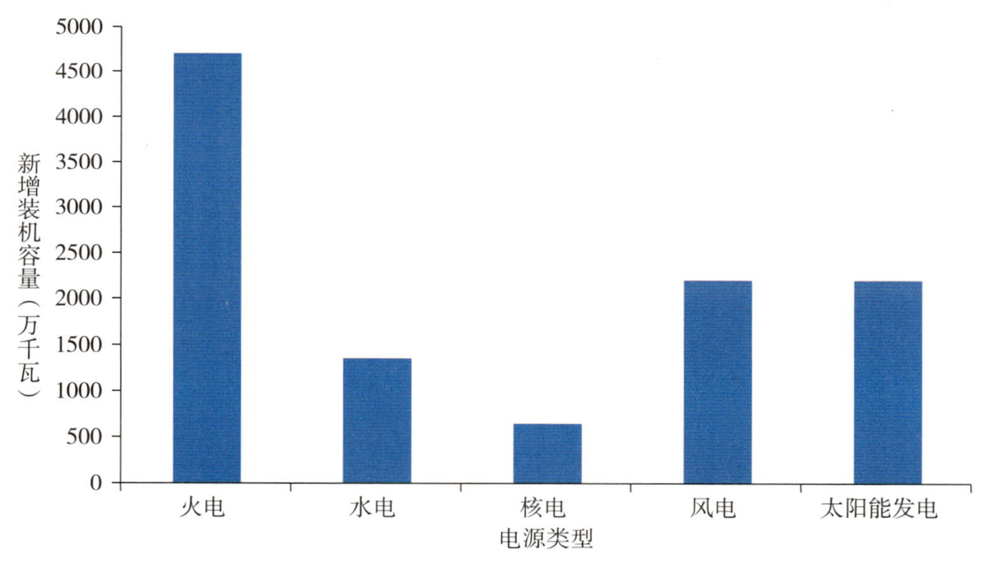

图 2－61　2017 年中国预计新增装机容量情况

来源：神华科学技术研究院。

2. 多数地区火电装机增速回落、非化石能源装机快速增长的发展态势将延续

2017 年，政府将继续执行政策严格控制煤电的投产速度，多数地区的火电投产速度将放缓，火电装机容量将维持低速增长，火电新增装机容量预计将与 2016

年持平或下降。截至2017年1月，多个地区在建装机规模较大，新疆在建装机容量接近3000万千瓦，广东、山西、内蒙古超过1500万千瓦，江苏、山东超过1000万千瓦，陕西、宁夏超过900万千瓦，此外，在其他20个地区仍有不同规模的火电在建装机，其中广东、江苏、河南有较大比例的气电在建装机（见图2－62）。预计西部地区省份以及有较多气电在建装机的广东、江苏、河南可能会在新增装机中占据较大比例。

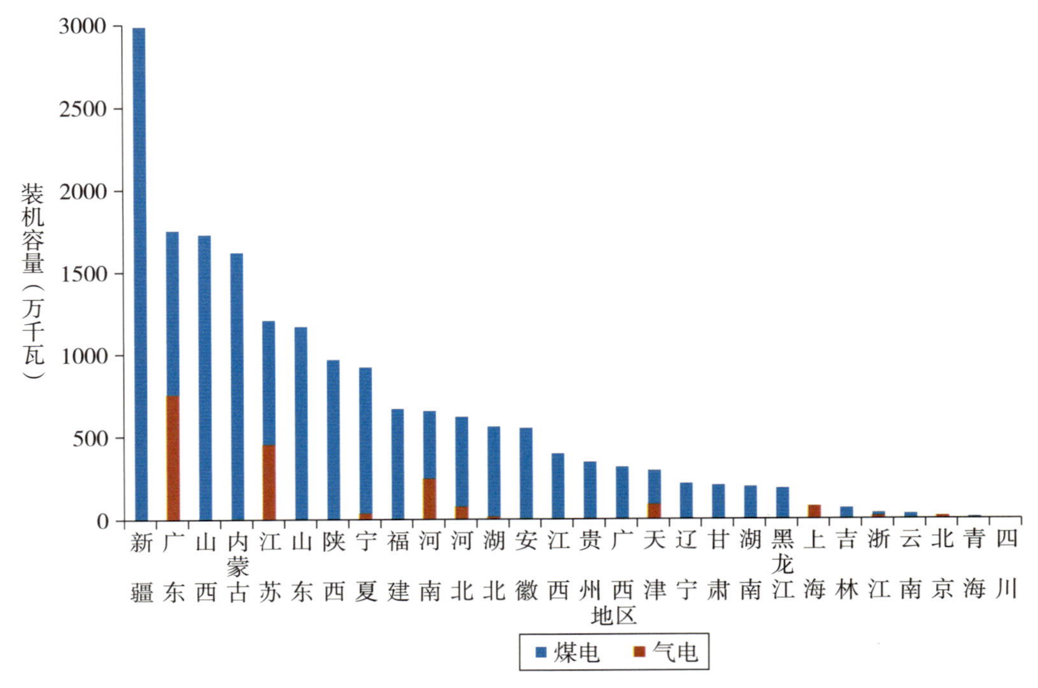

图2－62　2017年1月中国各地区火电在建装机容量情况

来源：神华科学技术研究院。

各地区非化石能源发电装机将保持快速增长，其中水电新增装机容量仍将集中于西南以及中、南部地区水资源丰富的省份，部分地区水电装机容量将保持较快增长速度；核电在福建、浙江、山东、广东将有新机组投产；随着政府《关于建立可再生能源开发利用目标引导制度的指导意见》的出台，大部分地区为了达到目标要求，将加快风电和太阳能发电的建设及投产速度，特别是太阳能发电将保持高速增长，但“三北”和西部地区弃风、弃光问题依然严峻，在政府政策调控和引导下，这些地区风电、太阳能发电装机容量增长速度将较此前有所减缓，中、东部地区省份新增装机容量比重将继续增加、装机容量增长速度加快的趋势将更加明显。

（二）发电量增速将有所下降，火电发电量维持低速增长

1. 发电量增长3%～5%，火电发电量维持低速增长

2017年，用电增速预计将较2016年略有回落。受此影响，发电量增速将随之有所下降，预计发电量同比增长3%～5%。

随着政府可再生能源并网消纳政策实施力度的加强，非化石能源装机仍将快速增长，进而带动发电量保持较快增长。水电受降水量等影响，发电量增长存在不确定性，会有一定波动；核电发电量将保持稳定快速增长；风电、太阳能发电量随着大量装机投产以及消纳水平的提高，将保持快速增长，特别是太阳能发电量将高速增长。非化石能源发电量的快速增长将挤压火电的增长空间，在总发电量同比增长3%～5%的情况下，火电发电量将维持低速增长。

2. 发电量增速下降地区将增加，火电发电量继续呈现分化态势，非化石能源发电量普遍保持快速增长

2017年，各地区发电量将受本地及电力受端地区电力消费情况、输电线路投产以及电力输出地区向区外输送电量情况等因素影响，预计发电量增速回落地区将较2016年有所增加。

除以上因素外，各地区火电发电量还将受到非化石能源发电量特别是水电发电量影响，继续呈现分化态势。水电发电量增长根据当地降水、汛期防洪情况将存在较大差异。各地区核电发电量除特殊原因如核电厂大修时间安排及电网降负荷外，将普遍保持快速增长；各地区风电、太阳能发电量将普遍保持快速增长，特别是太阳能发电量在装机容量高速增长的作用下将继续高速增长，结合新增装机布局，中东部地区省份风电、太阳能发电量大幅增长的趋势将更加明显。

（三）电力供应结构继续调整优化

2017年，预计非化石能源装机比重提高到37.3%左右，非水可再生能源装机比重提高到15.4%左右。随着非化石能源装机的快速增长以及政府出台的多项政策推动可再生能源发展和并网消纳，非化石能源发电比重也将继续提升，挤压火电空间，预计火电发电比重将降至69.5%左右。非水可再生能源电力消纳比重目标的推出将加快各地

区电源结构的调整优化速度，未来各地区火电装机和发电比重将持续下降，非化石能源特别是非水可再生能源装机和发电比重持续上升将是主要趋势。

（四）电力供应能力总体过剩，发电设备利用小时进一步下降

2017 年，发电装机容量仍将保持较快增长，新增装机容量将有所下降，但规模依然较大，电力供应能力总体过剩将更加显现，火电尤其是煤电供应能力过剩的问题将更加严重，随着发电装机的投产以及发电设备利用小时较低的可再生能源发电比重的增加，全国发电设备平均利用小时将继续下降，预计降至 3700 小时。

火电除受非化石能源发电挤压外，新投产火电机组将进一步挤占现有火电机组的发电份额，火电设备利用小时将继续下降，预计降至 4000 小时以下。水电受降水量影响较大，设备利用情况存在不确定性，且 2016 年水电设备利用小时已处于较高水平，预计 2017 年设备利用小时将有所回落。受新机组陆续投产以及电力消费难以快速增长、部分核电机组经常降功率运行影响，核电设备利用小时将继续下降，预计降至 6900 小时。在政府可再生能源消纳政策的引导下，可再生能源消纳水平将进一步提高，但风电装机容量仍将保持较快增长，且部分地区消纳市场有限、弃风问题短期内难以解决，预计风电设备利用小时将在 1700 ~1800 小时波动；太阳能发电装机容量将保持高速增长，且部分地区消纳市场有限、弃光问题严重，太阳能设备利用小时将进一步下降。

各地区发电设备利用小时及不同类型发电设备利用小时受多重因素影响，将呈现不同的变化态势。

第三部分

电网发展

观点提要

• 电网投资高速增长，电网规模不断扩大。2016年，全国电网基本建设投资完成额5426亿元，同比增长16.9%。截至2016年年末，220千伏及以上输电线路长度达到64.2389万千米，同比增长5.7%；变电设备容量达到34.1564亿千伏安，同比增长8.3%。中国电网已经形成华北—华中、华东、东北、西北、南方、西藏6个同步电网，基本实现全国联网。

• 主要输电线路规模继续扩大。全国500千伏以上重点输电线路长度达到21.7万千米，同比增长8.4%。

• 特高压建设正稳步推进。截至2016年年底，特高压输电工程共建成“六交七直”，在建“三交七直”，在运在建特高压输电线路长度达到3.32万千米。2016年，已投产特高压线路输送电量2334亿千瓦时，其中输送可再生能源电量比重达到74%。

• 微电网示范项目建设取得积极进展。《关于推进新能源微电网示范项目建设的指导意见》发布，各地上报的新能源微电网项目达百余个，可有效解决边远地区和海岛供电难度大、供电成本高昂等问题，并为城市提供高质量、多样性的供电服务。

• 能源互联网推进试点创新示范。2016年，能源互联网进入实质性发展阶段。《关于推进“互联网+”智慧能源发展的指导意见》以及《关于组织实施“互联网+”智慧能源（能源互联网）示范项目的通知》的发布共同推动能源互联网的发展和示范。

• 电网建设将继续保持高投入快发展。2017年计划新增500千伏及以上变电容量（含换流容量）1.36亿千伏安，新增输电线路1.47万千米。“十三五”期间，全国新增西电东送通道输电能力1.3亿千瓦，新增500千伏及以上交流线路9.2万千米，变电容量9.2亿千伏安。

• “十三五”期间特高压网架将进一步完善。“强直弱交”问题将逐步得到解决，特高压电网将在2020年建成东部、西部同步电网，西电东送能力持续提高。

• 新能源微电网促进多领域协同发展。微电网示范项目取得积极进展，未来将向综合能源集成方向发展。随着相关技术以及利用、管理模式不断成熟，将结合风电、光伏、储能，推进多能互补、协同优化的新能源电力综合开发，并极大推动新能源、储能、综合利用、节能减排以及安全供电等领域的发展。

- 能源互联网逐步协调互融。“十三五”期间，我国将逐步构建以特高压电网为骨干网架、各级电网协调发展的中国能源互联网，实现西电东送、北电南供、水火互济、风光互补，能源、信息、交通三网融合发展，大幅提升资源优化配置能力和电网安全供电水平。

一、电网总体情况

2016 年，全国电网基本建设投资完成额 5426 亿元，同比增长 16.9%。全国跨区送电量增长 6.9%，比 2015 年提高 4.1 个百分点，跨区送电量的增长主要是电网公司通过特高压外送消纳西北新能源以及西南水电。跨省输出电量增长 4.8%，比 2015 年提高 5.9 个百分点。目前，中国电网已经形成华北—华中、华东、东北、西北、南方、西藏 6 个同步电网，基本实现全国联网。

截至 2016 年年末，220 千伏及以上输电线路长度达到 64.2389 万千米，同比增长 5.7%（见表 3－1）；变电设备容量达到 34.1564 亿千伏安，同比增长 8.3%。

表 3－1　2016 年中国 220 千伏及以上输电线路回路长度

直流	±800 千伏	±660 千伏	±500 千伏	±400 千伏		总计
长度（km）	12300	1336	12977	1640		28254
同比（%）	16.3	0	9.3	0		11.1
交流	1000 千伏	750 千伏	500 千伏	330 千伏	220 千伏	总计
长度（km）	7366	17478	165992	28336	394962	614135
同比（%）	136.6	11.6	5.1	5.7	4.3	5.5

来源：中国电力企业联合会。

2016 年，国家电网完成电网投资 4977 亿元，新增 110（66）千伏及以上输电线路长度 4.8 万千米，输电线路总长度达 93.8 万千米，新增变电（换流）容量 3.1 亿千伏安/亿千瓦，特高压累计送电 6150 亿千瓦时。实现西南水电外送电量 1293.57 亿千瓦时，消纳清洁能源 11893 亿千瓦时。

南方电网全年投资 1022 亿元，增长 22.6%。南方电网 2016 年以来探索建立跨省区电力交易机制，西电东送完成送电 1944 亿千瓦时，同比增长 3%，多消纳云南富余水电 165 亿千瓦时。

二、主要输电线路及特高压

（一）主要输电线路规模继续扩大

2016 年年末，全国 500 千伏以上重点输电线路长度达到 21.7 万千米，同比增长 8.4%，主要输送中西部煤电和西南水电，以及不断增长的风力发电和太阳能发电。部分重点电网线路情况见表 3－2、表 3－3。

表 3－2　　中国部分交流重点线路

工程名称	电压等级（千伏）	线路长度（千米）	投运年份	主要电源形式
新疆与西北主网联网第一通道	750	2×349	2010	煤电/风电
河西 750 千伏输变电工程	750	2×987	2011	煤电/风电
乌北—吐鲁番—哈密 750 千伏输变电工程	750	2×579	2011	煤电
新疆与西北主网联网第二通道	750	2×1079	2013	煤电/风电
乌北—五彩湾	750	2×160	2014	煤电
三塘湖—哈密（主网架）	750	2×146	2016	煤电/风电
五彩湾—芨芨湖—三塘湖（主网架）	750	2×353	2016	煤电
伊犁—库车（主网架）	750	354	2016	水电/煤电
库车—阿克苏—巴楚—喀什（主网架）	750	668	2017	煤电
吐鲁番—哈密线改接工程	750	2×50	2017	煤电

来源：国家电网。

表 3－3　　中国部分直流重点线路

工程名称	电压等级（千伏）	线路长度（千米）	投运年份	主要电源形式
葛南直流（长江葛洲坝—上海南桥）	±500	1045	1990	水电
天生桥至广州直流输电工程	±500	980	2001	水电

（续表）

工程名称	电压等级（千伏）	线路长度（千米）	投运年份	主要电源形式
三峡—常州	±500	890	2003	水电
贵州安顺—广东肇庆	±500	882	2004	煤电
江城线（湖北江陵—广东惠州鹅城）	±500	940	2004	水电
三峡—上海	±500	1075	2006	水电
陕西神木—河北南网	±500	840	2006	煤电
贵州兴仁—广东（深圳）	±500	1225	2007	煤电
东北一华北（高岭）直流背靠背	±500	—	2008	煤电/风电
宝德直流（陕西宝鸡—四川德阳）	±500	574	2010	煤电
呼伦贝尔—辽宁	±500	908	2011	煤电
宁东—山东（济南）	±660	1335	2011	水电/煤电
溪洛渡—广东 ±500 千伏同塔双回直流输电	±500	2×1223	2014	水电
金中直流输电	±500	1104	2016	水电
南方电网主网与海南电网 500 千伏第一/二回联网工程	±500	2×175.5	2009/2019	煤电
藏中联网工程	±500	1983.6	2018	水电

来源：国家电网、南方电网。

（二）特高压建设正稳步推进

截至 2016 年年末，特高压输电工程共建成“六交七直”，在建“三交七直”，在运在建特高压输电线路长度达到 3.32 万千米。

2016 年，国家电网“三交一直”建成投运，扎鲁特—青州 ±800 千伏特高压直流工程开工建设，目前共建成投运“六交五直”（见表 3-4、表 3-5），在建“三交六直”（见表 3-6、表 3-7），在运在建 18 条特高压输电线路长度达到 2.7 万千米。南方电网累计建成两项直流特高压工程，一项在建直流特高压工程，一项直流特高压工程正开展前期工作，总长度达到6200千米（见表3-8）。其中，乌东德送广东、广西输电工程（特高压多端直流示范工程）正开展前期工作，系统方案论证已完成，云南侧、广西侧接入系统方案和换流站站址已初步确定，广东侧接入系统方案和换流站站址仍在论证，工程全线路径协议已全面展开办理，设计咨询单位正按计划开展可研设计工作、可研专题研究，预计2017年3月完成可研批复。

表3-4　　国家电网已建成交流特高压工程

工程名称	电压等级（千伏）	线路长度（千米）	变电容量（万千伏安）	投运年份	主要电源形式
晋东南—南阳—荆门	1000	640	1800	2009/2011	煤电/水电
淮南—浙北—上海	1000	2×649	2100	2013	煤电
浙北—福州	1000	2×603	1800	2014	煤电
锡盟—山东	1000	2×730	1500	2016	煤电/风电
蒙西—天津南	1000	2×616	2400	2016	煤电/风电
淮南—南京—上海	1000	2×774	1200	2016	煤电

注：交流特高压线路输电容量需考虑无功功率，根据负荷情况不断变化，因此通常采用量值额定的变电容量进行衡量，下表同。

来源：国家电网、神华科学技术研究院。

表3-5　　国家电网已建成直流特高压工程

工程名称	电压等级（千伏）	线路长度（千米）	换流容量（万千瓦）	投运年份	主要电源形式
向家坝—上海	±800	1907	1280	2010	水电
锦屏—苏南	±800	2059	1440	2012	水电
溪洛渡—浙西	±800	1680	1600	2014	水电
哈密南—郑州	±800	2192	1600	2014	煤电/风电
宁东—浙江	±800	1720	1600	2016	煤电/风电

注：直流特高压线路额定输电容量为换流容量除以2，下表同。

来源：国家电网、神华科学技术研究院。

表 3 -6　　国家电网在建交流特高压工程

工程名称	电压等级（千伏）	线路长度（千米）	变电容量（万千伏安）	投运年份	主要电源形式
榆横—潍坊	1000	2 ×1049	1500	2017	煤电
锡盟—胜利	1000	2 ×240	600	2017	煤电/风电
苏通 GIL 综合管廊	1000	6 ×5. 8	—	2019	煤电

来源：国家电网、神华科学技术研究院。

表 3 -7　　国家电网在建直流特高压工程

工程名称	电压等级（千伏）	线路长度（千米）	换流容量（万千瓦）	投运年份	主要电源形式
晋北—江苏	±800	1119	1600	2017	煤电
锡盟—泰州	±800	1620	2000	2017	煤电/风电
酒泉—湖南	±800	2383	1600	2017	煤电/风电/光伏
上海庙—山东	±800	1238	2000	2017	煤电/风电/光伏
准东—皖南	±1100	3324	2400	2018	煤电
扎鲁特—青州	±800	1234	2000	2017 年	煤电/风电

来源：国家电网、神华科学技术研究院。

表 3 -8　　南方电网特高压工程

状态	工程名称	电压等级（千伏）	线路长度（千米）	换流容量（万千瓦）	投运年份	主要电源形式
建成	楚雄—广州	±800	1373	1000	2010	水电
	云南普洱—广东江门	±800	1413	1000	2013	水电
在建	滇西北—广东	±800	1928	1000	2017	水电
前期	乌东德—广东广西	±800	1476	1600	2019/2020	水电

来源：南方电网、神华科学技术研究院。

2016 年，已投产特高压线路输送电量 2334 亿千瓦时，其中输送可再生能源电量 1725 亿千瓦时，占全部输送电量的 74%（见表 3 -9）。国家电网下辖 9 条特高压线路输送电量1808亿千瓦时，其中可再生能源电量1198亿千瓦时，占全部输送电量的66%；南方电网下辖2条特高压线路输送电量526亿千瓦时，全部为可再生能源电量。11条线路中，可再生能源比重为100%的5条线路，都是水电外送项目，有3条线路可再生能源输送电量为0，其余线路非水可再生能源输送电量也并未达到30%的比例。

表3－9　　2016年中国特高压线路输送电量

序号	工程名称	年输送电量（亿千瓦时）	其中可再生能源电量（亿千瓦时）	可再生能源电量输送比重
1	晋东南—南阳—荆门	82.5	29.2	35%
2	淮南—上海	202.9	0	0
3	浙北—福州	17.1	0	0
4	锡盟—山东	32.8	0	0
5	向家坝—上海	326.1	324.8	100%
6	锦屏—苏南	383.3	382.5	100%
7	溪洛渡—浙西	367.5	367.5	100%
8	哈密南—郑州	322.6	73.4	23%
9	宁东—浙江	72.8	20.8	29%
10	楚雄—广州	261.8	261.8	100%
11	云南普洱—广东江门	264.5	264.5	100%
全国		2333.9	1724.5	74%

来源：国家电网、南方电网、神华科学技术研究院。

三、微电网及能源互联网

（一）微电网示范项目建设取得积极进展

微电网是指由分布式电源、用电负荷、配电设施、监控和保护装置等组成的小型发配用电系统（必要时含储能装置）。微电网分为并网型微电网和独立型微电网，可实现自我控制和自治管理。2015年7月，国家能源局发布《关于推进新能源微电网示范项目建设的指导意见》，新能源微电网示范项目建设取得积极进展。目前，各地上报能源局的新能源微电网项目达百余个，主要分为三类：边远地区微电网、海岛微电网和城市微电网，可有效解决边远地区和海岛供电难度大、供电成本高昂等问题，以及为城市提供高质量及多样性的供电服务。国内建设的部分微电网示范工程项目见表3－10。

表3－10　　中国部分微电网示范工程

项目名称	结构特点	类型
广东珠海市东澳岛兆瓦级智能微电网	1MW光伏发电，50kW风力发电，2MWh铅酸蓄电池，全岛可再生能源比例达到70%以上	独立型海岛微电网
浙江东福山岛微电网	100kW光伏发电，210kW风力发电，200kW柴油发电，1MWh铅酸蓄电池，具有50t/天的海水淡化能力	独立型海岛微电网
海南三沙市永兴岛微电网	500kW光伏发电，1MWh磷酸铁锂电池储能系统，中国最南方的海岛微电网	独立型海岛微电网
浙江鹿西岛微电网	300kW光伏发电，1.56MW风力发电，1.2MW柴油发电，4MWh铅酸电池储能系统，500kW×30s超级电容储能	并网型海岛微电网
西藏阿里地区狮泉河微电网	10MW光伏电站，6.4MW水电站，10MW柴油发电机组，储能系统，高海拔、气候恶劣边远地区	独立型边远地区微电网
西藏阿里措勤县微电网	960kW水电，500kW光伏，60kW风电，300kW柴油机组，300kWh锂电储能，2.4MWh铅酸电池储能	并网型边远地区微电网
内蒙古二连浩特可再生能源微电网示范项目	建设7个集群，共包括1820MW风电，565MW光伏，150MW光热，160MW储能	并网型边远地区微电网
国网山东电科院新能源分布式发电及微电网实验（示范）工程	包括光伏幕墙发电、逐日光伏发电、计量楼顶固定式光伏发电、薄膜车棚光伏发电、水平轴风力发电、垂直轴风力发电、混合储能系统、电动汽车充电桩等，总计200kW风力发电，263.65kW光伏发电	并网型城市微电网
江苏大丰市风电淡化海水微电网	2.5MW风力发电，1.2MW柴油发电，1.8MWh铅碳蓄电池储能系统，1.8MW海水淡化负荷，研发并应用了世界首台大规模风电直接提供负载的孤岛运行控制系统	独立型城市微电网

来源：神华科学技术研究院。

（二）能源互联网推进试点创新示范

2016年，能源互联网进入实质性发展阶段。2016年2月，国家发展和改革委员会、能源局、工信部联合发布《关于推进“互联网+”智慧能源发展的指导意见》，以“‘互联网+’智慧能源”指代能源互联网，成为能源互联网发展的纲领性文件。《指导意见》指出，能源互联网是互联网与能源生产、传输、存储、消费以及能源市场深度融合的能源产业发展新形态，具有设备智能、多能协同、信息对称、供需分散、系统扁平、交易开放等主要特征。能源互联网是推动中国能源革命的重要战略支撑，对提高可再生能源比重，促进化石能源清洁高效利用，提升能源综合效率，推动能源市场开放和产业升级，形成新的经济增长点，提升能源国际合作水平具有重要意义。《指导意见》从总体要求、重点任务、组织实施等方面系统地规划了能源互联网的发展路径，明确提出：近中期将分为两个阶段推进，2016—2018年先期开展试点示范，2019—2025年进行后续推广应用，并提出十大重点任务。

2016年8月，国家能源局以特急文件的形式下发了《关于组织实施“互联网+”智慧能源（能源互联网）示范项目的通知》，其中涵盖了能源互联网综合试点示范和典型创新模式试点示范两类。试点内容包含了化石能源的智能化生产与清洁化利用、化石能源的互联网化交易运营等基于化石能源的创新示范。据不完全统计，试点示范工作在2016年至少带动超过400亿元的投资。同时国家发展和改革委员会在这一领域也安排了3亿~4亿元的专项建设资金，对像首台（套）和比较重要的研发示范项目给予一定的支持。

四、电网发展形势展望

（一）电网建设将继续保持高投入快发展

根据国家能源局发布的《2017年能源工作指导意见》，2017年度全国跨省跨区输电通道建设将稳步开展，积极推进已开工项目建设，年内计划新增500千伏及以上变电容量（含换流容量）1.36亿千伏安，新增输电线路1.47万千米。同时具备条件项目的核准建设工作也将扎实推进。

2017 年，国家电网计划电网投资 4657 亿元，投产 110（60）千伏及以上线路 6 万千米，变电（换流）容量 3.8 亿千伏安（亿千瓦），完成售电量 37670 亿千瓦时。国家电网继续推进大电网发展，提高电网优化资源配置能力、清洁能源消纳能力和安全保障水平。“十三五”期间，电网仍保持高投入和快速发展，年均投资超过 5000 亿元。

2017 年，南方电网乌东德送电广东、广西三端 800 万千瓦直流工程将开工建设，滇西北送电广东直流工程将投产。到 2020 年，南方电网公司将建成西电东送大通道 19 条（八交十一直），送电能力比现在提高 55%。

根据《电力发展“十三五”规划（2016—2020 年）》提到的电网发展目标，“十三五”期间，合理布局能源富集地区外送，建设特高压输电和常规输电技术的“西电东送”输电通道，全国新增西电东送通道输电能力 1.3 亿千瓦，2020 年达到 2.7 亿千瓦。电网主网架进一步优化，省间联络线进一步加强，形成规模合理的同步电网。严格控制电网建设成本。全国新增 500 千伏及以上交流线路 9.2 万千米，变电容量 9.2 亿千伏安。

（二）“十三五”期间特高压网架将进一步完善

总体上，特高压正处于网架形成过渡期，随着进一步完善电网的规划和建设，“强直弱交”问题将逐步得到解决；同时，部分地区弃水、弃风、弃光问题的解决也需要大电网建设的支持，局部地区电网调峰能力亟待提高，电网发展仍处于快速上升通道。

根据国家电网规划，到“十三五”末，特高压建设线路长度和变电（换流）容量分别达到 8.9 万千米、7.8 亿千伏安（千瓦）。高强度、大规模电网建设将贯穿整个“十三五”。特高压电网将在 2020 年建成东部、西部同步电网，投运 19 项直流工程，总体形成送、受端结构清晰，交、直流协调发展的骨干网架，实现能源资源跨区优化配置。国家电网部分特高压项目建设规划见表 3－11。

表3－11　　国家电网部分特高压项目建设规划

	工程名称	电压等级（千伏）	线路长度（千米）	变电/换流容量（万千伏安/万千瓦）
交流	蒙西—湘南、荆门—武汉、长沙—南昌	1000	2×2189	1500
	胜利—锡盟—张北—赣州、晋东南—东明—枣庄、南阳—驻马店、湘南—赣州	1000	2×3408	4400
	巴塘—雅安—重庆—绵阳—德格—巴塘、雅安—阿坝	1000	2×1970	3600
	南京—徐州—连云港—泰州	1000	2×735	1200
	济南—枣庄—临沂—潍坊	1000	2×580	1200
直流	雅中—南昌	±800	1701	2000
	准东—成都	±1100	2356	2400
	陕北—武汉	±800	1240	2000
	陇彬—徐州	±800	1250	2000
	蒙西—湘南	±800	1700	2000
	蒙古—天津	±800	1220	1600
	俄罗斯—霸州	±800	2000	—
	哈萨克斯坦—南阳	±1100	—	—

来源：国家电网、神华科学技术研究院。

“十三五”期间，南方电网计划建成±800千伏滇西北送广东特高压直流工程、±800千伏乌东德送广东广西特高压直流工程、500千伏南方电网主网与海南电网第二回联网工程、云南电网与南网主网鲁西背靠背直流异步联网二期工程等工程。预计到“十三五”末，西电东送输电通道总送电规模将达到4860万千瓦，比“十二五”末增长26%。

（三）新能源微电网促进多领域协同发展

根据《电力发展“十三五”规划（2016—2020年）》，将在有条件的沿海地区建设海洋能与风电、太阳能等可再生能源互补的海岛微电网示范项目，并且开展风光储输多元化技术综合应用示范，微电网将结合风电、光伏、储能，联结大电网，推动多能互补、协同优化的新能源电力综合开发。

2017 年 2 月，国家能源局发布《微电网管理办法》（征求意见稿），拟通过资金支持、社会参与、商业准入、绿色信贷以及价格体系等多种方式并举，积极推进新能源微电网、城市微电网、边远地区及海岛微电网建设，进一步规范、促进微电网健康有序发展。

2017 年 5 月，国家能源局公布了包括北京延庆新能源微电网示范区项目在内的 28 个新能源微电网示范项目，其中包括 24 个并网型项目和 4 个独立型项目。该批示范项目中，新增光伏装机 899MW，新增电储能装机超过 150MW，另外还包含热储能、风电等各类型能源。示范项目重点在于技术集成应用和运营管理模式、市场化交易机制创新，审核条件包括可再生能源电力渗透率、清洁能源电量自给率、微电网与主网单一并网点交换功率等。通过示范项目，进一步探索加强政策指导、创新建设运营模式、提高技术装备水平、优化技术方案等方面的途径。2017 年国家能源局公布的新能源微电网示范项目情况见表 3－12。

表 3－12　　2017 年国家能源局公布的新能源微电网示范项目

序号	项目名称	项目单位	建设内容	技术指标	供能范围
			并网型		
1	北京延庆新能源微电网示范区项目	北京北变微电网技术有限公司	1. 微电网组织架构：在北京八达岭经济开发区及其周边地区新建八达岭经济开发区微电网、人文大学微电网、八达岭经济开发区供暖中心微电网等 6 个微电网构成微电网群。 2. 电源：新建光伏发电 25MW（其中屋顶光伏 20MW，农业光伏 5MW），接入已有光伏 6.9MW，光热发电 2.5MW，风力发电 3MW，分布式天然气热电联供 12.8MW，电储能 12.4MW，热储能 24.4MW。 3. 配网：10kV 单环网结构配电网。 4. 负荷：供电面积为 4.3 平方千米，电力负荷 25MW，热力负荷 76.43MW，供热面积 108 万平方米	1. 可再生能源渗透率：>100%。 2. 电量自给率：113%。 3. 供电可靠性：99.995%。 4. 孤网运行情况：具备无缝切换和孤网运行能力。 5. 项目投资：7.5 亿元	1. 八达岭经济开发区南区。 2. 北京人文大学及其周边区域。 3. 八达岭经济开发区供暖中心及其周边区域。 4. 康庄镇工业开发区。 5. 八达岭景区。 6. 中科院光热实验电站

（续表）

序号	项目名称	项目单位	建设内容	技术指标	供能范围
并网型					
2	太原西山生态产业区新能源示范园区	太原国投产业发展有限公司	1. 微电网组织架构：在山西省太原市西山生态产业区构建玉泉山公园子微电网、爱晚公园子微电网、长风公园子微电网等19个微店网组成微电网群。 2. 电源、配网、负荷情况：微电网群内共建成光伏50MW，风电60MW，天然气热电联产机组125MW，抽水蓄能400MW，电池储能60MW，热储能126MW；微电网内均通过10kV单环网供电；微电网总负荷为474MW	1. 可再生能源渗透率：>100%。 2. 电量自给率：113%。 3. 供电可靠性：54.95%。 4. 孤网运行情况：具备无缝切换和孤网运行能力。 5. 项目投资：111.9亿元	在山西省太原市西山生态产业区内的20个公园
3	张北云计算基地绿色数据中心新能源微电网示范项目	绿巨人新能源有限公司	1. 微电网组织架构：在张北云计算产业基地构建由2个微电网组成的微电网群。 2. 两个微电网的总供电面积为12.6平方千米，其具体电源、配网、负荷情况如下：1号微电网：电源：光伏40MW，风电60MW，电储能10MW；配网：35kV辐射型配电网；负荷：电力负荷35MW，热力负荷32.5MW，冷负荷21MW，供热面积50万平方米	1. 可再生能源渗透率：>100%。 2. 电量自给率：91%。 3. 供电可靠性：99.99995 4. 孤网运行情况：具备无缝切换和孤网运行能力。 5. 项目投资：23.7亿元	张北云计算基地区域

（续表）

序号	项目名称	项目单位	建设内容	技术指标	供能范围
并网型					
4	合肥市高新区微电网示范项目	阳光电源股份有限公司	1. 微电网组织架构：在阳光电源产业园内构建由习友路园区微电网、铭传路园区微电网2个微电网组成的微电网群。 2. 电源：习友路园区微电网包括光伏发电。3.5MW，储能系统2MW/4MWh，充电桩250kW共11台；铭传路园区微电网包括光伏发电4.1MW，春泥更系统2MW/4MWh，充电桩250kW共11台。 3. 配网：阳光电源产业园共有两个园区，每个园区以10kV电压等级组网并接入大电网，总占地面积425亩（1亩≈666.67平方米）。 4. 负荷：总供电面积为425亩，2016年总用电量1048.047万MWh，典型日峰值负荷3.805MW，预计2017年微电网峰值负荷约7.6MW	1. 可再生能源渗透率：>100%。 2. 电量自给率：接近100%。 3. 供电可靠性：>99.99%。 4. 孤网运行情况：可离网运行。 5. 项目投资：7960万元	合肥市国家高新技术开发区。其中包括8100多家企业，100多个科研机构，及其相关的配套服务机构
5	吉林省白城工业园区新能源微电网示范项目	白城市能投新能源交易服务微电网科技有限公司	1. 微电网组织架构：在白城工业园区构建1个新能源微电网，与大电网并网运行。 2. 电源：接入风电10MW，地面光伏10MW，分布式光伏4MW，生物质热电联产10MW，储能电池2MW，蓄热电锅炉12MW。 3. 配网：园区内通过10kV母线供电。 4. 负荷：供能面积为22平方千米，园区内均为工业负荷，目前负荷为20MW，远期负荷为40MW	1. 可再生能源渗透率：>170%。 2. 电量自给率：52%。 3. 供电可靠性：>99.9597 4. 孤网运行情况：可离网运行。 5. 项目投资：17657万元	22平方千米的白城工业园区，其中包括多个工业设备制造厂及一个商住服务区

（续表）

序号	项目名称	项目单位	建设内容	技术指标	供能范围
并网型					
6	风光氢储互补型智能微电网	陕西宝光集团有限公司	1. 微电网组织架构：在陕西宝光集团老厂区构建1个微电网，与大电网并网运行。 2. 电源：微电网的电源包括10MW光伏发电，1MW风力发电，2MW/4MWh储能系统，500kW氢发电。 3. 配网：配电线路的电压等级为10kV，采用原有的辐射结构，建设方式主要为对原有的配电线路进行接入网点的小规模改造。 4. 负荷：供电面积为100亩，负荷情况为200万立方米的氢气年制取量和厂区的日常用电，总用电负荷为25.2MW。 5. 投资：投资与产权属于陕西宝光集团有限公司	1. 可再生能源渗透率：84%。 2. 电量自给率：52%。 3. 供电可靠性：>99.5%。 4. 孤网运行情况：系统具备短时独立运行能力，系统内可再生能源发电和氢能源发电以及储能设备科保证微电网系统独立运行。 5. 项目投资：5480.5万元	宝光集团老厂区改造而成的工业园区，占地面积为100亩
7	澳能工业园智能微电网示范项目	澳能（毕节）工业园发展有限公司	1. 微电网组织架构：在贵州省毕节市经济开发区澳能（毕节）工业园构建1个微电网。 2. 电源：光伏500kW，压缩空气储能1.5MW·2h；配置3台10kV/380V变压器，共2000kVA。 3. 配网：配电网内采用10kV交流母线并网，线路方式为辐射方式。 4. 负荷：供电区域为澳能工业园区一期，面积为26.4万平方米，平均负荷1000kW	1. 可再生能源渗透率：50%。 2. 电量自给率：50.5%。 3. 供电可靠性：99.99%。 4. 孤网运行情况：主要运行方式为并网运行，具备孤网运行能力。 5. 项目投资：1895万元	贵州毕节实验区金海湖新区，占地500亩

（续表）

序号	项目名称	项目单位	建设内容	技术指标	供能范围
并网型					
8	北京市海淀北部新区新能源微电网示范项目	北京能源集团有限责任公司	1. 微电网组织架构：在北京市海淀区北部新区翠湖片区内构建1个微电网，与大电网并网运行。 2. 电源：区域内新建50MW屋顶光伏；5MW·2h＝10MWh电池储能；本区域绿地建设47MW地源热泵，并配套冷热储能。 3. 配网：微电网采用辐射型供电结构，配套建设10kV配电网及开闭站，8回线路，10kV线路长度约25千米，开闭所16座，配变83台。 4. 负荷：供电面积为87.9万平方米。电力40MW，热负荷22.14MW，冷负荷33.395MW	1. 可再生能源渗透率：125%。 2. 电量自给率：53%。 3. 供电可靠性：99.95%。 4. 孤网运行情况：区域负荷在电网发生故障情况下，可实现重要负荷的孤网运行。 5. 项目投资规模：19.465亿元	海淀北部翠湖和永丰地区，供电面积为87.9万平方米
9	国网嘉兴新能源微电网关键技术研究与示范应用项目	国网嘉兴供电公司	1. 微电网组织架构：在220kV勤丰变电站内构建1个微电网，微电网内都以AC3380/220供电，与大电网并网运行。 2. 电源：光伏0.119MW，风力0.012MW，储能500Ah。 3. 配网：采用低压380V配电。 4. 负荷：供电面积为2230平方米。最大负荷为280kW	1. 可再生能源渗透率：60%。 2. 电量自给率：大于100%。 3. 供电可靠性：不低于本地区供电可靠性。 4. 孤网运行情况：可孤网运行。 5. 项目投资规模：1939万元	嘉兴勤丰变电站
10	中德生态园启动区泛能微电网	青岛新奥智能能源有限公司	1. 微电网组织架构：在中德生态园构建1个微电网，与大电网并网运行。 2. 电源：光伏5.7MW，天然气三联供机组3.2MW，电储能0.86MW。 3. 配网：园区内采用10kV双环网供电。 4. 负荷：供电面积为99899.15平方米，园区内的负荷为3.98MW	1. 可再生能源渗透率：91.8%。 2. 电量自给率：71.95%。 3. 供电可靠性：99.971%。 4. 孤网运行情况：具备并网和孤网两种运行模式。 5. 项目投资规模：2.4亿元	中德生态园区，面积为99899.15平方米

（续表）

序号	项目名称	项目单位	建设内容	技术指标	供能范围
并网型					
11	山东济南积成工业园新能源微电网	积成电子股份有限公司	1. 微电网组织架构：在山东济南积成工业园构建 1 个微电网，与大电网并网运行。 2. 电源：光伏 3MW，风力 0.05MW，天然气三联供机组 2.4MW，2×4000RTH 空调水蓄冷系统。 3. 配网：配网采用单进线方式，通过一条进线接至 35kV 春晖变电站 10kV 母线侧，10kV 终期接线为单母线三分段，已建成单母线分段，共 7 面 10kV 配电柜。 4. 负荷：供电面积为 308 亩，水平年电负荷约为 5.2MW，负荷包括工业和居民用电	1. 可再生能源渗透率：58.65%。 2. 电量自给率：51.11%。 3. 供电可靠性：满足国家相关标准。 4. 孤网运行情况：可以实现并/离网的无缝切换。 5. 项目投资：6726 万元	积成工业园，面积 308 亩
12	上海电力学院临港新校区智能微电网示范项目	上海电力大学	1. 微电网组织架构：在上海电力学院临港小区建设 1 个微电网，与大电网并网运行。 2. 电源：光伏 2MW，风力 150kW，储能装置 2MWh 并采用 100W·10s 超级电容。 3. 配网：本工程拟在基地背面设置一座 10kV 校区电业开关站，申请 10kV 市政高压电源进线，两路常用，同时供电，引出六回 10kV 线路，设置三座 10kV 中压配电室（每个地块一座 10kV 中压配电室）。 4. 负荷：总供电面积为 57.5 万平方米，用电负荷 3.659MW，全年用电量 4271.948MWh	1. 可再生能源渗透率：58.7%。 2. 电量自给率：52.8%。 3. 供电可靠性：99.9%。 4. 孤网运行情况：微电网可以从并网模式切换到离网运行模式，以及从离网运行模式切换到并网模式。 5. 项目投资：2872 万元	上海电力学院临港新校区，占地约 960 亩，建筑面积为 57.5 万平方米

（续表）

序号	项目名称	项目单位	建设内容	技术指标	供能范围
并网型					
13	青岛董家口港新能源微电网示范工程项目	青岛昌盛日电太阳能科技股份有限公司	1. 微电网组织架构：在青岛董家口港建设1个并网型微电网。 2. 电源：光伏发电60MW，天然气冷热电三联供6MW，电储能30MWh。 3. 配网：10kV单环网。 4. 负荷：供电面积为70平方千米，电负荷45MW	1. 可再生能源渗透率：>100%。 2. 电量自给率：60%。 3. 供电可靠性：>99.99%。 4. 孤网运行情况：具备无缝切换和孤网运行能力。 5. 项目投资：8亿元	临港工业园区供电，园区内主要为化石、冶金、装备制造等工业用户
14	泰安市泰开南区工业园新能源微电网项目	山东泰开能源工程技术有限公司	1. 微电网组织架构：在泰安市泰开南区工业园构建1个新能源微电网，与大电网并网运行。 2. 电源：光伏0.25MW，储能0.05MW/0.2MWh。 3. 配网：拟建设380V交流母线，为园区供电。 4. 负荷：为园区内的办公楼厂房等，总负荷为150kW，供电范围为园区内办公楼、门卫室、厂区监控系统及9号生产车间	1. 可再生能源渗透率：>100%。 2. 电量自给率：80%。 3. 供电可靠性：99.99%。 4. 孤网运行情况：可以实现并网、并网转离网、离网转并网三种方式运行。 5. 项目投资：750万元	主要为泰开南区工业园内泰开箱变有限公司办公楼、门卫室、厂区监控系统及9号生产车间供电
15	天长市美好乡村智能微电网	安徽天能清洁能源科技有限公司	1. 微电网组织架构：在天长市永丰镇二墩村及附近构建2个微电网。 2. 2个微电网总供电面积约13平方千米，其详细情况如下： 1号微电网——电源：光伏400kW；配网：配网电压等级为380V，采用辐射型配电线路；负荷：320kW。 2号微电网——电源：光伏4600kW；配网：配网电压等级为10kV，采用辐射型配电线路；负荷：9680kW	1. 可再生能源渗透率：50%。 2. 电量自给率：60%。 3. 供电可靠性：99.9%以上。 4. 孤网运行情况：孤网运行时，储能和备用电源等系统投入运行，保障微电网安全稳定运行。 5. 项目投资：4250万元	天长市永丰镇二墩村，占地50亩

（续表）

序号	项目名称	项目单位	建设内容	技术指标	供能范围
并网型					
16	宁夏嘉泽红寺堡新能源智能微电网项目	宁夏嘉泽新能源股份有限公司	1. 微电网组织架构：在红寺堡区弘德工业园区构建 1 个微电网，与大电网并行运行。 2. 电源：屋顶光伏 315kW、地面光伏 60kW、风力 2MW。微燃机发电 65kW，储能 100kW·4h、超级电容 100kW·20s。 3. 配网：配电网共采用 6 台环网美式箱变，并通过 10kV 和 0.4kV 进行配电。 4. 负荷：主要为嘉泽仓储仓库供热和为宁夏吴忠市红寺堡区弘德工业园区辅助供电，年负荷需求大约为 40 万 kWh	1. 可再生能源渗透率：大于 100%。 2. 电量自给率：85%。 3. 供电可靠性：高于本地供电可靠性。 4. 孤网运行情况：可以实现孤网与并网运行。 5. 项目投资：4512.87 万元	宁夏吴忠市红寺堡区弘德工业园
17	科陆智能微电网试验示范项目	深圳市科陆电子科技股份有限公司	1. 微电网组织架构：在河西走廊西段的玉门市经济技术开发区构建 1 个微电网，与大电网并网运行。 2. 电源：接入已建成风力发电 50MW，储能 10MW/40MWh。 3. 配网：配电网以 10kV 架空线路输电，并 10kV 开闭所向企业供电。 4. 负荷：项目范围 600 亩，园区内的峰值负荷为 40MW	1. 可再生能源渗透率：>100%。 2. 电量自给率：57.5%。 3. 供电可靠性：99.9%。 4. 孤网运行情况：在外部电网发生故障时，微电网可以快速脱网进入独立运行模式。 5. 项目投资：12000 万元	玉门经济开发区
18	崇礼奥运专区新能源微电网	国泰绿色能源有限公司	1. 微电网组织架构：在崇礼奥运专区内构建 1 个微电网。 2. 电源：专区北部红花梁风电场＋西桥梁风电场（244.5MW），根据电量需求情况考虑将清三营风电场接入专区电网（98.6MW）；分布式光伏（4.27MW）。人员：电供暖（18.75MW），根据地热资源情况适当考虑采用地源热泵（43.75MW）。 3. 配网：5 个 10kV 双环网结构配电网。 4. 负荷：供电面积约为 2.4 平方千米，电负荷 55.3MW，热负荷 62.5MW	1. 可再生能源渗透率：330%。 2. 电量自给率：173%。 3. 供电可靠性：99.99%。 4. 孤网运行情况：具备孤网运行能力。 5. 项目投资：9.7 亿元	云顶滑雪公园＋张家口山地媒体中心、张家口奥运村、北欧中心和动机两项中心以及太舞四季旅游度假村，面积为 85.45 万平方米

（续表）

序号	项目名称	项目单位	建设内容	技术指标	供能范围
并网型					
19	面向低碳城市的崇礼群微电网示范项目	国泰绿色能源有限公司	1. 微电网组织架构：在崇礼地区构建1个微电网。 2. 电源：分布式光伏8MW，风电100MW，分布式燃气三联供20MW，储热电锅炉75MW。 3. 负荷：总电负荷40MW，年用电量2.4亿kWh；总热负荷100MW，年用能量3亿kWh	1. 可再生能源渗透率：94%。 2. 可再生能源自给率：62.6%。 3. 供电可靠性：不低于本地区水平。 4. 孤网运行情况：可部分离网运行。 5. 项目投资：13亿元	崇礼市中心城区、奥运专区及崇礼周边乡镇
20	温州经济技术开发区微电网示范项目	温州新奥燃气有限公司	1. 微电网组织架构：微电网系统由多个10kV子微电网系统构成，经10kV配电线路连接成1个微电网，与大电网并网运行。 2. 电源：微电网内总共建设80MW光伏发电、60MW冷热电燃气发电以及25MW水源/地源热泵系统、3MWh电池储能。 3. 配网：配电线路电压为10kV，为双环网结构，环中有多个开闭所，光伏发电+储能或三联供燃气发电+储能组合接入开闭所中。 4. 负荷：覆盖温州经济技术开发区金海园区和滨海园区共34.4平方千米	1. 可再生能源渗透率：52%。 2. 电量自给率：55%。 3. 供电可靠性：99.9998 4. 孤网运行情况：微电网内配置有3000kW储能系统和冷热电三联供发电系统，可以实现孤网运行，对部分重要负荷可以实现不间断供电。 5. 项目投资：15.4亿元	温州市经济技术开发区的滨海新区和金海园区，占地规模4平方千米

（续表）

序号	项目名称	项目单位	建设内容	技术指标	供能范围
并网型					
21	苏州协鑫工业应用研究院新能源微电网项目	苏州协鑫工业应用研究院有限公司	1. 微电网组织架构：在苏州协鑫工业研究院实验室楼构建1个微电网。 2. 电源：光伏发电500kW，风电60kW，风光互补2kW，微风系统60kW，天然气冷热电三联供400kW，储能容量200kWh。 3. 配网：工研院园区变电所采用两路20kV进线，设置1段10kV高压母线，两路进线互为备用，配置两台2000kVA干式变压器。能源站设置1台400kW的燃气内燃发电机组，发电机出口电压0.4kV，接入变配电间2000kVA变压器0.4kV低压母线侧，向园区建筑内用电设备供电。 4. 负荷：供电面积为83648平方米，负荷为3.2MW	1. 可再生能源渗透率：60.7%。 2. 电量自给率：81.9%。 3. 供电可靠性：高于本地区的供电可靠性。 4. 孤网运行情况：根据外部条件，可以有并网运行、孤岛运行以及模式转换三种运行状态。 5. 项目投资：1385万元	苏州协鑫工业园
22	济南市经济开发区南园新能源微电网示范项目	山东泰能能源有限公司	1. 微电网组织架构：在工业园区内构建1个微电网，与大电网并网运行。 2. 电源：光伏：5MW，沼气：2.5MW，蓄电池：8MWh。 3. 配网：在供电区域内新增一套10kV开闭所，开闭所主要含高低压配电设备、无功补偿设备、储能设备、二次控制设备等。10kV线路建设5回，10kV配电装置终期采用单母线接线方式。 4. 负荷：主要为山东海伦环保科技有限公司，山东豪诺医药有限公司，山东博霖环保科技发展有限公司厂区生产设备供电区域内的年用电量为640万kWh	1. 可再生能源渗透率：>60%。 2. 电量自给率：80%。 3. 供电可靠性：高于本地区供电可靠性。 4. 孤网运行情况：可以实现并网与孤网两种运行模式。 5. 项目投资：7152万元	本项目主要为以下几家企业供电：山东海伦环保科技有限公司，山东豪诺医药有限公司，山东博霖环保科技发展有限公司

（续表）

序号	项目名称	项目单位	建设内容	技术指标	供能范围
并网型					
23	甘肃酒泉肃州区新能源微电网示范项目	肃州区东洞滩光电示范园区管委会	1. 微电网组织架构：建设1个微电网，与大电网并网运行。 2. 电源：光伏60MW、电储能10MW 3. 配网：开发区内10kV配电线路拟采用单环网方式建设。建设微电网能量管理控制系统。 4. 负荷：供电面积为5.5平方千米，常规电力负荷20MW，热负荷3.2MW	1. 可再生能源渗透率：300%。 2. 电量自给率：51%。 3. 供电可靠性：99.9%。 4. 孤网运行情况：可离网运行。 5. 项目投资：10063.88万元	供电区域为肃州区综合利用开发区一期，占地面积为5.5平方千米
24	广州供电局南沙高可靠性智能低碳微电网示范项目	南方电网广州供电局有限公司	1. 微电网组织架构：在南沙培训基地内构建1个新能源微电网，与大电网并网运行。 2. 电源：太阳能光伏发电系统共260kWp，柴油发电机系统1台350kW（应急备用电源），蓄电池储能系统共1.2MWh（600kW·2h）；二期根据负荷增长情况拓展微型燃机3·200kW，光伏400kWp。 3. 配网：采取辐射状配电形式，由引出自环岛变电站的一根10kV配电线路供电。电源变压至230/400V电压等级后，输送至现有的几座大楼，包括车用和船用充电桩系统，共包含电动汽车充电桩4个，船用充电桩2个。 4. 负荷：供电区域为南网南沙培训基地，总占地3000平方米，最大负荷为480kW	1. 可再生能源渗透率：100%。 2. 电量自给率：60%。 3. 供电可靠性指标：99.999%。 4. 孤网运行情况：可以实现并网与孤岛运行两种方式，并能保证核心负荷可保障孤网运行一周以上。 5. 项目投资：5000万元	为南沙培训基地供电，总占地面积为3000平方米

（续表）

序号	项目名称	项目单位	建设内容	技术指标	供能范围
独立型					
1	舟山摘箬山岛新能源微电网项目	浙江众合新能源开发有限公司	1. 微电网组织架构：在舟山摘箬山岛构建1个离网型微电网。 2. 电源：风力2×0.85MW、光伏0.3MW、海流能发电0.3MW，锂电池500kWh、超级电容200kW±10s，柴油发电200kW（应急备用电源）。 3. 配网：所有电源接入10kV配电室10kV母线后，经过两回线分别接入农网开闭所Ⅰ段和农网Ⅱ段设置母联，提高供电可靠性。 4. 负荷：岛上主要为科研与教学负荷，其中办公生活负荷为2287kW，海水淡化及制冰可控负荷为1125kW。 5. 投资：本项目由浙江众合新能源开发有限公司、浙江大学共同投资	1. 新能源渗透率：>100%。 2. 电量自给自足比率：95%。 3. 供电可靠性：可以有效提高岛内供电可靠性。 4. 项目投资：5052.76万元	为岛内居民及公共设施供电
2	瑞安市北龙岛光储柴互补微电网示范项目	浙江朗呈新能源有限公司	1. 微电网组织架构：在瑞安市北龙岛构建新能源微电网。 2. 电源：光伏1.35MWp、能量型储能3MWh、功率型储能系统1MWh、柴油发电600kW（应急备用电源）。 3. 配网：配网通过0.4kV电网架构，建设地的架空线路是0.4kV，所以系统接入的方式采用就近原则，并网接入方式主要分为全部上网方式并网和自发自用余量上网方式，采用T型接入电网。 4. 负荷：为岛屿的居民提供生活用电	1. 储能装机配比：42.5%。 2. 电量自给率：90%。 3. 供电可靠性：可以有效提高岛内供电可靠性。 4. 项目投资：2952.57万元	为岛内居民及公共设施供电

（续表）

序号	项目名称	项目单位	建设内容	技术指标	供能范围
独立型					
3	福鼎台山岛风光柴储一体化项目	福建闽投电力有限责任公司	1. 微电网组织架构：在台山岛构建 1 个离网型微电网。 2. 电源：风力 1.5MW、光伏 200kW、波浪发电 10kW、柴油发电 200kW（应急备用电源），储能设备 3.2MWh。 3. 配网：岛内 10kV 电网线路送出工程，岛内 400V 电网改造系统。 4. 负荷：供电面积为 0.8 平方千米，岛内负荷为 3.2MW，年用电量为 160 万 kWh	1. 储能装机配比：23.4%。 2. 电力自给率：可满足岛内居民用电。 3. 供电可靠性：可以有效提高岛内供电可靠性。 4. 项目投资：5042 万元	为岛内居民及公共设施供电
4	珠海万山岛智能微电网示范项目	珠海兴业绿色建筑科技有限公司	1. 微电网组织架构：在万山岛对原有微电网进行扩容，并构建 3 个小型微电网。 2. 电源：新建光伏 5MW、柴油发电（应急备用电源）3 × 1.2MW、储能电池组 2.5MW。 3. 配网：利用岛上现有的部分输变电设备，多种分布式电源通过升压变压器升压到 10kV 电网，传输到负荷段再降压为 3 相 220V 供用户使用。 4. 负荷：供电面积为 8.1 平方千米，岛上常住人口为 400 人，月用电量为 18 万 kWh	1. 电量自给率：70%。 2. 供电可靠性：可以有效提高岛内供电可靠性。 3. 能量管理系统：能量管理系统对电源及负荷进行协调控制。 4. 项目投资：11297.88 万元	为岛内居民及公共设施供电

来源：国家能源局。

微电网是大电网的有益补充，目前在示范项目方面取得了积极进展，未来将向综合能源集成方向发展。随着相关技术以及利用、管理模式不断成熟，将结合风电、光伏、储能，推进多能互补、协同优化的新能源电力综合开发，并极大推动新能源、储能、综合利用、节能减排以及安全供电等领域的发展。

（四）以智能电网为发展重点，能源互联网逐步协调互融

根据《全球能源互联网发展战略白皮书》中设计的路线图，至2020年左右为加快各国清洁能源开发和国内电网互联建设阶段，以此为基础推动后续两个阶段开展电网的跨国、跨洲互联，进而推动能源、信息、交通三网融合。

具体到国内能源互联网建设，根据国家能源局印发的《2017年能源工作指导意见》，在电网领域，2017年的重点是积极推进智能电网建设，将制定实施《关于推进高效智能电力系统建设的实施意见》，并配套制订各省（区、市）具体工作方案。2017年，还将研究制订《智能电网2030战略》，推动建立智能电网发展战略体系，为智能电网中长期发展提供指导和部署。2017年3月，国家能源局公布了首批“互联网+”智慧能源（能源互联网）示范项目评选结果，共有北京延庆能源互联网综合示范区等56个示范项目入选，为推动能源互联网的进一步发展探索实践路径。首批“互联网+”智慧能源（能源互联网）示范项目名单见表3－13。

表3－13　中国首批“互联网+”智慧能源（能源互联网）示范项目名单

序号	项目名称	申请单位
1	北京延庆能源互联网综合示范区	中关村科技园区延庆园管理委员会
2	能源互联网试点示范园区	苏州工业园区管理委员会
3	厦门火炬开发区“一区多园”“互联网+”智慧能源+智能制造产业融合试点示范	厦门国家火炬高技术产业开发区管委会
4	京能海淀北部新区能源互联网示范工程	京能首都能源互联网项目管理办公室（北京能源集团有限责任公司）
5	崇明能源互联网综合示范项目	上海市崇明区发展和改革委员会等
6	浙江嘉兴城市能源互联网综合试点示范项目	国网浙江省电力公司等
7	天府新区能源互联网示范项目	四川省电力公司等
8	合肥新站高新区综合能源管理“互联网+”智慧能源示范项目	常州天合光能有限公司
9	面向特大城市电网能源互联网示范项目	广州供电局有限公司

（续表）

序号	项目名称	申请单位
10	城市综合智慧能源供应服务体系	上海电力股份有限公司
11	临港区域能源互联网综合示范项目	上海电气集团中央研究院等
12	山西科创城能源互联网综合试点示范项目（一期）	国网山西省电力公司太原供电公司
13	北京经济技术开发区（路南区）能源互联网综合试点示范	北京中民智中能源科技有限公司
14	呈贡信息产业园能源互联网综合示范项目	昆明售电有限公司
15	华润电力泰兴虹桥工业园区“互联网＋”智慧能源示范项目	华润电力投资有限公司江苏分公司
16	中宁县基于灵活性资源的能源互联网试点示范	宁夏中宁工业园区能源管理服务有限公司
17	园区能源互联网示范项目	上海申源电力有限公司等
18	北京经济技术开发区北京经开产业园“互联网＋”智慧能源项目	北京经开投资开发股份有限公司
19	产业园区互联网＋智慧电源系统应用示范	江苏天工工具有限公司
20	蒙西高新技术工业园区“互联网＋”能源管理服务平台	蒙西高新技术工业园区高新发展有限责任公司
21	无为高沟电缆基地智能微电网“互联网＋”智慧能源示范项目	新疆金风科技股份有限公司
22	井冈山经济技术开发区园区能源互联网示范项目	井冈山经济技术开发区管委会
23	绿色云计算中心智慧能源示范项目	吕梁市军民融合协同创新研究院
24	上海国际旅游度假区“互联网＋”智慧能源（能源互联网）工程	国网上海市电力公司浦东供电公司
25	基于“互联网＋”智慧新能源的多种能源互补型智能电站项目	河南省鑫贞德有机农业股份有限公司
26	支持能源消费革命的城市—园区双级“互联网＋”智慧能源示范项目	广东电网有限责任公司
27	靖边县1GW光气氢牧能源互联产业示范园项目	陕西光伏产业有限公司（陕西延长石油（集团）有限责任公司）

（续表）

序号	项目名称	申请单位
28	湖州长兴新能源小镇“源网荷储售”一体化能源互联网示范项目	浙能长兴发电有限公司等
29	珠海（国家）高新技术产业开发区“互联网+小镇”智慧能源示范项目	珠海派诺科技股份有限公司等
30	海南省三沙市永兴岛“互联网+”智慧能源示范项目	海南天能电力有限公司
31	承德市公共交通枢纽能源互联网示范项目	北京东润环能投资有限公司（北京东润环能科技股份有限公司）
32	基于智能云调度的电动汽车能源互联网示范项目	成都雅骏新能源汽车科技股份有限公司等
33	青海省新能源汽车充电设施与分时租赁创新示范工程	青海百能汇通新能源科技有限公司等
34	电动汽车能源互联网及运营模式创新（常州地区）项目	万帮充电设备有限公司
35	芜湖、淮南、池州电动汽车全自助分时租赁“互联网+”智能能源示范项目	徽易开汽车运营股份有限公司（芜湖恒天易开软件科技股份有限公司）
36	西咸新区基于低碳智慧公共交通体系的能源互联网建设项目	陕西西咸新区发展集团有限公司
37	江苏大规模源网荷友好互动系统示范工程	国网江苏省电力公司
38	风光氢储互补型智能微电网示范项目	西安交通大学等
39	基于绿色能源灵活交易的智慧分布式微电网云平台试点示范项目	厦门科华恒盛股份有限公司
40	基于绿色数据中心能源灵活交易的能源互联网试点示范	互联慧智张家口能源发展有限公司
41	基于多种能源的电力实时交易平台试点项目	国网甘肃电力公司等
42	张北县“互联网+智慧能源”示范项目	张北禾润能源有限公司等
43	“互联网+”在智能供热系统中的应用研究及工程示范	中国华电集团公司等
44	广西钦州渔光风储“互联网+”智慧能源示范项目	钦州通威惠金新能源有限公司

（续表）

序号	项目名称	申请单位
45	合肥高新区分布式能源灵活交易“互联网 +”智慧能源示范项目	阳光电源股份有限公司
46	基于电力大数据的能源公共服务建设与应用工程	全球能源互联网研究院等
47	长沙市天然气全产业链电商服务平台	好买气电子商务有限公司
48	中国石油电子商务平台	中国石油规划总院等
49	广州市能源管理与辅助决策平台示范项目	广州市发展改革委
50	智慧用能及增值服务项目	深圳市科陆电子科技股份有限公司
51	贵州省能源大数据管理云平台	贵州黔信数据有限公司
52	基于云南能源大数据的智慧能源行业融合应用平台	云南能源投资集团有限公司
53	基于省级电网企业全业务数据中心的能源互联网智慧用能示范	国网辽宁省电力有限公司
54	特大型能源化工基地“互联网 +”智慧能源示范项目	中国平煤神马能源化工集团有限责任公司
55	基于智慧能源的绿色数据中心关键技术及应用	宁波世纪互联信息技术有限公司
56	连云港经济技术开发区能源互联网试点示范项目	连云港林洋新能源有限公司（连云港经济技术开发区）

来源：国家能源局。

“十三五”规划纲要指出，要建设现代能源体系，加快推进能源全领域、全环节智慧化发展，提高可持续自适应能力。适应分布式能源发展、用户多元化需求，优化电力需求侧管理，加快智能电网建设，提高电网与发电侧、需求侧交互响应能力。推进能源与信息等领域新技术深度融合，统筹能源与通信、交通等基础设施网络建设，建设“源—网—荷—储”协调发展、集成互补的能源互联网。

“十三五”期间，中国将逐步构建以特高压电网为骨干网架、各级电网协调发展的中国能源互联网，实现西电东送、北电南供、水火互济、风光互补，能源、信息、交通三网融合发展，大幅提升资源优化配置能力和电网安全供电水平。

第四部分
上网电价

观点提要

● 煤电、陆上风电、太阳能发电上网电价调整，气电、水电、核电、海上风电上网电价区间未发生变化。2016 年，煤电、陆上风电、太阳能发电标杆上网电价下调后上网电价区间分别为：煤电 0. 2595 ~0. 4505 元/千瓦时；陆上风电 0. 47 ~0. 6 元/千瓦时；光伏发电 0. 8 ~0. 98 元/千瓦时，光热发电 1. 15 元/千瓦时。其他发电类型上网电价区间分别为：气电 0. 4856 ~0. 745 元/千瓦时；水电 0. 212 ~0. 4382 元/千瓦时；核电 0. 393 ~0. 463 元/千瓦时；海上风电 0. 75 ~0. 85 元/千瓦时。

● 各地区煤电价格联动调整值普遍发生小幅变化；由于 2016 年煤电价格联动机制未触发，2017 年煤电标杆上网电价未进行调整。2016 年各地区供电标准煤耗普遍发生变化，按照测算公式，各地区煤电价格联动调整值普遍发生小幅变化。根据测算，2017 年煤电标杆上网电价全国平均应上涨 0. 0018 元/千瓦时，由于联动机制规定上网电价调整水平不足 0. 0020 元/千瓦时，则当年不进行调整，调价金额纳入下一周期累计计算，因此 2017 年煤电标杆上网电价不作调整，维持当前水平。

● 2017 年除核电、光伏发电外其他发电类型上网电价将维持 2016 年水平。2017 年，光伏发电标杆上网电价将进行下调，上网电价区间调整为 0. 65 ~0. 85 元/千瓦时。核电标杆电价仍为 0. 43 元/千瓦时，由于首批 3 代核电机组即将投产，其上网电价可采取单独定价、适当提高，预计上网电价在 0. 50 ~0. 55 元/千瓦时，核电上网电价区间范围预计将在 0. 393 ~0. 550 元/千瓦时。

● 煤电标杆上网电价将在 2018 年上调。根据测算，即使煤价降至近年最低水平，2018 年煤电标杆上网电价仍将平均上调 2. 5 分/千瓦时以上。在不考虑其他影响因素的情况下，2018 年燃煤标杆上网电价有较大可能性上调 3. 5 分/千瓦时以上。

● 风电、太阳能发电上网电价仍有较大下降空间。根据政策规定，陆上风电标杆上网电价将在 2018 年继续下调，电价区间将调整为 0. 40 ~0. 57 元/千瓦时；光伏发电标杆上网电价暂定每年调整一次，2018 年将重新核定标杆上网电价。海上风电、光热发电随着成本下降，上网电价也将适时下调，未来最终实现平价上网。

一、各电源类型上网电价

（一）煤电、陆上风电、太阳能发电上网电价调整

2016 年，煤电标杆上网电价平均下降 0.03 元/千瓦时，各地区煤电标杆上网电价由 0.2620 ~0.4735 元/千瓦时调整为 0.2595 ~0.4505 元/千瓦时。

陆上风电标杆上网电价在 2016 年进行下调，四类资源区标杆上网电价由 0.49 ~0.61 元/千瓦时调整为 0.47 ~0.60 元/千瓦时。

太阳能发电标杆上网电价在各电源类型的上网电价中处于最高水平。2016 年，太阳能发电标杆上网电价进行下调，光伏发电三类资源区标杆上网电价由 0.9 ~1.0 元/千瓦时调整为 0.80 ~0.98 元/千瓦时；光热发电首个示范项目上网电价为 1.2 元/千瓦时，国家发展和改革委员会核定的 2016 年示范项目标杆上网电价调整为 1.15 元/千瓦时。

（二）气电、水电、核电、海上风电上网电价区间未发生变化

2016 年，气电上网电价在 0.4856 ~0.745 元/千瓦时，与 2015 年相比未发生变化，上网电价下限高于煤电上网电价上限。

水电上网电价在 0.212 ~0.4382 元/千瓦时，与 2015 年相比未发生变化，价格区间上限、下限均低于煤电上网电价，同区域水电上网电价普遍低于煤电上网电价。

核电标杆上网电价 0.43 元/千瓦时，“一厂一价”机组的定价与标杆电价相差不多，由于 2016 年没有三代核电机组投产，上网电价与 2015 年相比未发生变化，仍在 0.393 ~0.463 元/千瓦时，核电上网电价接近煤电和水电上网电价上限区域，大部分地区已投运核电机组上网电价高于当地煤电标杆上网电价。

海上风电标杆上网电价在 0.75 ~0.85 元/千瓦时，其中近海风电项目上网电价为 0.85 元/千瓦时，潮间带风电项目上网电价为 0.75 元/千瓦时，与 2015 年相比未发生变化（见图 4 –1）。

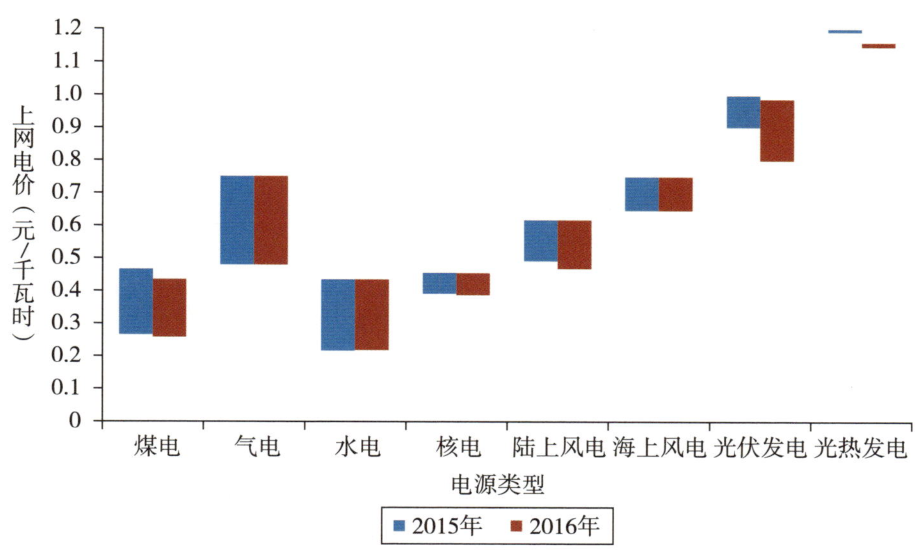

图 4－1　2015—2016 年中国主要电源类型上网电价区间情况

来源：国家发展和改革委员会、地方发展和改革委员会、神华科学技术研究院。

二、煤电价格联动机制

（一）供电标准煤耗发生变化，各地区煤电价格联动调整值普遍发生小幅调整

2015 年 12 月 31 日，国家发展和改革委员会发布《关于完善煤电价格联动机制有关事项的通知》，进一步完善煤电价格联动机制。从 2016 年开始执行的煤电价格联动机制以一个年度为周期，以省（区、市）为单位实施，调整后的上网电价于每年 1 月 1 日实施。电价调整的依据是中国电煤价格指数（以 5000 大卡热值为标准），以该指数 2014 年平均电煤价格为基准煤价，原则上以与 2014 年电煤价格对应的煤电上网电价为基准电价。每次实施煤电价格联动，电煤价格和上网电价分别与基准煤价、基准电价相比较计算。煤电价格实行区间联动，周期内电煤价格与基准煤价相比波动每吨 30 元为启动点，每吨 150 元为熔断点，区间内实行分档联动。

根据中国电煤价格指数，2014 年中国电煤价格指数的全国平均价格为 444.4 元/吨，各地区基准煤价根据当地电煤价格指数情况有所不同。基准电价虽然未公布，但是应与 2015 年 4 月颁布的燃煤发电上网电价水平相当。根据煤电价格联动公式，供电标准煤耗将影响煤电上网电价调整值，2016 年各地区供电标准煤耗普遍发生变化，各

地区煤电价格联动调整值普遍小幅调整。根据2016年各地区供电标准煤耗测算的各煤电价格联动区间煤电上网电价调整值情况见表4－1（以涨价为例）。

表4－1　　中国各煤电价格联动区间煤电上网电价调整值情况

地区	煤价波动 31～60元/吨		煤价波动 61～100元/吨		煤价波动 101～150元/吨		煤价波动 >150元/吨
	31元	60元	61元	100元	101元	150元	150元以上
北京	0.0003	0.0090	0.0093	0.0199	0.0201	0.0320	0.0320
天津	0.0004	0.0125	0.0129	0.0275	0.0278	0.0441	0.0441
冀北	0.0004	0.0134	0.0138	0.0295	0.0299	0.0474	0.0474
冀南	0.0004	0.0134	0.0138	0.0295	0.0299	0.0474	0.0474
山西	0.0005	0.0136	0.0140	0.0298	0.0302	0.0479	0.0479
蒙西	0.0005	0.0141	0.0145	0.0310	0.0313	0.0497	0.0497
蒙东	0.0005	0.0141	0.0145	0.0310	0.0313	0.0497	0.0497
辽宁	0.0004	0.0131	0.0135	0.0289	0.0292	0.0463	0.0463
吉林	0.0004	0.0129	0.0133	0.0283	0.0286	0.0455	0.0455
黑龙江	0.0005	0.0137	0.0141	0.0301	0.0305	0.0484	0.0484
上海	0.0004	0.0126	0.0130	0.0278	0.0281	0.0446	0.0446
江苏	0.0004	0.0125	0.0128	0.0274	0.0277	0.0440	0.0440
浙江	0.0004	0.0125	0.0129	0.0275	0.0278	0.0442	0.0442
安徽	0.0004	0.0127	0.0131	0.0280	0.0284	0.0450	0.0450
福建	0.0004	0.0130	0.0134	0.0286	0.0290	0.0460	0.0460
江西	0.0004	0.0129	0.0133	0.0284	0.0287	0.0455	0.0455
山东	0.0004	0.0134	0.0139	0.0296	0.0299	0.0475	0.0475
河南	0.0004	0.0132	0.0136	0.0291	0.0294	0.0467	0.0467
湖北	0.0004	0.0130	0.0134	0.0287	0.0290	0.0460	0.0460
湖南	0.0005	0.0136	0.0140	0.0300	0.0303	0.0481	0.0481

（续表）

地区	煤价波动 31～60元/吨		煤价波动 61～100元/吨		煤价波动 101～150元/吨		煤价波动 >150元/吨
	31元	60元	61元	100元	101元	150元	150元以上
广东	0.0004	0.0127	0.0131	0.0280	0.0284	0.0450	0.0450
广西	0.0005	0.0136	0.0140	0.0299	0.0302	0.0480	0.0480
海南	0.0004	0.0124	0.0128	0.0274	0.0277	0.0439	0.0439
重庆	0.0005	0.0135	0.0139	0.0298	0.0301	0.0478	0.0478
四川	0.0005	0.0139	0.0143	0.0305	0.0309	0.0490	0.0490
贵州	0.0005	0.0137	0.0141	0.0302	0.0305	0.0484	0.0484
云南	0.0005	0.0140	0.0144	0.0308	0.0312	0.0495	0.0495
陕西	0.0005	0.0137	0.0141	0.0302	0.0306	0.0485	0.0485
甘肃	0.0004	0.0135	0.0139	0.0297	0.0300	0.0476	0.0476
青海	0.0005	0.0146	0.0150	0.0321	0.0325	0.0516	0.0516
新疆	0.0005	0.0136	0.0140	0.0298	0.0302	0.0479	0.0479

注：测算中使用的各地区供电标准煤耗以2016年11月数据作为参考；由于缺少宁夏供电标准煤耗数据，因此未对宁夏煤电价格联动调整值进行测算。

来源：神华科学技术研究院。

（二）煤电价格联动机制未触发，煤电上网电价未进行调整

2016年下半年以来，月度中国电煤价格指数持续快速回升，但是2016年中国电煤平均价格指数（每期电煤价格按照上一年11月至当年10月电煤价格平均数确定）仅为347.5元/吨。根据煤电价格联动计算公式进行测算，2017年煤电标杆上网电价全国平均应上涨0.0018元/千瓦时。由于联动机制规定，上网电价调整水平不足0.0020元/千瓦时，则当年不进行调整，调价金额纳入下一周期累计计算，因此2017年煤电标杆上网电价不做调整，维持当前水平。

三、上网电价形势展望

（一）2017 年除核电、光伏发电外其他电源类型上网电价将维持 2016 年水平

根据政策规定，2017 年，光伏发电三类资源区标杆上网电价分别下调 0. 15 元/千瓦时、0. 13 元/千瓦时、0. 13 元/千瓦时，光伏发电上网电价区间上下限大幅下降，上网电价区间为 0. 65 ~0. 85 元/千瓦时。核电标杆电价不做调整，但由于首批 3 代核电机组即将投产，其上网电价可采取单独定价、适当提高，预计上网电价在 0. 5 ~0. 55 元/千瓦时，核电上网电价区间上限将有所提高，区间范围在 0. 393 ~0. 55 元/千瓦时。

根据煤电价格联动机制，2017 年标杆上网电价不做调整，上网电价区间保持在 0. 2595 ~0. 4505 元/千瓦时。气电、水电上网电价调整可能性较小，上网电价区间将保持在 0. 4856 ~0. 745 元/千瓦时、0. 212 ~0. 4382 元/千瓦时。陆上风电标杆上网电价不做调整，上网电价区间保持在 0. 47 ~0. 6 元/千瓦时。由于海上风电、光热发电均处于政府鼓励发展的示范项目阶段，短期内标杆上网电价将不会调整，上网电价区间将保持当前水平，海上风电上网电价区间保持在 0. 75 ~0. 85 元/千瓦时，其中近海风电项目 0. 85 元/千瓦时，潮间带风电项目 0. 75 元/千瓦时，光热发电上网电价保持在 1. 15 元/千瓦时（见图 4 –2）。

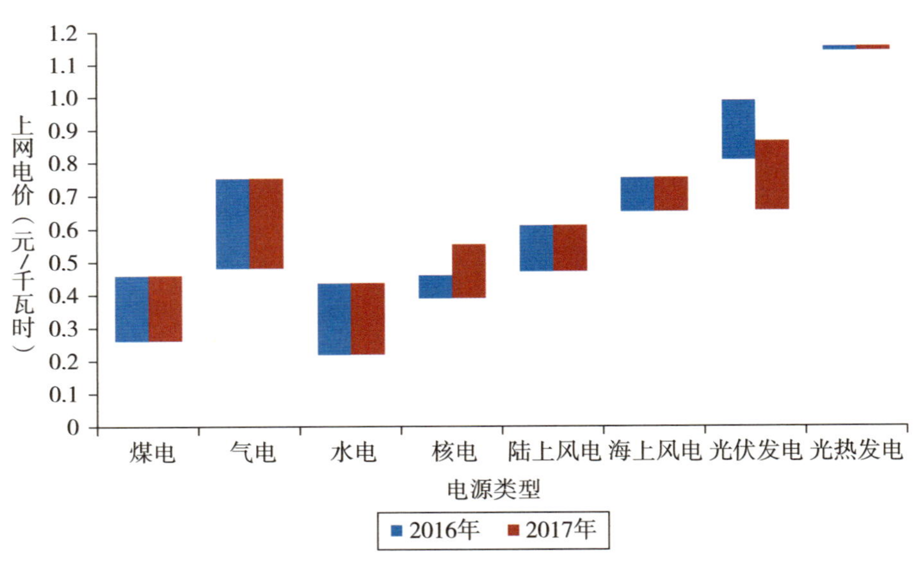

图 4 –2　2017 年中国主要电源类型上网电价区间

来源：国家发展和改革委员会、地方发展和改革委员会、神华科学技术研究院。

（二）煤电标杆上网电价将在 2018 年上调

根据煤电价格联动机制进行测算，电煤价格指数平均价格对应的煤电标杆上网电价调整范围分为 6 个档次。由于 2016 年下半年煤炭价格大幅回升，目前煤炭价格处于相对较高水平，2017 年中国电煤价格指数全国平均价格前 5 个月（2016 年 11 月 ~2017 年 3 月）平均价格已达到 523. 8 元/吨。结合 2017 年煤炭市场形势，预计煤炭价格将会回落，经过测算，即使煤价回落至相当环渤海价格指数 376 元/吨的近年最低水平，2018 年煤电标杆上网电价仍将平均上调 2. 5 分/千瓦时以上。在不考虑政策等其他影响因素的情况下，2018 年燃煤标杆上网电价有较大可能性上调 3. 5 分/千瓦时以上（见表 4 –2）。

表 4 –2　　中国电煤价格指数平均价格对应的煤电上网电价预计调整情况

2017 年电煤价格指数平均价格情况	2018 年燃煤标杆上网电价上涨情况
348 ~397 元/吨	0. 2 ~1 分/千瓦时
397 ~421 元/吨	1 ~2 分/千瓦时
421 ~446 元/吨	2 ~3 分/千瓦时
446 ~475 元/吨	3 ~4 分/千瓦时
475 ~494 元/吨	4 ~4. 7 分/千瓦时
高于 494 元/吨	4. 7 分/千瓦时

注：根据政策文件，测算后的上网电价调整水平不足 0. 2 分/千瓦时的，当年不实施联动机制，调价金额并入下一周期累计计算。

来源：神华科学技术研究院。

（三）风电、太阳能发电上网电价仍有较大下降空间

根据政策规定，陆上风电标杆上网电价将在 2018 年继续下调，四类资源区分别下降 0. 07 元/千瓦时、0. 05 元/千瓦时、0. 05 元/千瓦时、0. 03 元/千瓦时，电价区间将调整为 0. 40 ~0. 57 元/千瓦时；光伏发电标杆上网电价暂定每年调整一次，2018 年将重新核定标杆上网电价。海上风电、光热发电随着成本下降，上网电价也将适时进行下调。降低标杆上网电价的目的是提升行业的长期竞争力，倒逼成本下降，最终实现平价上网。在这一目标下，未来风电、太阳能发电的上网电价还有较大的下降空间。

第五部分

电力市场化发展

观点提要

● 2016年，电力直接交易的范围进一步扩大，交易电量进一步增长，参与直购电交易的发电企业电价降价力度进一步加大。2016年，共有28个地区开展了不同程度的电力直接交易；全国直接交易电量预计达到7000亿千瓦时，在全社会用电量中的比重进一步增长到11.8%；全国直购电交易电价每千瓦时平均降低6.4分钱，全年为企业节省用电成本约450亿元。

● 售电侧改革加速，售电公司注册数量增长迅速但分布不均；各地有序推进售电侧改革，售电市场建设各具特色，着重点各有侧重。截至2016年年底，全国共有工商注册售电公司3625家。截至2017年3月，全国注册成立的售电公司已有约6400家。其中，经济较发达的华东、华北和华南地区售电公司成立数量很多，电力资源丰富的西南地区数量也较多；经济发达、用电量高的地区售电市场建设步伐较快，而电力供需相对宽松的地区售电市场建设步伐则较为平稳。广东省在全国电改中具有风向标意义。2016年，广东省场内交易活跃，累计交易电量439.6亿千瓦时，竞价交易成交电量159.8亿千瓦时。7次月度集中竞价交易中，售电公司交易市场占有率71.37%。截至2016年年底，进入广东售电公司目录的企业达到256家。

● 随着全国电力体制改革的推进，未来大用户直购电和售电市场的交易规模和范围不断扩大，市场前景广阔。预计2017年全国工业用电量的30%~50%有望进入电力市场开展交易，2018年直接交易电量或达到4.38万亿千瓦时以上。根据对售电市场的规划，35千瓦及以上用户将在未来1~3年放开，10千瓦及以上用户将在未来5~10年放开。

一、大用户直购电

（一）28 个地区已经开展不同程度的直购电交易

2016 年，电力直接交易进一步市场化，共有 28 个地区开展了不同程度的电力直接交易。此外，海南省电力体制改革试点方案指出将进行大用户直接交易试点，上海市力争在 2017 年开展电力用户与发电企业直接交易，西藏自治区受各种条件限制还没有进行试点探索。

目前，全国共成立了 33 家电力交易中心，包括北京和广州两家国家级电力交易中心。北京电力交易中心积极推动省间电力交易，主要有银东直流省间电力直接交易、西南水电外送集中交易、“电力援疆”市场化交易、锡盟—山东特高压送山东电力直接交易、京津唐地区电力直接交易等。

（二）直接交易电量及所占比重继续增长

2016 年，全国直接交易电量估算为 7000 亿千瓦时，同比增加 2700 亿千瓦时；在全社会用电量中的比重为 11. 8%，较 2015 年提高 4. 1 个百分点。通过对比历史数据可以看出，大用户直接交易电量以及在全社会用电量中的比重快速增长。2010 年，全国大用户直接交易电量为 80. 4 亿千瓦时，在全社会用电量中的比重达到 0. 2% 左右；2014 年全国直接交易电量达到了 1540 亿千瓦时，在全社会用电量中的比重达到 2. 8%。

2016 年，根据统计的 19 个地区直购电交易情况，15 个地区的交易电量超过 100 亿千瓦时，9 个地区交易电量在当地全社会用电量中的比重超过 10. 0%。江苏达到 595 亿千瓦时，是交易电量最大的地区，在当地全社会用电量中的比重约为 10. 9%；安徽是交易电量比重最高的地区，约为 22. 0%。从部分地区 2015 年、2016 年的对比情况看，绝大多数地区的交易电量和比重都有了不同程度的增长。其中，江苏、山东、山西、湖北、河南、陕西、黑龙江的涨幅超过了一倍（见图 5 –1）。

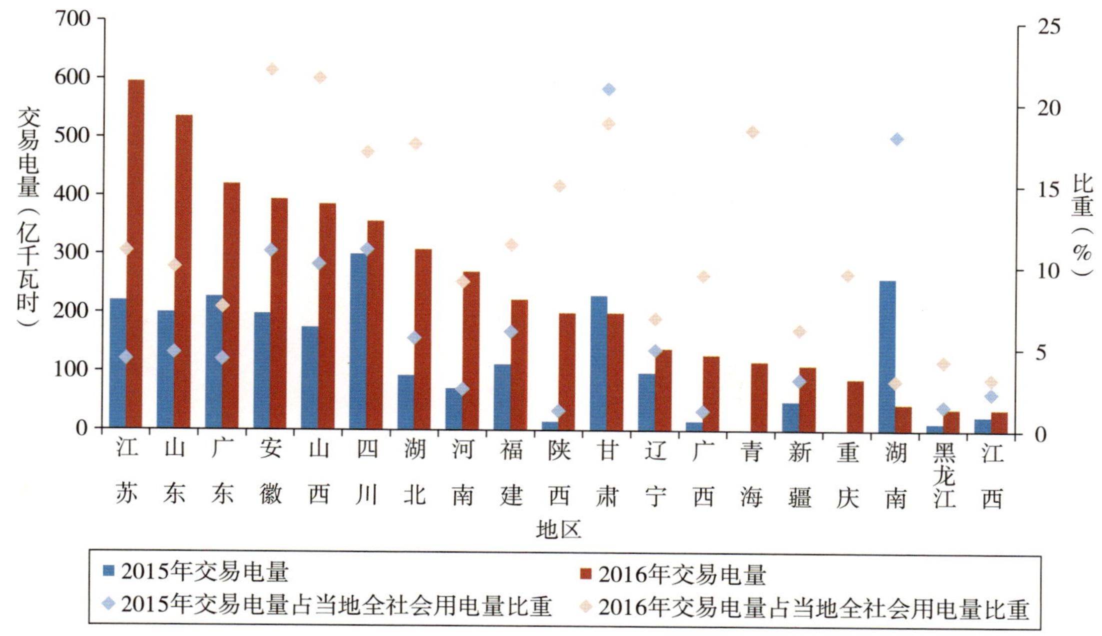

图 5－1　中国部分地区直购电交易电量情况

注：交易电量数据包括了实际交易电量、签约电量、计划电量，未披露实际交易电量的地区以签约电量或计划电量进行参考。

来源：地方发展和改革委员会、地方经信委、地方电网公司、北极星电力网、神华科学技术研究院。

（三）直接交易电价降价力度加大

随着全国电力改革的推进，参与直购电交易的发电企业电价降价力度进一步加大。2016 年，全国直购电交易电价每千瓦时平均降低 6. 4 分钱，全年为企业节省用电成本约 450 亿元。

根据统计的 13 个地区直购电平均交易电价降价情况，2016 年平均降价 0. 025 ~ 0. 134 元/千瓦时不等。江苏、青海和陕西平均降价幅度低于 0. 04 元/千瓦时，分别降低 0. 025 元/千瓦时、0. 031 元/千瓦时和 0. 036 元/千瓦时；辽宁、山西、新疆以及广西降价幅度超过 0. 1 元/千瓦时，分别降低 0. 134 元/千瓦时、0. 124 元/千瓦时、0. 118 元/千瓦时和 0. 115 元/千瓦时。从部分地区 2015 年、2016 年的对比情况看，2016 年降价力度进一步扩大（见图 5－2）。

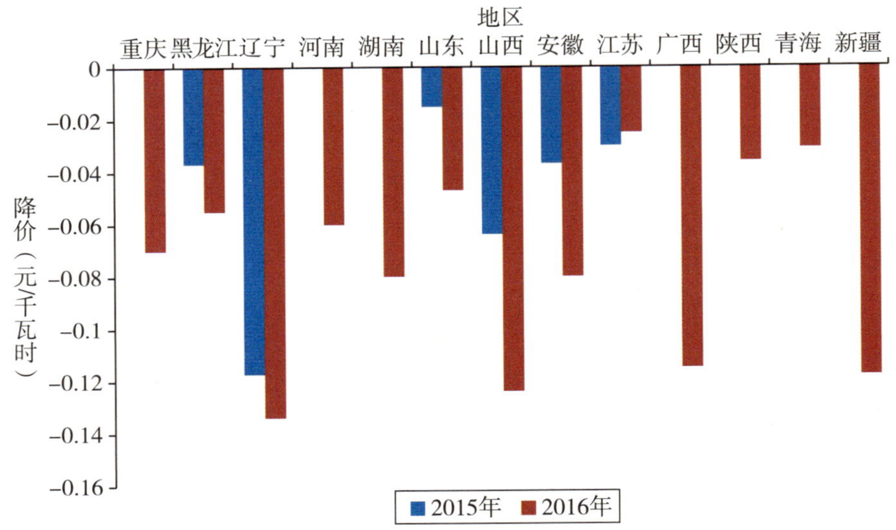

图5－2　中国部分地区直购电交易电价平均降价情况

来源：地方发展和改革委员会、地方经信委、地方电网公司、北极星电力网、神华科学技术研究院。

二、售电业务发展

（一）售电公司注册数量增长迅速但分布不均

截至2016年年底，全国共有工商注册售电公司3625家，售电公司数量增长迅速。受经济发展水平、资源条件以及政策差异影响，售电公司地区分布不均。分地区来看，经济较发达的华东、华北和华南地区售电公司成立数量很多，电力资源丰富的西南地区数量也较多（见图5－3）。

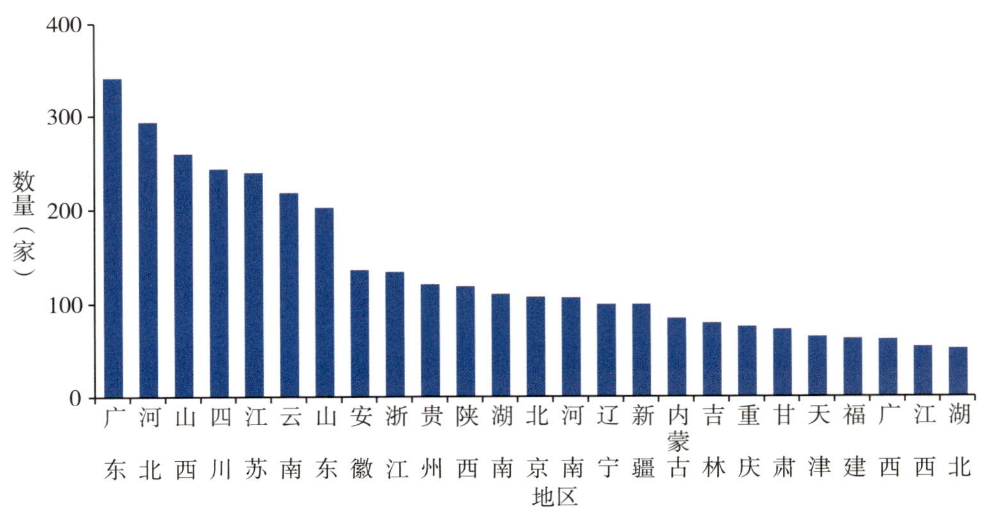

图5－3　中国主要地区注册售电公司数量

来源：地方发展和改革委员会、地方经信委、北极星电力网、神华科学技术研究院。

（二）各地区售电市场建设各具特色

各个地区的电力市场状况存在差异，制定出台的政策各具特色，售电市场建设过程中的着重点也各有侧重（见表5－1）。为解决电力供需矛盾，经济发达、用电量高的地区，售电市场建设步伐较快；而电力供需相对宽松的地区，售电市场建设步伐则较为平稳。

表5－1　　　　中国主要地区售电市场建设特色

地区	基本情况	售电市场建设特色	典型地区
东南沿海地区	经济较为发达，用电量巨大	引入市场竞争机制，培育新的售电市场主体，让更多用户拥有选择权	浙江地区：中小微企业通过打捆成联合体，委托售电公司负责电费结算并开具发票；采用预付电费、金融担保等方式保证电费的支付
华北地区	配网基础较薄弱，地区发展不均衡	大力发展配电网	河北地区：大力鼓励混合所有制方式发展配网业务，尤其是增量配网投资业务
东北地区	经济发展增速下滑，用电量增长乏力，电力输出面临压力		吉林：为调节电源结构，除了保留必要的公益发电计划外，3~5年放开全部发电计划。拥有分布式电源或微网的用户可以委托售电公司代理购售电业务；直接交易用户可以选择向一家或多家售电公司、发电企业购电；一般用户只可选择一家售电公司购电。在电力用户缴纳输配电价的基础上，保底价格按照政府核定的居民电价的1.2~2倍执行
西北地区	整体供应充足，个别地区存在供需矛盾		新疆生产建设兵团：通过十三师改革试点，依托成熟的兵团电力市场化体系，逐步实现电力体制改革，并在兵团全面推广

来源：神华科学技术研究院。

（三）广东在全国售电侧改革中具有风向标意义

广东省市场机制比较完善，参与交易的市场主体多，交易份额较大，在全国电改中具有风向标意义，对其他省区有较强的借鉴意义。

2016年，广东省电力市场规模快速增长，场内交易活跃，形成了以电网企业、发电企业、售电公司、电力用户为主体的市场结构，累计交易电量439.6亿千瓦时。其中，竞价交易共成交电量159.8亿千瓦时，平均结算价差从4月的-147.926厘/千瓦时回落至9月的-37.421厘/千瓦时，呈现出价跌量升的局面，发电企业整体让利空间围绕1.5亿元/月波动。在3—9月所进行的7次月度集中竞价交易中，共有53家售电公司完成了交易，市场占有率71.4%，大用户自行购电成交比例为28.6%。与此同时，市场份额排名前十的售电公司市场占有率达到91.0%，市场分化明显。

2016年，广东省经济和信息化委员会分六批正式公示拟列入售电公司目录的企业名单，合计256家（见表5-2）。2017年1月和4月，广东省公布了第七批和第八批拟列入售电公司目录的企业名单，分别为28家和25家，至此，进入广东售电公司目录的企业达到309家。

表5-2　　2016年广东省售电公司分批公示数量

第一批	第二批	第三批	第四批	第五批	第六批	合计
13	54	47	37	59	46	256

来源：广东经信委。

三、电力市场化形势展望

（一）大用户直购电交易规模和范围不断扩大

根据国家能源局下发的《关于征求做好电力市场建设有关工作的通知（征求意见稿）意见的函》，2016年中国力争直接交易电量比例达到本地工业用电量的30%，2018年实现工业用电量100%放开，2020年实现商业用电量全部放开。电力直接交易规模不断扩大，预计2017年全国工业用电量的30%~50%将有望进入电力市场开展交易，2018年直接交易电量可能达到4.38万亿千瓦时以上。

《2017年能源工作指导意见》提出要探索建立电力富余地区电能替代用户与风电等发电企业直接交易机制，扩大直接交易规模。目前，内蒙古将风电、光伏发电等纳入电力多边交易市场，规定集中式光伏、风力发电企业可参与直接交易。部分省份已有核电企业（辽宁红沿河核电、广西防城港核电）参与到电力直接交易中，另有核电企业

（福建宁德核电、福清核电）进入2017年大用户电力直接交易名单。

（二）大用户越来越倾向于由售电公司代理交易

根据广东省2017年长协电量交易结果来看，广东省1746家直购电大用户只有7家电力大用户不选择售电公司代理长协电量，合计电量25亿千瓦时，只占总电量的3.08%（见图5-4）。广东售电公司代理大用户已经成为主流，用户已经培养出由售电公司代理进行直购电的习惯。

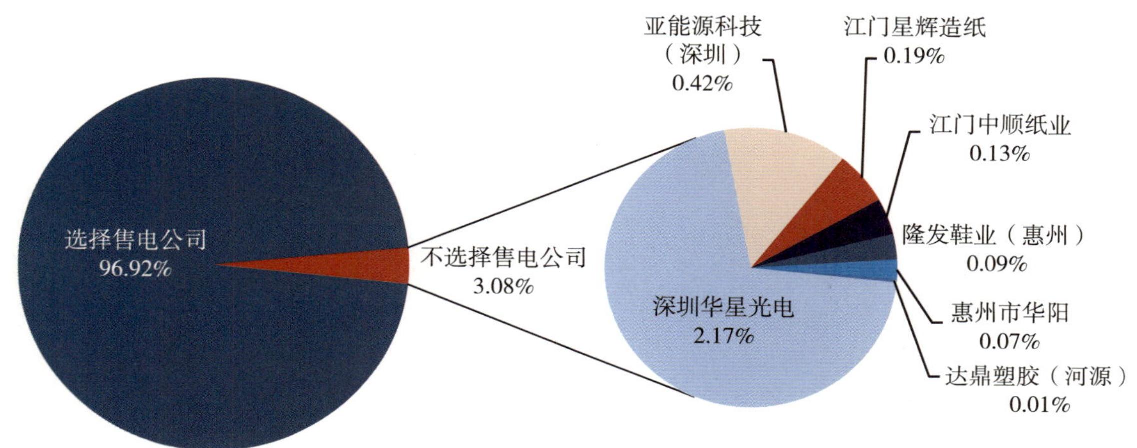

图5-4 2017年广东省长协电量成交情况

来源：广东电力交易中心、南方电网。

（三）售电交易规模不断扩大

根据《电力发展“十三五”规划》，2016年年底前完成电力交易机构组建工作，2018年年底前完成售电侧市场竞争主体培育工作。根据对售电市场的规划，35千瓦及以上用户将在未来1~3年放开，10千瓦及以上用户将在未来5~10年放开，售电市场的交易规模将持续扩大。目前，各地仍在加速布局售电市场，截至2017年3月，全国注册成立的售电公司约6400家，售电市场前景广阔。

第六部分

宏观环境

观点提要

● 我国经济发展缓中趋稳、稳中向好，供给侧结构性改革深入推进，实体经济有所回暖，工业经济运行企稳向好。新兴产业保持活跃态势，但新旧动能转换仍需时日。2016 年，我国 GDP 同比增长 6.7%，好于预期；第三产业比重相比 2015 年提高 1.4 个百分点，产业结构不断优化；全部工业增加值比 2015 年增长 6.0%，企稳态势明显；六大高耗能行业增加值比 2015 年增长 5.2%；工业战略性新兴产业和高技术制造业分别比 2015 年增长 10.5% 和 10.8%。

● 随着电力普遍过剩、市场竞争逐步加大，电力体制改革和市场化建设加快推进。自 2015 年开始，围绕全面深化电力体制改革，出台了输配电价核定、售电侧改革、增量配电网放开、电力交易规则制定等系列政策。此外，国家逐步下调燃煤发电价格，减少对风电和光伏发电的价格补贴；严控煤电装机规模、提升可再生能源消纳能力，推进电源结构调整。

● 受周期性因素和结构性矛盾的制约，2017 年中国经济下行压力仍然较大。经济内生性增长有待恢复，内需消费和外需出口难以贡献超额增长动力，固定资产投资稳中略升，根据政府工作报告，2017 年中国 GDP 的增速目标为 6.5%。

● 电力体制改革和电力市场建设加快推进，能源系统优化进一步加强，各类电源建设合理规划。随着电力市场改革进入攻坚阶段，后期有望在“建市场、转机制、调结构、促转型、提效率”上取得实质突破，以初步满足近阶段各类市场交易需求。政策重点将进一步加强能源系统优化，落实可再生能源发电配额考核制度，扩大清洁能源消纳范围与提高清洁能源消纳能力；加大煤电机组灵活性改造力度，逐步减少燃煤机组计划电量，进一步抑制煤电装机增长。

一、经济环境

（一）经济发展缓中趋稳、稳中向好

2016 年，中国经济缓中趋稳、稳中向好，GDP 同比增长 6.7%，好于预期（见图 6－1）。经济发展出现更多积极变化，新常态下增速换挡、结构优化、动能转换的特征更加明显。内需逐步趋稳，出口降幅收窄，实体经济回暖，就业形势总体稳定，信贷与社会融资规模恢复增长。

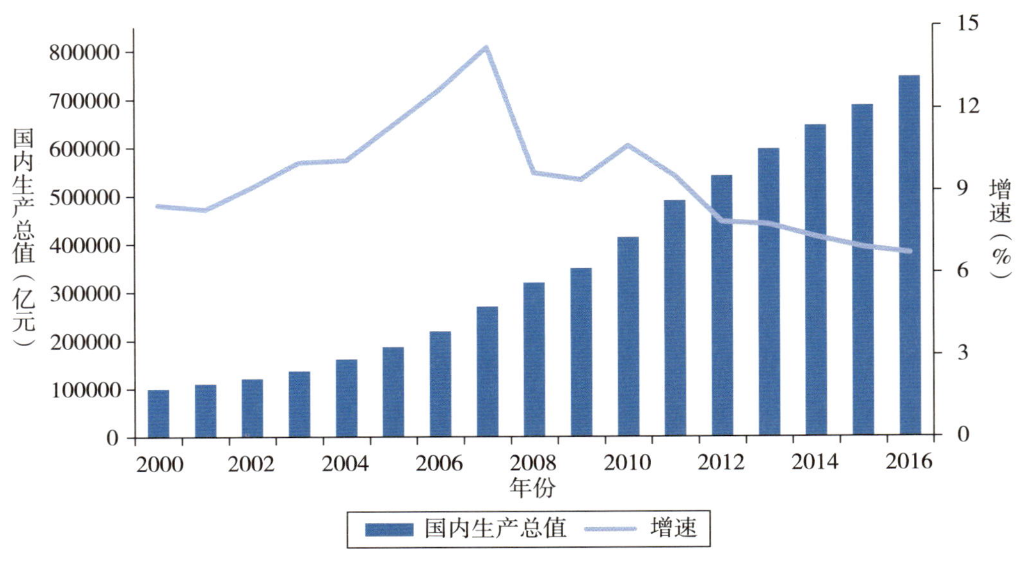

图 6－1　2000—2016 年中国国内生产总值及增长情况

来源：国家统计局。

（二）供给侧结构性改革深入推进，实体经济有所回暖

1. 各产业增加值稳步增长，产业结构不断优化

中国各产业增加值稳步增长，产业结构不断优化。2016 年，第一、二、三产业增加值分别为 63671 亿元、296236 亿元、384221 亿元，分别增长 3.3%、6.1% 和 7.8%。从产业结构来看，第一、二、三产业比重分别为 8.6%、39.8%、51.6%，第三产业比重相比 2015 年提高 1.4 个百分点，第三产业比重稳步增长，经济结构调整取得重大进步（见图 6－2）。

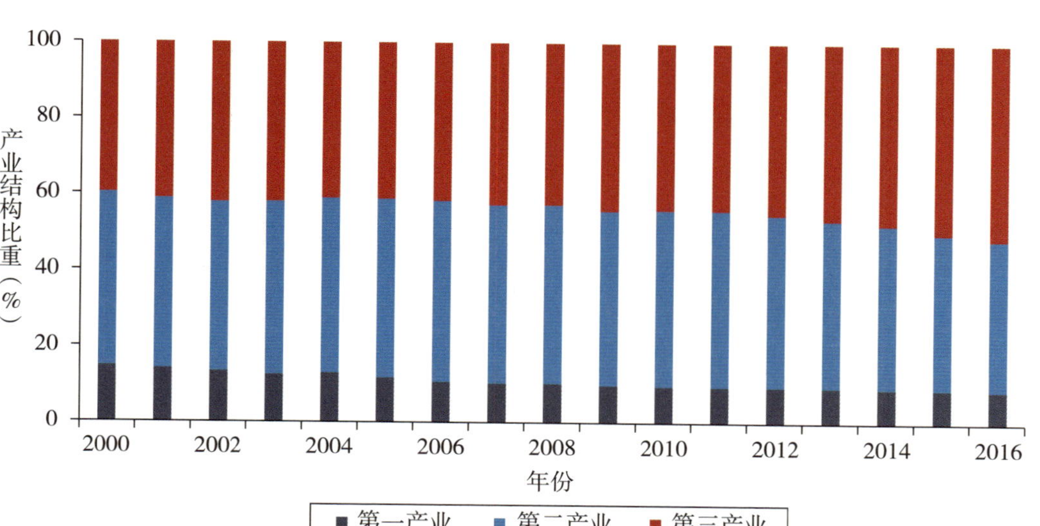

图6－2 2000—2016年中国产业结构情况

来源：国家统计局。

2. 工业经济运行企稳向好

供给侧结构性改革深入推进并初见成效，工业经济运行企稳向好。2016年，全部工业增加值247860亿元，比2015年增长6.0%，增速比2015年加快0.1个百分点（见图6－3）；规模以上工业增加值比2015年增长6.0%，增速较2015年回落0.1个百分点；企稳态势明显。在投资增长的带动下，市场需求恢复，工业品价格持续明显回升，产品产量增长面扩大，企业经济效益明显改善，工业生产平稳运行。

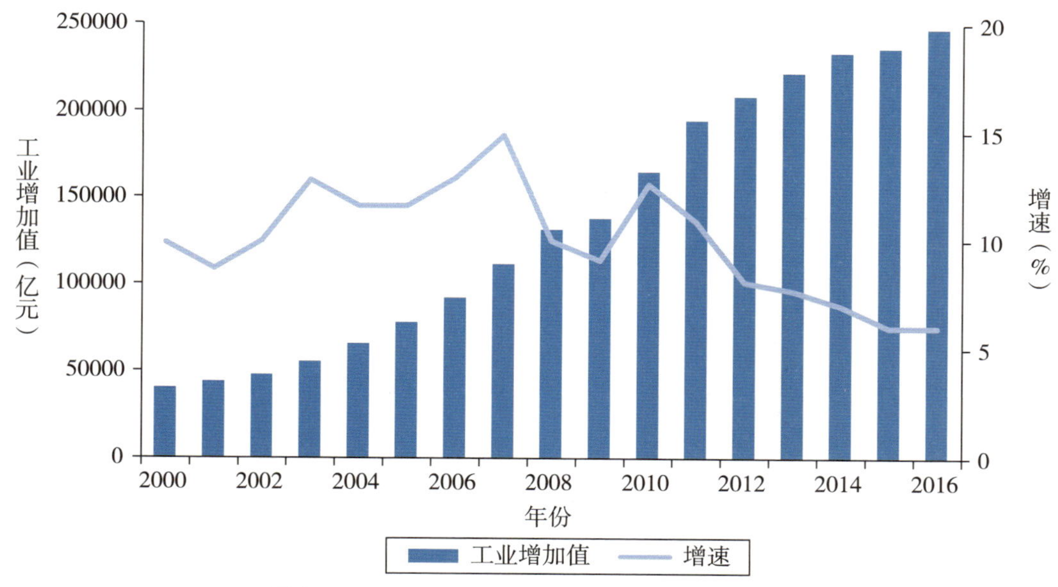

图6－3 2000—2016年中国工业增加值情况

来源：国家统计局。

六大高耗能行业增速回落，工业结构进一步优化。2016 年，六大高耗能行业增加值比2015 年增长5.2%，但增速较2015 年回落1.1 个百分点。其中，钢铁行业增加值下降1.7%，2015 年为增长5.4%。

（三）新兴产业保持活跃态势，但新旧动能转换仍需时日

当前，传统增长动力在调整中下降，新增长动力还在孕育成长。新兴产业保持活跃态势，但由于其增加值在国民经济总量中的比重较低，对 GDP 的拉升作用相对有限，加上新兴产业发展所赖以存在的技术创新还需要一定时间的积累；新旧动能转换仍需时日。

高技术产业、战略新兴产业等新动能增长较快。2016 年，装备制造业、工业战略性新兴产业和高技术制造业增加值分别比2015 年增长9.5%、10.5%和10.8%，增速分别比规模以上工业快3.5 个、4.5 个和4.8 个百分点。电子、汽车已成为拉动中国工业经济发展的重要主导行业，符合消费升级发展方向的智能手机、智能电视、工业机器人、太阳能电池、集成电路、光电子器件、SUV（运动型多用途汽车）及新能源汽车等生产均保持了较高增速。

制造业总体平稳，升级步伐加快，投资增速止降回升。2016 年，中国制造业采购经理指数（PMI）有9 个月高于50%的荣枯线，保持在扩张区间（见图6 –4）。《中国制造2025》中提出，后期将加快推进制造业创新发展，升级后制造业将成为新的经济增长点，为未来经济带来动力。

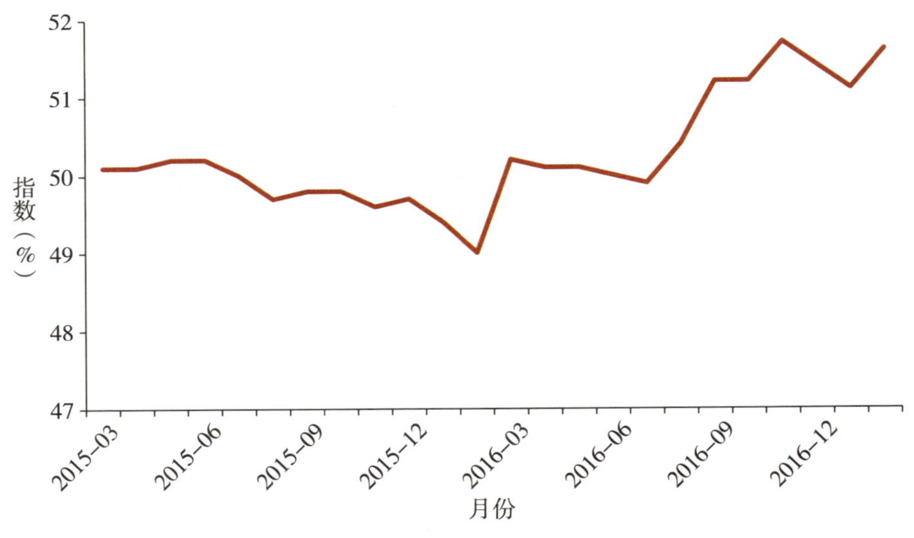

图6 –4　2015—2017 年中国 PMI 指数情况

来源：国家统计局。

二、政策环境

随着电力普遍过剩、市场竞争逐步加剧，电力体制改革和市场化建设加快推进。自2015年开始，新一轮电力体制改革拉开序幕，围绕全面深化电力体制改革出台了一系列政策和措施，涵盖输配电价核定、售电侧改革、增量配电网放开、电力交易规则制定等方面。

电力市场的核心与重点是电力价格。在经济下行的市场环境下，国家逐步下调燃煤发电价格，减少对风电和光伏发电的价格补贴，通过价格信号激活市场活力。同时，针对当前比较突出的电力及火电过剩、可再生能源消纳难的问题，国家通过系列政策严控煤电装机规模、提升可再生能源消纳能力，引导火电逐步由主体电源向基础电源转变，推进电源结构调整。

此外，电力“十三五”规划及可再生能源“十三五”规划的出台进一步增强五年规划对年度工作的引导与约束。

（一）电力体制改革和电力市场建设政策

2015年3月15日，中共中央、国务院《关于进一步深化电力体制改革的若干意见》（〔2015〕9号文）正式发布，2015年11月6个配套文件发布，新一轮电力体制改革正式拉开帷幕（见表6－1）。

表6－1 中国电力体制改革及配套政策

时间	机构	政策及措施
2015年3月15日	国务院	《关于进一步深化电力体制改革的若干意见》
2015年11月26日	发改委、能源局	《关于推进输配电价改革的实施意见》
2015年11月26日	发改委、能源局	《关于推进电力市场建设的实施意见》
2015年11月26日	发改委、能源局	《关于电力交易机构组建和规范运行的实施意见》
2015年11月26日	发改委、能源局	《关于有序放开发用电计划的实施意见》
2015年11月26日	发改委、能源局	《关于推进售电侧改革的实施意见》
2015年11月26日	发改委、能源局	《关于加强和规范燃煤自备电厂监督管理的指导意见》

来源：神华科学技术研究院。

目前，电力体制改革和市场化改革进入全面实施阶段，发用电计划、竞争性环节电价、配售电业务有序放开，电力市场化交易规模显著扩大。截至2016年年底，电力体制改革综合试点方案获批的有21个省市（2017年3月新增福建）；输配电价改革试点已扩容至除西藏以外的所有省级电网和华北区域电网；全国已经成立了2家国家级电力交易中心和31家省级电力交易中心；广东、重庆、新疆、福建、黑龙江等10个省份已被列入售电侧改革试点（2017年2月新增江苏）；形成了以综合试点为主、多模式探索的格局。此外，关于输配电价、区域市场及跨区交易、需求侧管理以及中长期交易等相关政策也在逐步完善（见表6－2）。

表6－2　中国电力市场化建设相关政策

时间	机构	政策及措施
		输配电价
2015年4月13日	发改委	《关于贯彻中发〔2015〕9号文件精神加快推进输配电价改革的通知》
2015年6月9日	发改委、能源局	《输配电定价成本监审办法（试行）》
2015年11月10日	发改委	《关于全面推进输配电价改革试点有关事项的通知（发改价格〔2016〕2018号）》
2016年12月22日	发改委	《省级电网输配电价定价办法（试行）》
		区域市场及跨区交易
2015年5月5日	发改委	《关于完善跨省跨区电能交易价格形成机制有关问题的通知》
2016年4月4日	发改委	《关于规范跨省发电、供电计划和省级发电、供电计划备案核准报送审批工作的通知》
2016年6月7日	能源局	《关于促进电储能参与“三北”地区电力辅助服务补偿（市场）机制试点工作的通知》
2016年6月21日	能源局	《关于推动东北地区电力协调发展的实施意见》
2016年7月18日	能源局	《关于做好京津冀电力市场建设有关工作的通知》
2016年7月27日	能源局	《京津唐电网电力用户与发电企业直接交易暂行规则》

（续表）

时间	机构	政策及措施
需求侧管理、售电及电力交易		
2015 年 4 月 7 日	发改委、财政部	《关于完善电力应急机制做好电力需求侧管理城市综合试点工作的通知》
2016 年 10 月 8 日	发改委、能源局	关于印发《售电公司准入与退出管理办法》和《有序放开配电网业务管理办法》的通知
2016 年 12 月 29 日	发改委、能源局	《电力中长期交易基本规则（暂行）》
发用电计划		
2017 年 3 月 29 日	发改委、能源局	《关于有序放开发用电计划的通知》

来源：神华科学技术研究院。

（二）上网电价政策

随着电力供需全面转向宽松，为响应电力体制改革的精神，切实减轻企业负担并促进能源结构调整与有序开发，国家逐步下调燃煤发电价格，减少对风电和光伏发电的价格补贴。燃煤发电上网电价分别于 2015 年、2016 年下调 2 分、3 分。风电标杆上网电价于 2015 年和 2016 年两次下调，光伏标杆上网电价在 2016 年大幅下调（见表 6－3）。但光伏政策调整节点以 2017 年 6 月 30 日为界限，因此 2017 年上半年光伏抢装情况将较突出。

表 6－3　中国各类上网电价调整及相关政策

时间	机构	政策及措施
燃煤发电上网电价		
2015 年 4 月 13 日	发改委	《关于降低燃煤发电上网电价和工商业用电价格的通知》 燃煤发电上网电价平均每千瓦时下调约 2 分钱
2015 年 12 月 27 日	能源局	《关于降低燃煤发电上网电价和一般工商业用电价格的通知》 燃煤发电上网电价平均每千瓦时下调约 3 分钱

（续表）

时间	机构	政策及措施
新能源上网电价		
2014 年 12 月 31 日	发改委	《关于适当调整陆上风电标杆上网电价的通知》
2015 年 12 月 22 日	发改委	《关于完善陆上风电、光伏发电上网标杆电价政策的通知》
2016 年 8 月 29 日	发改委	《关于太阳能热发电标杆上网电价政策的通知》 核定太阳能热发电标杆上网电价为每千瓦时 1.15 元
2016 年 12 月 26 日	发改委	《关于调整光伏发电陆上风电标杆上网电价的通知》 2018 年新建陆上风电站：Ⅰ、Ⅱ、Ⅲ、Ⅳ类资源区 0.40、0.45、0.49、0.57 元/千瓦时 2017 年新建光伏电站：Ⅰ、Ⅱ、Ⅲ类资源区 0.65、0.75、0.85 元/千瓦时
其他		
2015 年 12 月 2 日	发改委、环保部、能源局	《关于实行燃煤电厂超低排放电价支持政策有关问题的通知》 现役机组对其统购上网电量加价每千瓦时 1 分钱（含税）；新建机组统购上网电量加价每千瓦时 0.5 分钱（含税）
2016 年 6 月 30 日	发改委	《关于完善两部制电价用户基本电价执行方式的通知》
2016 年 9 月 9 日	能源局	《关于支持甘肃降低企业用电成本及缓解窝电问题有关工作的通知》

来源：神华科学技术研究院。

（三）可再生能源发展及并网消纳政策

2016 年上半年，国家分别设定了风电、光伏的年度建设实施方案；针对近年比较突出的弃风、弃光、弃水问题，政府逐步开展就近消纳试点、全额保障收购、调峰机组优先发电等工作，并努力搭建目标引导制度、投资监测预警机制，进一步提高可再生能源的消纳能力（见表 6－4）。

表 6－4　　中国可再生能源发展及并网消纳相关政策

时间	机构	政策及措施
建设实施方案		
2015 年 9 月 23 日	能源局	《关于组织太阳能热发电示范项目建设的通知》
2016 年 3 月 17 日	能源局	《关于下达 2016 年全国风电开发建设方案的通知》（2016 年全国风电开发建设总规模 3083 万千瓦）
2016 年 6 月 3 日	能源局	《关于下达 2016 年光伏发电建设实施方案的通知》（2016 年全国新增光伏电站建设规模 1810 万千瓦）
2016 年 9 月 13 日	能源局	《关于建设太阳能热发电示范项目的通知》（第一批示范项目 20 个，总装机 134.9 万千瓦）
可再生能源发展及消纳		
2015 年 3 月 20 日	发改委、能源局	《关于改善电力运行调节促进清洁能源多发满发的指导意见》
2015 年 10 月 8 日	发改委	《关于开展可再生能源就近消纳试点的通知》
2016 年 2 月 5 日	能源局	《关于做好“三北”地区可再生能源消纳工作的通知》
2016 年 3 月 11 日	能源局	《关于做好 2016 年度风电消纳工作有关要求的通知》
2016 年 4 月 5 日	发改委	《关于同意甘肃省、内蒙古自治区、吉林省开展可再生能源就近消纳试点方案的复函》
全额保障及调峰		
2016 年 3 月 24 日	发改委	《可再生能源发电全额保障性收购管理办法》
2016 年 5 月 27 日	发改委、能源局	《关于做好风电、光伏发电全额保障性收购管理工作的通知》
2016 年 7 月 14 日	发改委、能源局	《关于印发〈可再生能源调峰机组优先发电试行办法〉的通知》
太阳能相关		
2016 年 1 月 11 日	能源局	《关于征求完善太阳能发电规模管理和实行竞争方式配置项目指导意见的函》
2016 年 3 月 23 日	发改委等	《关于实施光伏发电扶贫工作的意见》

（续表）

时间	机构	政策及措施
2016 年 7 月 25 日	财政部、税务总局	《关于继续执行光伏发电增值税政策的通知》
风电相关		
2016 年 7 月 18 日	能源局	《关于建立监测预警机制促进风电产业持续健康发展的通知》
水电相关		
2016 年 5 月 17 日	能源局	《关于加强华中水电弃水问题监管有关工作的通知》
其他		
2016 年 2 月 29 日	能源局	《关于建立可再生能源开发利用目标引导制度的指导意见》
2016 年 4 月 14 日	能源局	《关于印发可再生能源发电利用统计报表制度的通知》

来源：神华科学技术研究院。

（四）燃煤发电发展及环保政策

除自身产能过剩的问题外，中国燃煤发电还面临与非化石能源发电的激烈竞争。政府出台多项煤电政策，建立风险预警机制、淘汰落后产能、缓核缓建取消煤电项目，督促各地方政府和企业放缓煤电建设步伐。2016 年，全国计划淘汰火电落后产能 491.8 万千瓦，“十三五” 期间累计淘汰 2000 万千瓦。2016 年 9 月，部分地区的 15 个共计 1240 万千瓦不具备核准建设条件的煤电项目被取消；10 月，能源局“缓核缓建” 政策落地（见表 6 –5）。

表 6 –5　　中国煤电发展及环保相关政策

时间	机构	政策及措施
火电新开工规模控制、淘汰落后产能		
2016 年 3 月 17 日	发改委、能源局	《关于促进我国煤电有序发展的通知》
2016 年 4 月 18 日	能源局	《关于开展煤电项目规划建设情况专项监管工作的通知》
2016 年 3 月 17 日	能源局	《关于建立煤电规划建设风险预警机制暨发布 2019 年煤电规划建设风险预警的通知》

（续表）

时间	机构	政策及措施
2016 年 4 月 18 日	发改委、能源局	《关于进一步做好煤电行业淘汰落后产能工作的通知》
2016 年 8 月 5 日	发改委、能源局	《关于进一步规范电力项目开工建设秩序的通知》
2016 年 9 月 13 日	能源局	《关于取消一批不具备核准建设条件煤电项目的通知》
2016 年 10 月 10 日	能源局	《国家能源局关于进一步调控煤电规划建设的通知》
2016 年 10 月 16 日	能源局	《关于下达 2016 年煤电行业淘汰落后产能目标任务的通知》
2016 年 11 月 10 日	能源局	《关于进一步落实煤电有序发展工作措施的通知》
环保及安全生产		
2014 年 9 月	发改委、环保部、能源局	《煤电节能减排升级与改造行动计划（2014—2020 年）》
2015 年 12 月 31 日	发改委、环保部、能源局	《关于在燃煤电厂推行环境污染第三方治理的指导意见》
2016 年 5 月 9 日	能源局	《关于加强燃煤电厂输煤及制粉系统安全生产工作的通知》
2016 年 5 月 19 日	能源局	《关于开展 2016 年煤电超低排放和节能改造安全生产检查工作的通知》
2016 年 6 月 28 日	能源局、环保部	《关于印发 2016 年各省（区、市）煤电超低排放和节能改造目标任务的通知》
热电联产与煤电联营		
2016 年 3 月 22 日	发改委、能源局、财政部、住建部、环保部	《热电联产管理办法》
2016 年 4 月 17 日	发改委	《关于发展煤电联营的指导意见》
2016 年 6 月 28 日	能源局	《关于下达火电灵活性改造试点项目的通知》

来源：神华科学技术研究院。

同时，为推进化石能源清洁化、改善大气质量，加快燃煤电厂升级改造。2016 年各地区总计超低排放改造目标约 25436 万千瓦、节能改造目标 18940 万千瓦，2020 年力争完成改造机组容量 1.5 亿千瓦以上，同时在一定程度上加大了燃煤电厂的环保支出。

（五）电网规划建设政策

自 2015 年开始，国家陆续出台了促进智能电网发展、新能源微电网示范、配电网建设改造、能源互联网发展、跨区域送受电等相关政策（见表 6 –6）。系列政策有助于落实西电东送、推进跨区交易、提高可再生能源比重、提升能源综合效率，对于推动能源领域供给侧结构性改革、推动能源市场开放和产业升级也具有重要意义。

表 6 –6　　中国电网规划建设相关政策

时间	机构	政策及措施
2015 年 7 月 6 日	发改委、能源局	《关于促进智能电网发展的指导意见》
2015 年 7 月 13 日	能源局	《关于推进新能源微电网示范项目建设的指导意见》
2015 年 7 月 31 日	能源局	《配电网建设改造行动计划（2015—2020 年）》
2016 年 2 月 24 日	发改委、能源局、工信部	《关于推进“互联网 +”智慧能源发展的指导意见》
2016 年 3 月 15 日	发改委	《新一轮农村电网改造升级项目管理办法》
2016 年 5 月 27 日	发改委	《关于国家电网 2016 年跨省跨区送受电计划的复函》
2016 年 5 月 27 日	发改委	《关于南方电网 2016 年西电东送及省间交易计划的复函》

来源：神华科学技术研究院。

（六）能源及电力“十三五”规划

电力“十三五”规划提出了电力总量、电力结构、节能减排和民生保障 4 个方面的目标。其中，2020 年全社会用电量 6.8 万亿 ~7.2 万亿千瓦时，全国发电装机容量 20 亿千瓦，人均用电量 5000 千瓦时，西电东送 2.7 亿千瓦，电能替代用电量 4500 亿千瓦时。

可再生能源“十三五”规划提出了可再生能源总量、发电、供热和燃料利用、经济性、并网运行和消纳、考核约束机制六方面指标。其中，到2020年，全部可再生能源年利用量7.3亿吨标准煤，发电装机6.8亿千瓦，发电量1.9万亿千瓦时，替代化石能源1.5亿吨标准煤。水电装机达到3.8亿千瓦（常规水电3.4亿千瓦、抽水蓄能4000万千瓦），年发电量1.25万亿千瓦时；太阳能发电装机1.1亿千瓦以上（光伏发电1.05亿千瓦、光热500万千瓦），发电量1500亿千瓦时；风电并网装机容量达到2.1亿千瓦以上（见表6－7）。

表6－7　中国能源及电力“十三五”规划

时间	机构	政策及措施
2016年11月	能源局	《水电发展“十三五”规划》
2016年11月16日	能源局	《风电发展“十三五”规划》
2016年11月7日	发改委、能源局	《电力发展“十三五”规划》
2016年12月10日	发改委	《可再生能源发展“十三五”规划》
2016年12月8日	能源局	《太阳能发展“十三五”规划》
2016年12月26日	发改委、能源局	《能源发展“十三五”规划》

来源：神华科学技术研究院。

（七）其他政策

除了电力运行调节的年度常规工作外，国家还陆续出台了关于电能替代、电力规划、示范项目管理等相关政策（见表6－8）。

表6－8　其他政策

时间	机构	政策及措施
2016年2月26日	发改委	《关于做好2016年电力运行调节工作的通知》
2016年5月16日	发改委、能源局等	《关于推进电能替代的指导意见》
2016年5月17日	能源局	《电力规划管理办法》
2016年11月11日	能源局	《国家电力示范项目管理办法》

来源：神华科学技术研究院。

三、宏观形势展望

（一）2017 年中国经济下行压力仍然较大

受周期性因素和结构性矛盾的制约，2017 年中国经济下行压力仍然较大。经济内生性增长有待恢复，内需消费和外需出口难以贡献超额增长动力，消费受住房支出等影响难以大幅增长，出口受贸易保护主义以及海外经济疲弱影响仍将负增长，固定资产投资保持平稳增长（见图 6 –5）。其中，基础设施投资仍将保持较高增长态势，棚户区改造、电网改造、轨道交通、地下管廊有望继续托底经济增长；房地产投资增速受制于高库存和强调控难以大幅反弹；制造业投资增速开始止降趋稳。根据政府工作报告，2017 年中国 GDP 的增速目标为 6. 5%。

图 6 –5　2001—2017 年中国全社会固定资产投资及增长情况

来源：国家统计局。

（二）电力体制改革和电力市场建设加快推进

《电力中长期交易基本规则》于 2016 年年底正式发布。2017 年年初，《关于有序放开发用电计划的通知》正式发布，东北地区辅助服务市场化试点全面启动（见表 6 –9）。另外，《关于做好电力市场建设有关工作》《电力市场运营基本规则》《电力市场监管办法》等文件完成征求意见；《非现货试点地区电力市场基本规则（试行）》《现货试点地区电力市场基本规则（试行）》等文件已进入内部征求意见环节。

表 6 –9　　2017 年中国已出台的电力市场化改革相关政策

时间	机构	政策及措施
2017 年 2 月 10 日	能源局	《关于印发 2017 年能源工作指导意见的通知》
2017 年 3 月 27 日	能源局	《2017 年市场监管工作要点》
2017 年 3 月 29 日	发改委、能源局	《关于有序放开发用电计划的通知》
2017 年 3 月 31 日	发改委、能源局	《关于同意开展宁东增量配电业务改革试点的复函》

来源：神华科学技术研究院。

随着电力市场改革进入攻坚阶段，后期有望在“建市场、转机制、调结构、促转型、提效率”上取得实质突破。2017 年，政策重点仍将围绕建立健全电力市场体系，推进现货市场特别是跨区现货市场建设，完善中长期电力交易规则及机制、价格形成机制，增加电力交易规模并逐步扩大市场化电量比例，有序放开发用电计划、推进配售电改革，加快建立输配电价体系，以初步满足近阶段各类市场交易需求。

（三）能源系统优化进一步加强，各类电源建设合理规划

由产能过剩导致的火电机组运行小时正在不断创新低，同时中国的弃水、弃风、弃光问题也比较突出。《关于试行可再生能源绿色电力证书核发及自愿认购交易制度的通知》探索通过电力市场和绿色证书交易等多种途径实现可再生能源的高效规模化发展（见表 6 –10）。

表 6 –10　　2017 年中国已出台的各类电源建设相关政策

时间	机构	政策及措施
2017 年 1 月	能源局	《关于衔接甘肃省等 16 省“十三五”煤电投产规模的函》
2017 年 1 月 5 日	能源局	《关于进一步做好火电项目核准建设工作的通知》

（续表）

时间	机构	政策及措施
2017 年 1 月 18 日	发改委、财政部、能源局	《关于试行可再生能源绿色电力证书核发及自愿认购交易制度的通知》
2017 年 2 月 17 日	能源局	《关于发布 2017 年度风电投资监测预警结果的通知》
2017 年 3 月 15 日	能源局	《关于发布海水抽水蓄能电站资源普查成果的通知》
2017 年 3 月 17 日	能源局	《关于针对承装（修、试）电力设施许可制度执行情况专项监管工作中发现的典型问题开展整改工作的通知》

来源：神华科学技术研究院。

后期，政策重点在于进一步加强能源系统优化，落实可再生能源发电配额考核制度，加快抽水蓄能电站建设，积极发展大容量规模化储能，提升电网调峰能力，加快跨省区输电通道建设，优先保障可再生能源发电上网，扩大清洁能源消纳范围与提高清洁能源消纳能力。

同时，将加大煤电机组灵活性改造力度，逐步减少燃煤机组计划电量，进一步抑制煤电装机增长。电力发展“十三五”规划明确提出“取消和推迟煤电建设项目 1.5 亿千瓦以上、到 2020 年全国煤电装机规模力争控制在 11 亿千瓦以内”的调控目标。2017 年，能源局同时向新疆、内蒙古、山西等 11 省（自治区）发文，暂停已核准的新建、在建煤电项目超过 1 亿千瓦。加上 2016 年 9 月，能源局两次暂停、取消的煤电项目接近 1.2 亿千瓦。为改善大气质量，包括全面实施散煤综合治理、加大燃煤电厂超低排放和节能改造力度、安全高效发展核电等措施将继续推进。

此外，政策还将进一步鼓励开展电能替代试点示范，制定完善配套支持措施，优化电能替代价格机制，加强配套电网建设改造。

第七部分
专题报告

专题一　核电

一、核电发展规模及布局

（一）装机容量

2016 年，中国核电装机容量达到 3364 万千瓦，同比增长 23.8%，增速较 2015 年回落 11.5 个百分点；新增装机容量达到 720 万千瓦，为近年最高水平。随着近几年核电的快速发展，核电装机容量比重由 2010 年的 1.1% 提高到 2016 年的 2.0%（见图 7 –1、图 7 –2、图 7 –3）。

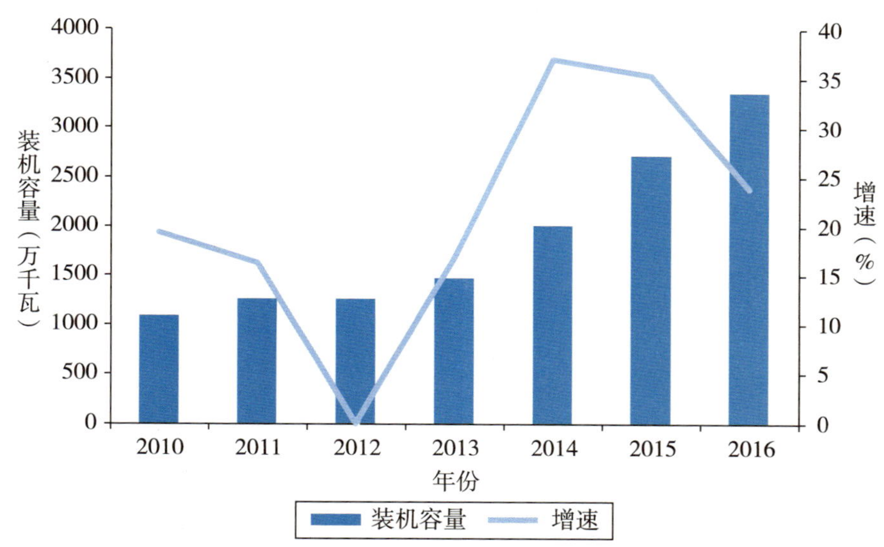

图 7 –1　2010—2016 年中国核电装机容量及增长情况

来源：中国电力企业联合会。

2016 年，辽宁、福建、广东、海南、广西 5 个地区有核电新机组投产，中国核电布局的地区达到 7 个。广东、福建、浙江、辽宁核电装机容量分别达到 938 万千瓦、762 万千瓦、657 万千瓦、448 万千瓦，江苏由于近几年没有新机组投产，核电装机容量一直维持在 212 万千瓦（见图 7 –4、图 7 –5）。

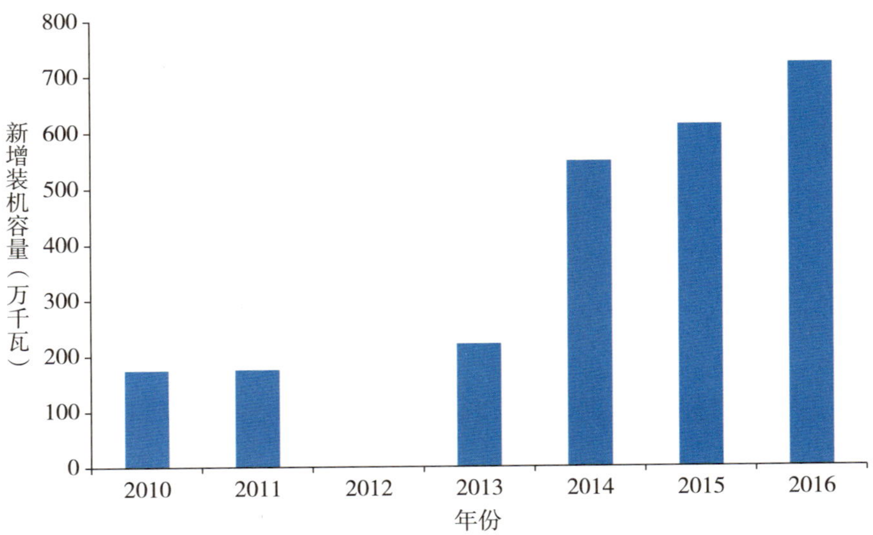

图7－2　2010—2016年中国核电新增装机容量情况

来源：中国电力企业联合会。

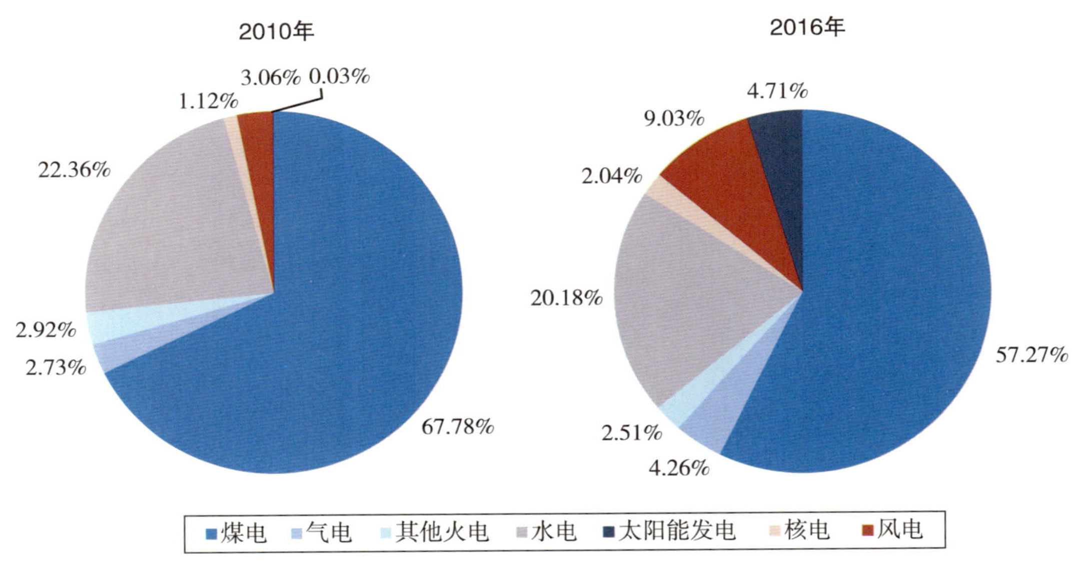

图7－3　2010年和2016年中国核电装机比重情况

来源：中国电力企业联合会。

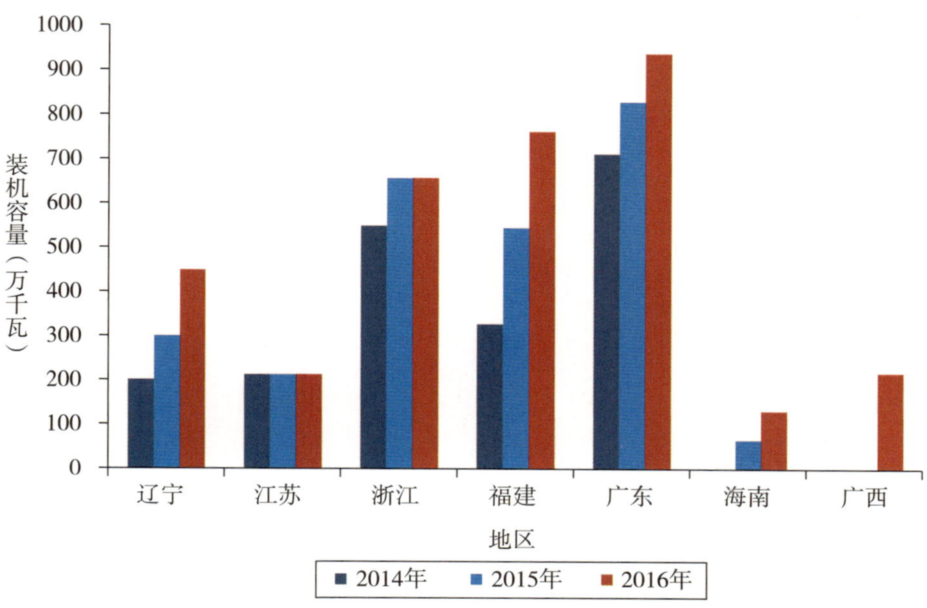

图 7 –4　2014—2016 年中国核电布局地区核电装机容量情况

来源：中国电力企业联合会。

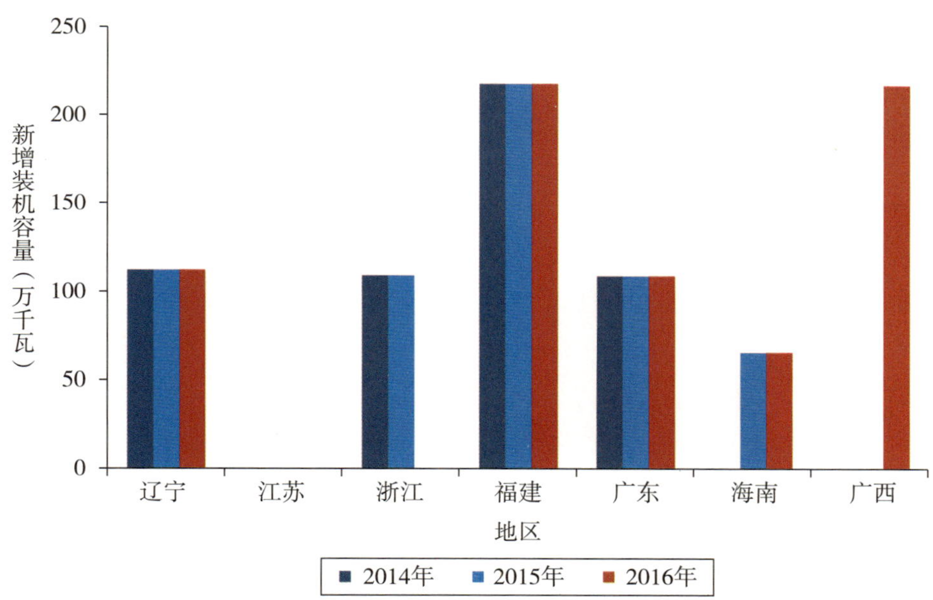

图 7 –5　2014—2016 年中国核电布局地区新增核电装机容量情况

来源：中国电力企业联合会。

（二）在建装机规模

2016 年，政府未核准新的核电项目，随着在建装机的陆续投产，核电在建规模下降至 2800 万千瓦以下，同比下降8.3%，在建规模为近年最低水平（见图7 –6）。

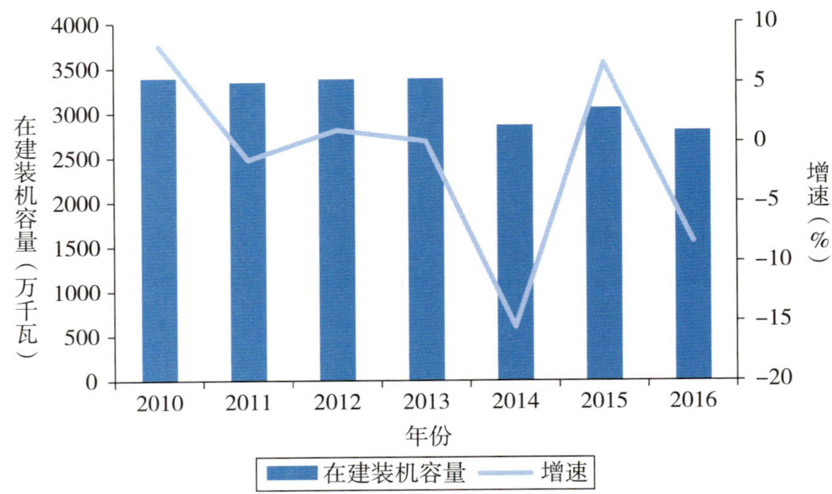

图7 –6　2010—2016 年中国核电在建装机容量及增长情况

来源：中国电力企业联合会、电力工程质量监督总站。

在建核电装机分布在广东、山东、江苏、福建、浙江、广西、辽宁八个地区，其中广东在建装机容量接近680 万千瓦，山东 580 万千瓦，江苏超过 430 万千瓦，福建超过340 万千瓦，浙江、广西、辽宁在 220 万 ~250 万千瓦（见图7 –7）。

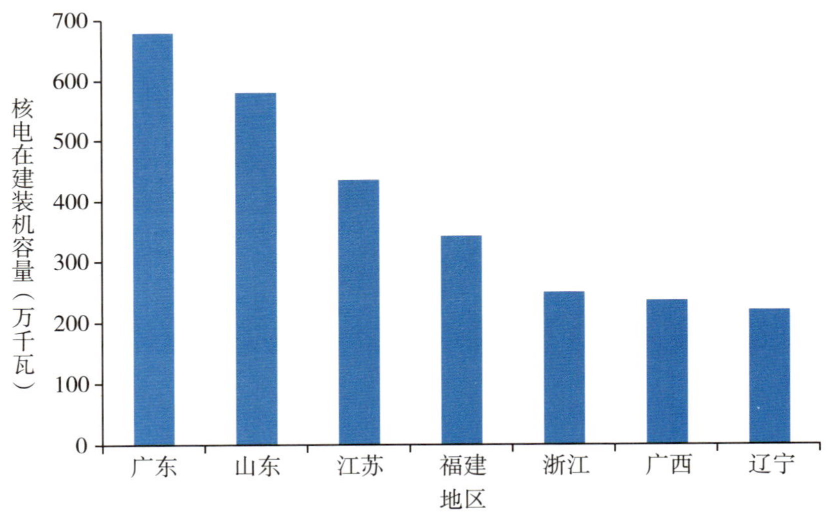

图7 –7　2016 年中国各地区核电在建装机容量情况

来源：神华科学技术研究院。

（三）投运及在建核电机组

2016 年，中国共有 7 台核电机组投产，分别是红沿河核电厂 4 号机组、宁德核电厂 4 号机组、阳江核电厂 3 号机组、防城港核电厂 1 号、2 号机组、福清核电厂 3 号机组、昌江核电厂 2 号机组；2016 年没有新开工机组。截至 2016 年年底，中国投运及在建核电机组共 58 台，其中投入运行机组 35 台，装机容量 3364 万千瓦；在建机组 23 台，装机容量 2741.1 万千瓦，保持全球领先地位。核电机组围绕沿海区域进行布局（见表 7－1）。

表 7－1　　中国投运及在建核电机组情况

项目名称	所在地区	机组状态
红沿河核电厂	辽宁	●●●●○○
海阳核电厂	山东	○○
石岛湾高温气冷堆示范电站	山东	○
大型先进压水堆（CAP1400）示范工程	山东	○○
田湾核电厂	江苏	●●○○○○
秦山核电厂	浙江	●
秦山第二核电厂	浙江	●●●●
秦山第三核电厂	浙江	●●
方家山核电厂	浙江	●●
三门核电厂	浙江	●●
宁德核电厂	福建	●●●●
福清核电厂	福建	●●●○○○
大亚湾核电厂	广东	●●
岭澳核电厂	广东	●●●●
阳江核电厂	广东	●●●○○○
台山核电厂	广东	○○
防城港核电厂	广西	●●○○
昌江核电厂	海南	●●

注：●为投产机组，○为在建机组。

来源：神华科学技术研究院。

二、核电生产

（一）发电量

2016 年，核电发电量 2132 亿千瓦时，同比增长 24.4%，增速较 2015 年回落 4.3 个百分点，连续两年增速在 20% 以上。发电量比重由 2010 年的 1.8% 上升到 2016 年的 3.6%（见图 7－8、图 7－9）。

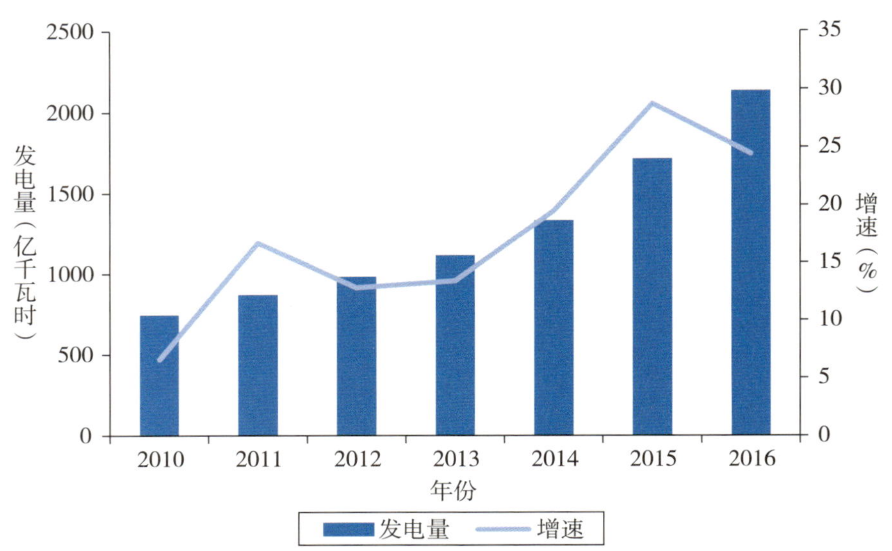

图 7－8　2010—2016 年中国核电发电量及增长情况

来源：中国电力企业联合会。

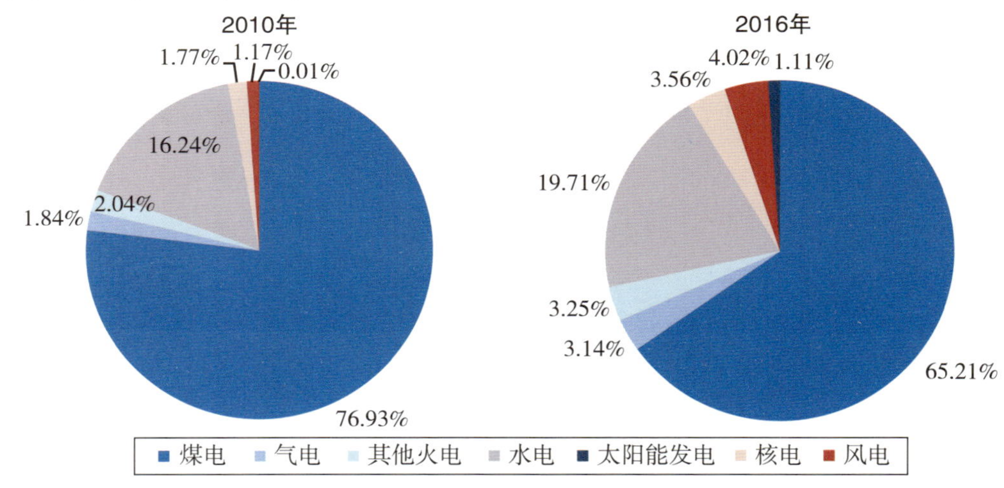

图 7－9　2010 年、2016 年中国核电发电比重情况

来源：中国电力企业联合会。

在核电布局的7个地区中，2014—2016年，除江苏外其他地区核电发电量呈持续上涨态势。2016年，广东核电发电量达到705亿千瓦时，浙江、福建、辽宁分别达到504亿千瓦时、407亿千瓦时和200亿千瓦时。广西、海南由于此前没有核电机组，随着2015年、2016年机组陆续投产，核电发电量大幅增长。江苏核电发电量继续下降，2015年受电力消费增速回落且没有新机组投产影响，发电量小幅下降；2016年主要受核电厂大修时间安排及电网要求降功率影响且没有新机组投产，发电量下降至153亿千瓦时，同比降低7.6%（见图7－10）。

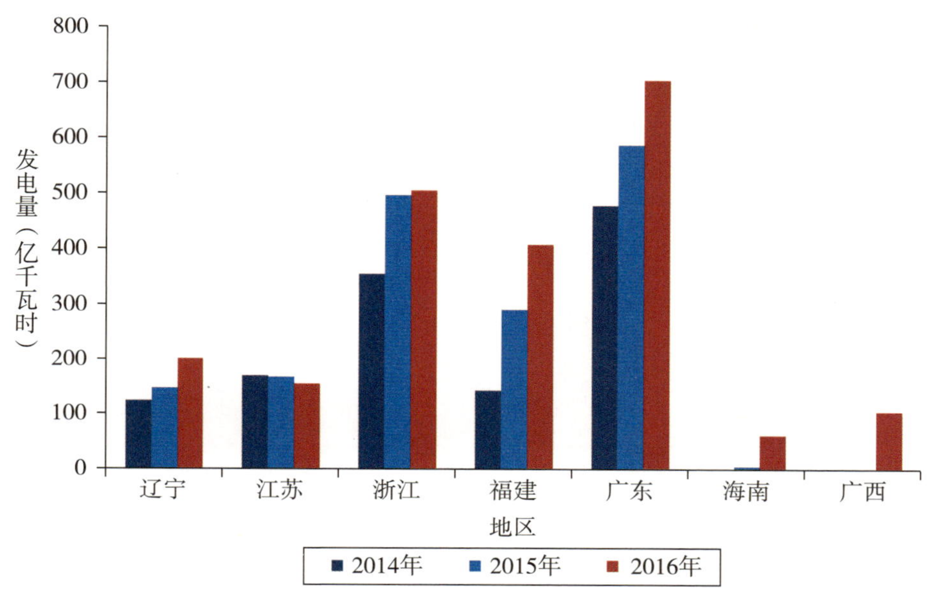

图7－10　2014—2016年中国核电布局地区核电发电量情况

来源：中国电力企业联合会。

（二）核电设备利用小时

2016年，核电设备利用小时为7042小时，较2015年下降361小时。2015年以前，核电设备利用小时保持在7700小时以上。随着全国电力供过于求态势日益明显、核电装机容量快速增长，近两年核电设备利用小时持续大幅下降，连续两年下降幅度超过350小时（见图7－11、图7－12）。

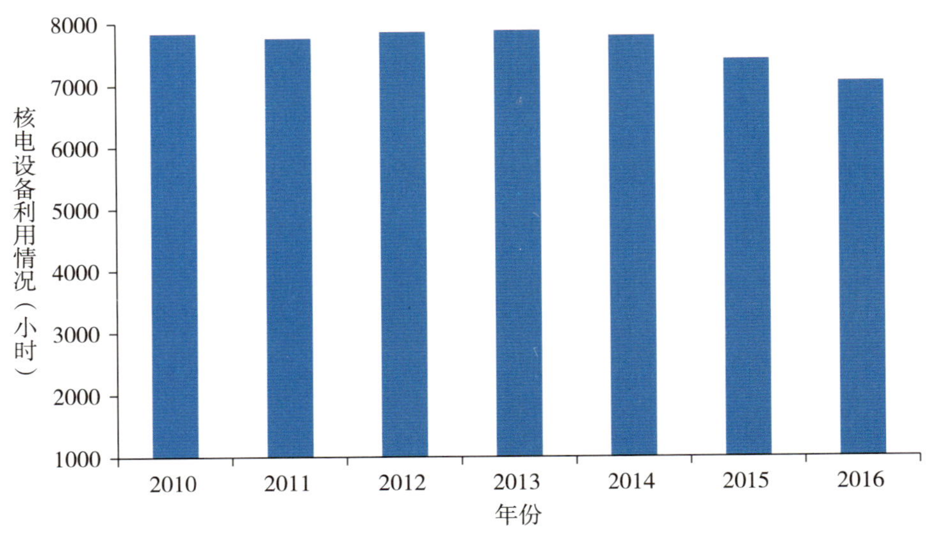

图 7－11　2010—2016 年中国核电设备利用小时情况

来源：中国电力企业联合会。

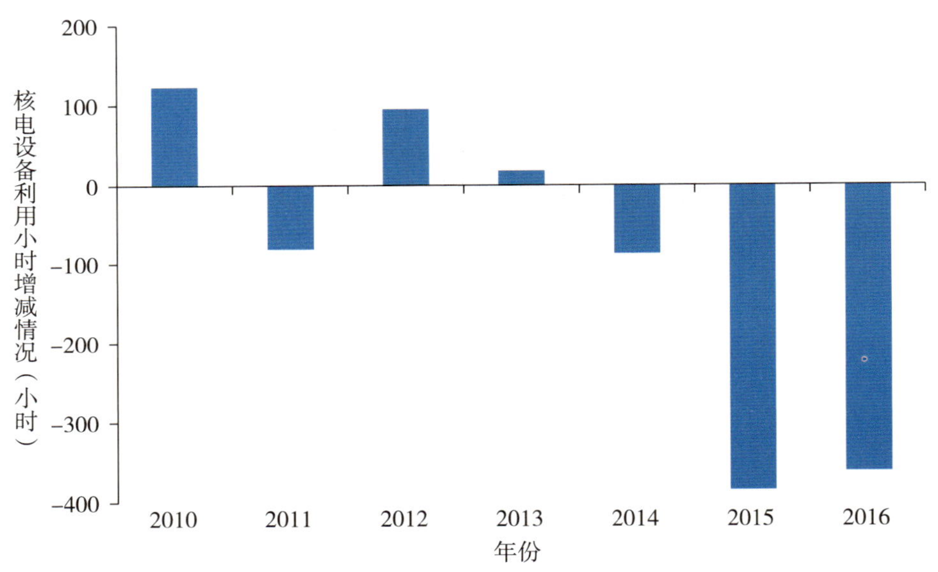

图 7－12　2010—2016 年中国核电设备利用小时增减情况

来源：中国电力企业联合会。

2016 年，浙江、江苏、广东核电设备利用小时高于 7500 小时，广西由于首个核电厂机组在 2016 年年初投产，利用小时达到 7184 小时。海南、辽宁、江苏核电设备利用小时较 2015 年下降幅度较大，海南核电设备利用小时 5775 小时，下降 1819 小时，主要原因在于核电装机基数较低，2016 年下半年投产了新机组，拉低了核电整体设备利用小时；

辽宁核电设备利用小时近两年持续大幅下降，2016 年降至 4982 小时，下降 833 小时，主要原因在于多台机组轮流处于换料大修、临停备用、降功率运行、季节性停运、新机组投产调试等状态，设备利用率偏低；江苏核电设备利用小时虽然超过 7500 小时，但是较 2015 年下降 746 小时，主要原因在于部分核电机组大修以及降功率运行（见图 7－13、图 7－14）。

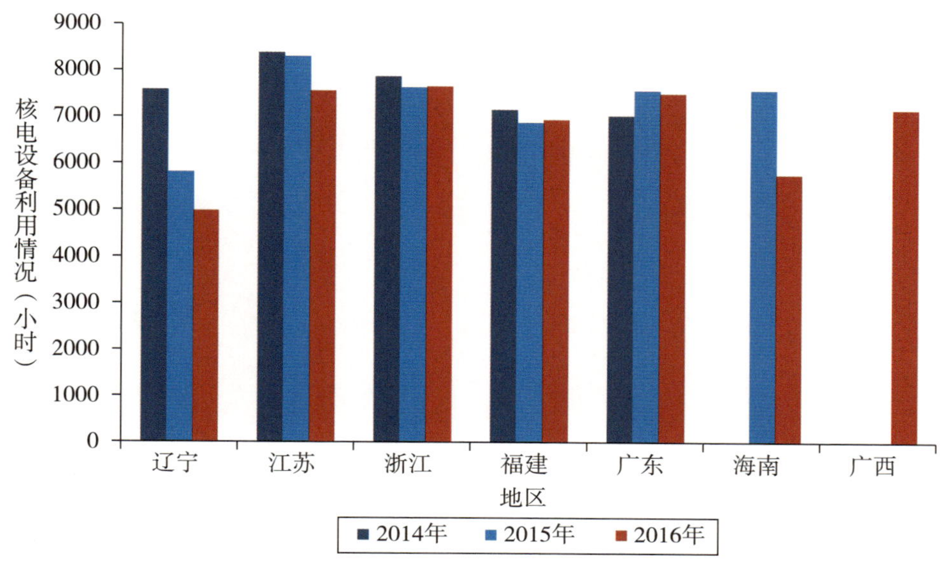

图 7－13　2014—2016 年中国核电分布地区核电设备利用小时情况

来源：中国电力企业联合会。

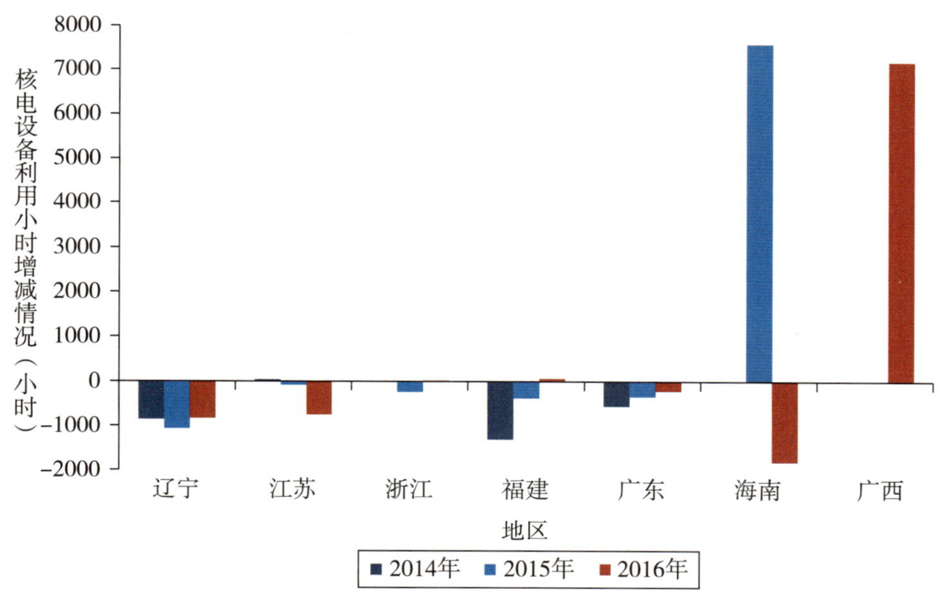

图 7－14　2014—2016 年中国核电分布地区核电设备利用小时增减情况

来源：中国电力企业联合会。

三、核电技术类型

（一）总体情况

中国核电的技术类型主要包括二代及二代改进型技术、三代技术、四代技术。

二代及二代改进型技术，包括引进技术 M310（法国）、CANDU 6（加拿大）和 AES91（俄罗斯），以及在吸收国外先进技术的基础上改进和自主创新的技术 CNP300、CNP650、M310 改进、CPR1000 几种，CPR1000 是主流二代改进型技术类型。

三代技术，包括引进技术 AP1000（美国）、EPR（法国）、VVER1000（俄罗斯），以及中国具有完全自主知识产权的核电技术华龙一号、CAP1400、ACPR1000（与 ACP1000 整合为华龙一号）。

四代技术，主要为中国具有完全自主知识产权的高温气冷堆技术。

（二）核电机组技术类型

截至 2016 年年底，中国已投运的 35 台核电机组均为二代及二代改进型技术。其中 CNP300 机组 1 台，CNP650 机组 6 台，CANDU6 机组 2 台，M310 机组 2 台，M310 改进型机组 3 台，AES91 机组 2 台，CPR1000 是最主流的二代改进型技术，其余 19 台均为 CPR1000 机组。

根据有关政策规定，二代和二代改进型核电机组不会再在国内开工建设。截至 2016 年年底，在在建的 23 台机组中，除仍未投产的 2 台二代和二代改进型技术机组，1 台四代高温气冷堆技术示范项目机组外，其余 20 台均为三代技术核电机组，其中 AP1000 机组 4 台，ERP 机组 2 台，VVER1000 机组 2 台，华龙一号机组 4 台，CAP1400 机组 2 台，ACPR1000 机组 6 台，国内技术机组略多（见表 7 –2）。

表 7-2 中国核电机组技术类型

项目		项目状态		技术	
电厂名称	机组	进展阶段	投产年份	技术类型	技术名称
秦山核电厂	1 号	投产	1991	二代	CNP300
秦山第二核电厂	1~4 号	投产	2002/2004/2010/2011	二代	CNP650
秦山第三核电厂	1 号、2 号	投产	2002/2003	二代	CANDU6
大亚湾核电厂	1 号、2 号	投产	1994/1994	二代	M310
岭澳核电厂	1~4 号	投产	2002/2003/2010/2011	二代	CPR1000
方家山核电厂	1 号、2 号	投产	2014/2015	二代	CPR1000
宁德核电厂	1~4 号	投产	2013/2014/2015/2016	二代	CPR1000
昌江核电厂	1 号、2 号	投产	2015/2016	二代	CNP650
红沿河核电厂	1~4 号	投产	2013/2014/2015/2016	二代	CPR1000
	5 号、6 号	在建	—	三代	ACPR1000
阳江核电厂	1~4 号	投产/在建	2014/2015/2016 年/在建	二代	CPR1000
	5 号、6 号	在建	—	三代	ACPR1000
田湾核电厂	1 号、2 号	投产	2007/2007	二代	AES91
	3 号、4 号	在建	—	三代	VVER1000
	5 号、6 号	在建	—	三代	ACPR1000
福清核电厂	1~4 号	投产/在建	2014/2015/2016 年/在建	二代	M310 改进型
	5 号、6 号	在建	—	三代	华龙一号
防城港核电厂	1 号、2 号	投产	2016/2016	二代	CPR1000
	3 号、4 号	在建	—	三代	华龙一号
台山核电厂	1 号、2 号	在建	—	三代	ERP
海阳核电厂	1 号、2 号	在建	—	三代	AP1000
三门核电厂	1 号、2 号	在建	—	三代	AP1000
大型先进压水堆（CAP1400）示范工程	1 号、2 号	在建	—	三代	CAP1400
华能石岛湾高温气冷堆示范电站	1 号	在建	—	四代	高温气冷堆

来源：神华科学技术研究院。

四、核电投资

（一）总体情况

2016年，由于多台核电机组临近投产并且政府没有核准新项目开工建设，中国核电投资506亿元，同比下降10.5%，连续第三年未超过600亿元，为近年最低投资水平（见图7－15）。

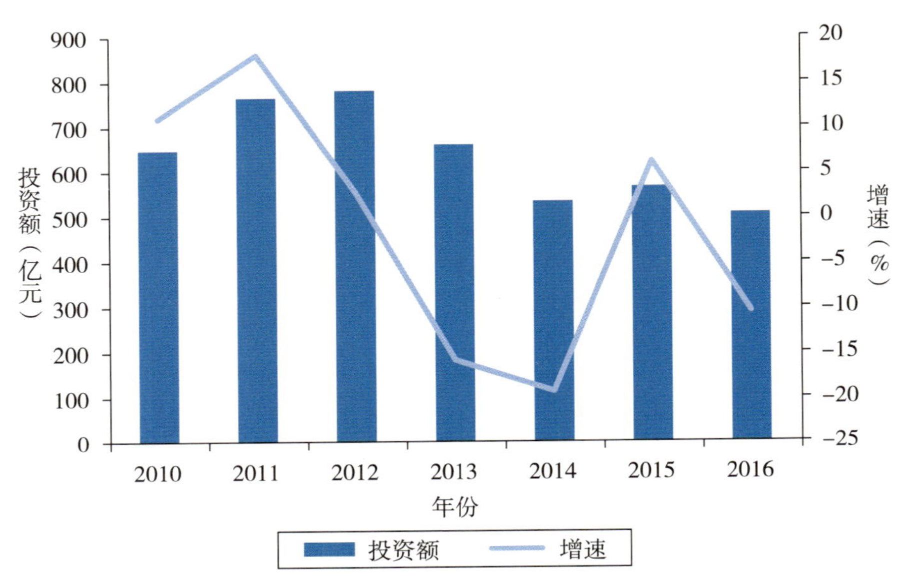

图7－15　2010—2016年中国核电投资及增长情况

来源：中国电力企业联合会。

（二）核电机组总投资及股权结构

核电设计、材料、制造工艺的质量要求高，设备制造成本高于常规设备，并且电厂设备中大部分是为了核安全、环保的要求而配备的，不同技术对各方面要求的程度也有所不同，核电厂总投资通常都在数百亿元，数额较大。在中国投运和在建的核电厂中，除秦山第二核电厂，建设4台机组的核电厂总投资均在500亿元以上，建设6台机组的核电厂总投资均在800亿元以上。建设三代技术核电机组的核电厂总投资更高，如田湾核电厂6台机组中的4台为三代技术，总投资高达967.8亿元，台山、海阳、三门、大型先进压水堆（CAP1400）示范工程4个核电厂2台三代核电机组的总投资均在400亿元以上，台山核电厂2台机组总投资高达731.5亿元（见表7-3）。

表7-3 中国核电厂投资情况

电厂名称	进展阶段	装机容量（万千瓦）	投资额（亿元）
秦山第一核电厂	投产	1×31	17
秦山第二核电厂	投产	2×65/2×66	319.8
秦山第三核电厂	投产	2×72.8	247.5
大亚湾核电厂	投产	2×98.4	202.7
岭澳核电厂	投产	2×99+2×108.6	575.6
方家山核电厂	投产	2×108.9	259.2
宁德核电厂	投产	4×108.9	552
昌江核电厂	投产	2×65	235
红沿河核电厂	投产/在建	4×111.9/2×110	814
阳江核电厂	投产/在建	4×108.6/2×110	697.2
田湾核电厂	投产/在建	4×106/2×111.7	967.8
福清核电厂	投产/在建	4×108.9/2×116.1	878.6
防城港核电厂	投产/在建	2×108.6/2×118	657.2
台山核电厂	在建	2×175	731.5
海阳核电厂	在建	2×125	400
三门核电厂	在建	2×125	407.5
大型先进压水堆（CAP1400）示范工程	在建	2×155	423
华能石岛湾高温气冷堆示范电站	在建	1×20	30

来源：神华科学技术研究院。

由于核电投资额大，并且建设周期长，核电在开工前，需要经历4~5年甚至更长的时间，开展调研选址、技术分析与选择、系统设计、核准审批等一系列前期工作，开工后的建设期在5年以上，对于核电的股东来说，从开展前期工作开始投入资本金，到核电厂建成投产取得分红收益，约有10年以上的资本投入无回报，需要有坚强的、持续的资金实力，因此核电厂通常都有几个股东，共同分担投资。

中国核电厂除华能石岛湾高温气冷堆示范电站，其余核电厂均由拥有核电运营资质的三家企业——中广核集团、中核集团、国家电投集团控股，其他企业以参股形式投资。在全部核电厂中，除秦山第一核电厂由中核集团独资，其他核电厂均由两个（含）以上企业投资，参股企业主要包括国家大型电力企业、地方电力及能源企业、地方投资企业、核电建设企业等。五大电力集团除国家电投拥有核电运营资质以控股或参股形式投资运营核电外，华能集团、大唐集团、华电集团、国电集团均已在投产或在建的核电厂中参股，向核电领域布局，而华能集团除参股核电厂外，其自主研发的四代核电技术示范项目——石岛湾高温气冷堆示范电站由其控股建设运营（见表7－4）。

表7－4 中国核电厂股权结构

电厂名称	所在地区	进展阶段	企业名称	股权比例（%）
秦山第一核电厂	浙江	投产	中核	100
秦山第二核电厂	浙江	投产	中核	50
			浙能	20
			福建能源	12
			江苏国信	10
			华东电网	8
秦山第三核电厂	浙江	投产	中核	51
			国家电投	20
			浙能	10
			申能	10
			江苏国信	9
大亚湾核电厂	广东	投产	中广核	75
			中电控股	25

（续表）

电厂名称	所在地区	进展阶段	企业名称	股权比例（%）
岭澳核电厂	广东	投产	中广核	55
			中核	45
方家山核电厂	浙江	投产	中核	72
			浙能	28
宁德核电厂	福建	投产	中广核	46
			大唐	44
			福建能源	10
昌江核电厂	海南	投产	中核	51
			华能	49
红沿河核电厂	辽宁	投产/在建	中广核	45
			国家电投	45
			大连投资	10
阳江核电厂	广东	投产/在建	中广核	66
			中电控股	17
			粤电力	17
田湾核电厂	江苏	投产/在建	中核	50
			国家电投	30
			江苏国信	20
福清核电厂	福建	投产/在建	中核	51
			华电	39
			福建投资	10
防城港核电厂	广西	投产/在建	中广核	61
			广西投资	39
台山核电厂	广东	在建	中广核	70
			法国电力	30
海阳核电厂	山东	在建	国家电投	65
			山东国际信托	10
			烟台蓝天投资	10
			中核	5
			华能	5
			国电	5

（续表）

电厂名称	所在地区	进展阶段	企业名称	股权比例（%）
三门核电厂	浙江	在建	中核	51
			国家电投	14
			浙能	20
			华电	10
			中国核建	5
大型先进压水堆（CAP1400）示范工程	山东	在建	国家电投	55
			华能	45
华能石岛湾高温气冷堆示范电站	山东	在建	华能	47.5
			中国核建	32.5
			清华大学	20

来源：IHS Markit 能源、神华科学技术研究院。

（三）核电机组单位投资

目前，采用二代及二代改进型技术的核电机组单位投资普遍在 1 万 ~1.3 万元/千瓦。从同类技术不同时期的核电机组造价看，由于综合国产化率的提高，单位投资呈下降趋势。以 CPR1000 技术为例，2002 年、2003 年投产的岭澳核电厂 1 号、2 号机组，单位投资为 1.47 万元/千瓦；2010 年、2011 年投产的岭澳核电厂 3 号、4 号机组单位投资已下降至 1.31 万元/千瓦；近两年投产核电机组的单位投资已基本降至 1.2 万元/千瓦以下，阳江核电厂 4 台机组的单位投资仅为 1.04 万元/千瓦。其他技术类型近两年投产核电机组单位投资与阳江核电厂机组的单位投资水平相当，采用 M310 改进型技术的福清核电厂 3 号、4 号机组单位投资为 1.06 万元/千瓦，采用 CNP650 技术的昌江核电厂 1 号、2 号机组单位投资为 1.02 万元/千瓦。

三代技术核电机组的单位投资普遍更高，引进技术机组单位投资在 1.6 万 ~2.1 万元/千瓦，其中引进法国 EPR 技术的台山核电厂单位造价高达 2.09 万元/千瓦，AP1000 技术机组单位投资在 1.6 万元/千瓦左右，VVER1000 技术机组单位投资约 1.8 万元/千瓦。国内核电技术机组的单位投资在 1.1 万 ~1.7 万元/千瓦，其中华龙一号机组单位投资在 1.65 万 ~1.7 万元/千瓦，CAP1400 技术机组单位投资约 1.36 万元/千瓦，ACPR1000 技术机组单位投资相对较低，在 1.1 万 ~1.4 万元/千瓦，部分机组单位投资已接近二代改进型技术机组水平。未来随着技术的不断成熟、综合国产化率的逐步提高，单位投资仍有下降空间（见表 7 –5）。

表 7 –5　　中国核电机组单位投资情况

项目名称	投产年份	技术类型		装机容量（万千瓦）	单位投资（万元/千瓦）
秦山第一核电厂 1 号机组	1991	二代	CNP300	1 ×31	0.55
秦山第二核电厂 1 号、2 号机组	2002/2004	二代	CNP650	2 ×65	1.27
秦山第二核电厂 3 号、2 号机组	2010/2011	二代	CNP650	2 ×66	1.17
秦山第三核电厂 1 号、2 号机组	2002/2003	二代	CANDU6	2 ×72.8	1.7
大亚湾核电厂 1 号、2 号机组	1994/1994	二代	M310	2 ×98.4	1.03
田湾核电厂 1 号、2 号机组	2007/2007	二代	AES91	2 ×106	1.22
岭澳核电厂 1 号、2 号机组	2002/2003	二代	CPR1000	2 ×99	1.47
岭澳核电厂 3 号、4 号机组	2010/2011	二代	CPR1000	2 ×108.6	1.31
方家山核电厂 1 号、2 号机组	2014/2015	二代	CPR1000	2 ×108.9	1.19
宁德核电厂 1 ~4 号机组	2013/2014/2015/2016	二代	CPR1000	4 ×108.9	1.27
红沿河核电厂 1 ~4 号机组	2013/2014/2015/2016	二代	CPR1000	4 ×111.9	1.2
阳江核电厂 1 ~4 号机组	2014/2015/2016/在建	二代	CPR1000	4 ×108.6	1.04
防城港核电厂 1 号、2 号机组	2016/2016	二代	CPR1000	2 ×108.6	1.18
福清核电厂 1 号、2 号机组	2014/2015	二代	M310 改进型	2 ×108.9	1.22
福清核电厂 3 号、4 号机组	2016/在建	二代	M310 改进型	2 ×108.9	1.06
昌江核电厂 1 号、2 号机组	2015/2016	二代	CNP650	2 ×65	1.02
台山核电厂 1 号、2 号机组	在建	三代	ERP	2 ×175	2.09
海阳核电厂 1 号、2 号机组	在建	三代	AP1000	2 ×125	1.6
三门核电厂 1 号、2 号机组	在建	三代	AP1000	2 ×125	1.63
田湾核电厂 3 号、4 号机组	在建	三代	VVER1000	2 ×106	1.8

（续表）

项目名称	投产年份	技术类型		装机容量（万千瓦）	单位投资（万元/千瓦）
田湾核电厂5号、6号机组	在建	三代	ACPR1000	2×111.7	1.36
红沿河核电厂5号、6号机组	在建	三代	ACPR1000	2×110	1.27
阳江核电厂5号、6号机组	在建	三代	ACPR1000	2×110	1.11
福清核电厂5号、6号机组	在建	三代	华龙一号	2×116.1	1.65
防城港核电厂3号、4号机组	在建	三代	华龙一号	2×118	1.69
大型先进压水堆（CAP1400）示范工程1号、2号机组	在建	三代	CAP1400	2×155	1.36
华能石岛湾高温气冷堆示范电站1号机组	在建	四代	高温气冷堆	1×20	1.5

来源：神华科学技术研究院。

五、核电上网电价

（一）核电标杆上网电价

2013年6月，核电标杆上网电价政策出台，政策规定2013年1月1日后投产的核电机组新建核电机组实行标杆上网电价政策，全国核电标杆上网电价为0.43元/千瓦时，2013年1月1日以前投产的核电机组，电价仍按原规定执行。政策同时规定，全国核电标杆上网电价高于核电机组所在地煤电标杆上网电价（含脱硫、脱硝加价）的地区，新建核电机组投产后执行当地煤电标杆上网电价；全国核电标杆上网电价低于核电机组所在地煤电标杆上网电价的地区，承担核电技术引进、自主创新、重大专项设备国产化任务的首台或首批核电机组或示范工程，其上网电价可在全国核电标杆电价基础上适当提高，具体价格单独进行核批。政策出台以来未进行过调整。

根据政策规定，首批三代核电技术机组的上网电价可采取单独定价、适当提高，预计上网电价在0.43元/千瓦时的基础上，提高至0.50~0.55元/千瓦时。

（二）核电机组上网电价

2016 年，中国全部核电机组的上网电价在 0. 393 ~0. 463 元/千瓦时。秦山第一核电厂、秦山第二核电厂、秦山第三核电厂、大亚湾核电厂、岭澳核电厂、田湾核电厂机组在核电标杆上网电价出台前投产，上网电价分别为 0. 414 元/千瓦时、0. 393 元/千瓦时、0. 464 元/千瓦时、0. 414 元/千瓦时、0. 429 元/千瓦时、0. 455 元/千瓦时。核电标杆上网电价出台后投产的核电机除红沿河核电厂机组，其他核电厂机组上网电价均为 0. 43 元/千瓦时，根据核电标杆上网电价政策，红沿河核电厂在 2013 年投产时，当地煤电标杆上网电价已低于核电标杆电价，以同期 0. 422 元/千瓦时的煤电上网电价核定核电上网电价。

随着近两年煤电标杆上网电价的连续下调，按照 2016 年各地区煤电标杆上网电价，除了广东，其他核电所在地区的煤电上网电价已全部低于 0. 43 元/千瓦时（见图 7 –16）。

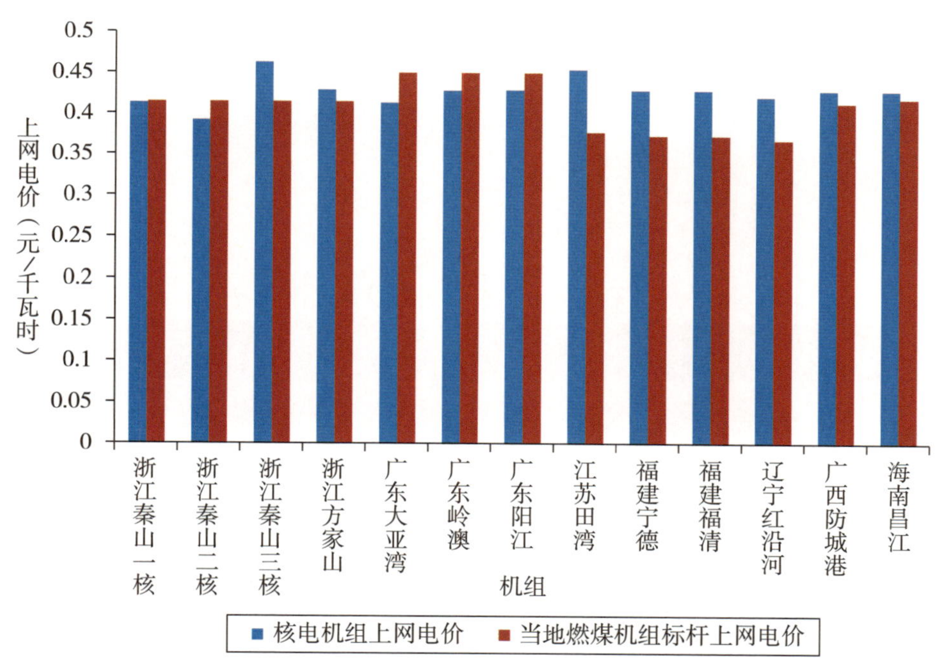

图 7 –16　中国核电机组上网电价情况

来源：神华科学技术研究院。

六、核电燃料情况

（一）核电燃料供需

天然铀需求主要来自于核电机组，2015 年全球天然铀的需求量约在 6.7 万吨，2015 年全球产量为 6.05 万吨，预估 2016 年供需情况与 2015 年情况大致相似。目前相当一部分铀需求由二次供应源满足，二次供应源包括过剩的政府和商业库存、高浓缩铀的稀释、贫铀尾料再浓缩、铀钚循环利用等。由于军用消耗量不明，全球天然铀库存难以准确估计。根据 Tradetech 咨询机构统计，截至 2013 年，全球天然铀库存约为 30 万吨，军用和政府、各类商业库存各占一半。综合考虑一次和二次供应源，铀总体处于供过于求状态。

根据《2016 年铀：资源、生产和需求》③ 数据，截至 2015 年 1 月 1 日，全球已查明铀资源总量为 764.16 万吨，以 2014 年的铀需求水平计算，能满足超过 135 年以上的铀需求。目前已知的铀矿可开采资源分布极度不均，从开采成本低于 130 美元/千克铀的资源分布情况看，15 个国家的资源总量占到了全球的 95%。世界上发展核电的国家中除加拿大、南非等少数国家可以自给自足外，其余均需要从国际贸易市场中采购（见表 7 -6、表 7 -7）。

表 7 -6　　全球不同开采成本下已查明铀资源量　　单位：万吨

资源类别	资源量
已查明资源总量（合理确定资源量与推断资源量之和）	
低于 260 美元/千克铀	764.16
低于 130 美元/千克铀	571.84
低于 80 美元/千克铀	212.47
低于 40 美元/千克铀	64.69

③ 经济合作与发展组织核能机构（OECD/NEA）与国际原子能机构（IAEA）发布 2016 版铀红皮书，即《2016 年铀：资源、生产和需求》。

（续表）

资源类别	资源量
合理确定资源量	
低于 260 美元/千克铀	438.64
低于 130 美元/千克铀	345.84
低于 80 美元/千克铀	122.36
低于 40 美元/千克铀	47.85
推断资源量	
低于 260 美元/千克铀	325.51
低于 130 美元/千克铀	226.01
低于 80 美元/千克铀	90.11
低于 40 美元/千克铀	16.84

来源：经济合作与发展组织核能机构（OECD/NEA）与国际原子能机构（IAEA）《2016 年铀：资源、生产和需求》。

表 7－7　　全球开采成本低于 130 美元/千克铀的已查明铀资源分布情况

国家	资源量（万吨）	全球份额（%）
澳大利亚	166.41	29
哈萨克斯坦	74.53	13
加拿大	50.90	9
俄罗斯	50.78	9
南非	32.24	6
尼日尔	29.15	5
巴西	27.68	5
中国	27.25	5
纳米比亚	26.70	5
蒙古	14.15	2
乌兹别克斯坦	13.01	2
乌克兰	11.58	2
博兹瓦纳	7.35	1
美国	6.29	1
坦桑尼亚	5.82	1

来源：经济合作与发展组织核能机构（OECD/NEA）与国际原子能机构（IAEA）《2016 年铀：资源、生产和需求》。

随着核电的发展，中国对铀的需求量也在逐步增加。目前，中国的铀需求量已经超过5000吨/年，近几年国内铀产量一直维持在1500万吨左右，只能满足约1/3的需求。对此，中国通过国内勘探开发、国外资源控制及国际贸易三条路径保证铀矿资源供给。

中国的铀资源量仅占全球的5%，随着勘探活动的增加，新的资源将被开发，但国内矿山受硬岩资源条件限制，短期内大幅提高产量有一定的难度，其余需求将通过中国在哈萨克斯坦、尼日尔、纳米比亚投资的铀矿以及签订国际贸易采购合同满足。

（二）核电燃料价格

2003年以后，由于全球核电迅速发展，铀需求上升，价格大幅上涨，U_3O_8铀价格曾经达到136美元/磅；2008年金融危机之后，铀价开始下跌；2010年价格回升后，受2011年日本福岛核事故影响，部分国家在核电发展上采取了谨慎态度，铀需求增长速度低于预期，国际铀市场供过于求，近几年价格持续走低，2016年年末，U_3O_8铀的价格已降至20美元/磅以下（见图7－17）。

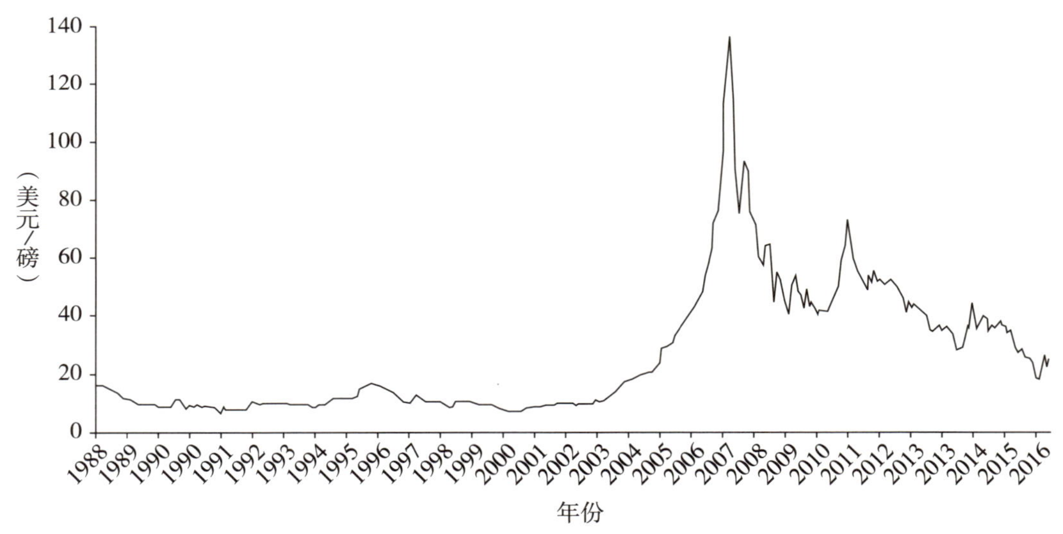

图7－17　1988—2016年全球U_3O_8铀价格情况

注：1tU＝1.1793tU_3O_8。

来源：The Ux Consulting Company，LLC. http：//www.uxc.com/。

在未来的一段时期，虽然中国核电的快速增长将带动一定的铀需求，但是部分国家在核电发展政策上的不确定性将制约铀需求增长，国际铀市场在较长的一段时间内将处于供过于求状态，铀价将在低位徘徊，难以出现大幅上涨。对于需要大量进口铀以满足国内需求的中国来说，较低的铀价将使核电厂燃料成本处于较低水平。

七、核电发展展望

（一）2017 年将有 5 台机组投产，核电开工建设速度可能加快

2017 年，中国将有 5 台核电机组投产，分别是二代技术的福清核电厂 4 号机组、阳江核电厂 4 号机组，以及三代技术的海阳核电厂 1 号机组、三门核电厂 1 号机组、台山核电厂 1 号机组，装机容量 640 万千瓦左右。福清、阳江核电厂 2 台机组投产后，中国在建核电机组中已没有二代技术机组。

根据《“十三五”核工业发展规划》《核电中长期发展规划（2011—2020 年）》中的规划目标，到 2020 年，中国核电投产及在建装机容量达到 8800 万千瓦，其中投运装机容量 5800 万千瓦，在建装机容量 3000 万千瓦。2016 年年底，中国核电投运及在建装机容量合计超过 6100 万千瓦，“十三五”期间新开工规模将接近 3000 万千瓦。2016 年政府未进行核电项目核准，没有新开工核电机组，如到 2020 年实现规划目标，未来核准及开工建设速度将可能加快。

（二）众多拟建项目可支持核电行业快速发展，沿海地区仍是发展重点

中国拟建核电装机规模庞大，众多核电拟建项目能够支持核电行业在较长的一段时间内稳定快速发展。根据相关规划，“十三五”期间中国没有内陆核电开工计划，沿海地区仍是核电发展重点。未来二代和二代改进型机组将不会再在国内开工建设，三代技术机组将得到重点发展。截至 2016 年年底，中国已获路条及处于前期阶段的核电项目装机容量合计超过 30000 万千瓦，其中已获路条的核电项目装机容量为 2962 万千瓦。如不考虑内陆核电项目，中国已获路条及处于前期阶段的沿海核电项目装机容量合计超过 22000 万千瓦，其中已获路条的沿海地区核电项目装机容量为 2212 万千瓦，分布于辽宁、河北、山东、浙江、福建、广东 6 个地区；处于前期阶段的核电项目装机容量超过 20000 万千瓦，厂址数量 44 个，分布于除江苏外的其他 7 个沿海省份（见表 7－8、图 7－18）。

表 7－8　　中国已获路条核电项目情况

项目名称	所在地区	拟用技术	装机容量（万千瓦）
徐大堡核电厂 1 号、2 号机组	辽宁	AP1000	2×125
海兴核电厂 1 号、2 号机组	河北	AP1000	2×125
海阳核电厂 3 号、4 号机组	山东	AP1000	2×125
三门核电厂 3 号、4 号机组	浙江	AP1000	2×125
宁德核电厂 5 号、6 号机组	福建	华龙一号	2×116
漳州核电厂 1～4 号机组	福建	AP1000	4×125
太平岭核电厂 1 号、2 号机组	广东	华龙一号	2×115
陆丰核电厂 1 号、2 号机组	广东	AP1000	2×125
合计	—	—	2212
大畈核电厂 1 号、2 号机组	湖北	AP1000	2×125
桃花江核电厂 1 号、2 号机组	湖南	AP1000	2×125
彭泽核电厂 1 号、2 号机组	江西	AP1000	2×125
总合计	—	—	2962

来源：神华科学技术研究院。

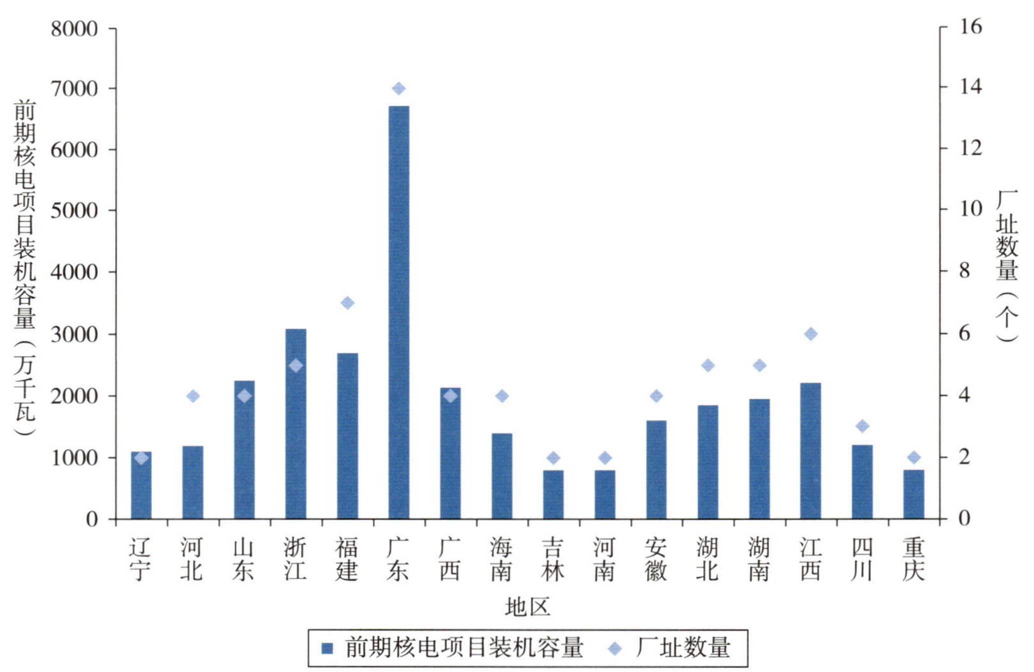

图 7－18　中国各地区前期阶段核电项目情况

来源：神华科学技术研究院。

（三）核电盈利性将出现下降，核电需要降低成本、增强市场竞争能力

未来核电项目的盈利能力将下降，主要原因在于三个方面：一是今后的一段时期，受电力消费难以恢复快速增长、电力供应能力总体过剩、核电装机容量保持快速增长、核电可能会逐步参与到市场化电量竞争以及兼顾调峰任务等众多因素影响，预计核电设备利用小时数将继续下降；二是按照当前核电上网电价政策，承担核电技术引进、自主创新、重大专项设备国产化任务的首台、首批或示范工程机组（即三代核电首批机组及四代核电示范项目）将采取单独定价，后续建设的同类机组上网电价可能仍执行核电标杆电价，上网电价存在不确定性；三是目前二代及二代改进型技术核电机组平均发电成本约为0.3元/千瓦时，而三代技术核电机组的各方面费用都远高于二代及二代改进型技术核电机组，发电成本明显提高。从长期看，核电需要通过规模化、国产化发展，降低建设和运营成本，并通过优化设计和技术改造，适应降负荷及调峰任务，从而增强参与市场竞争的能力，保障盈利性。

（四）大型发电企业将加快核电领域布局，核电投资主体可能向多元化发展

根据政府此前公布的《核电管理条例》（送审稿），其中提出鼓励核电项目投资主体多元化，并首次明确了包括参股项目数量、持有股份比例、参与核电项目建设及运行经验等项目投资主体准入条件。目前，除具有核电运营资质的中广核集团、中核集团、国家电投集团外，华能集团、大唐集团、华电集团、国电集团等大型发电企业已开始在核电领域布局，以参股的形式参与核电建设运营、研发核电技术建设示范项目，并积极开展前期工作、储备核电厂址为未来扩大核电领域布局做准备，其中部分企业已储备了相当数量的厂址资源。未来大型发电企业将加快向核电领域布局的速度以推进企业转型发展，一方面积极参股核电项目，另一方面待《核电管理条例》正式出台后，积极争取核电运营资质，作为投资主体建设运营核电项目。随着满足准入条件的项目投资主体逐步增多，核电由3家企业控股的局面将可能有所改变，投资主体将向多元化发展（见图7－19）。

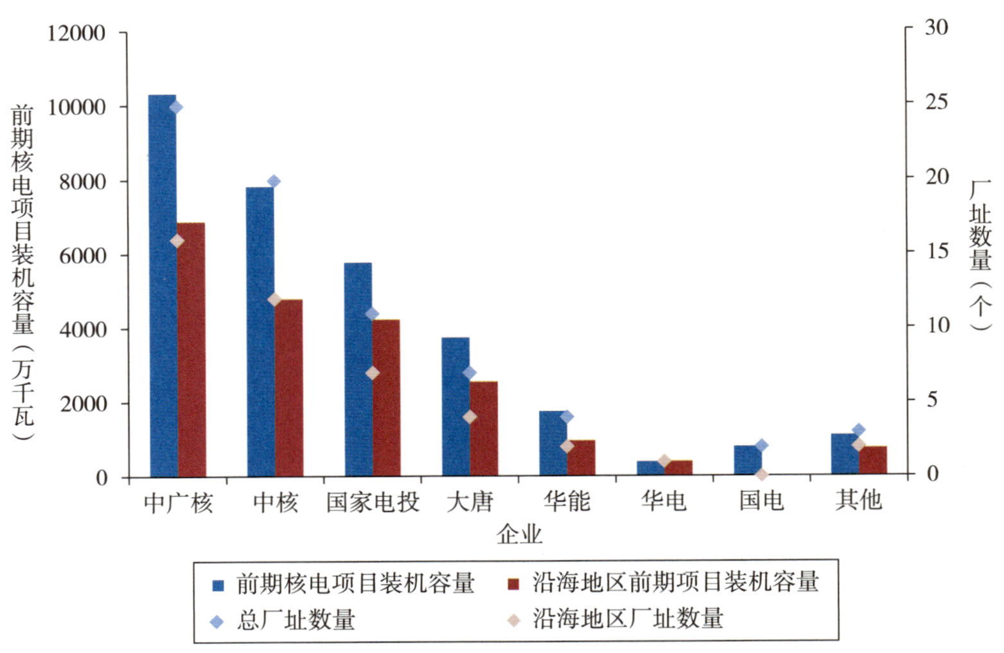

图7－19　中国各企业前期阶段核电项目情况

来源：神华科学技术研究院。

专题二　风电

一、风能资源情况

据中国气象局风能太阳能资源中心发布的《2016 年中国风能太阳能资源年景公报》显示，受寒潮和强冷空气发生频次略偏多等因素影响，2016 年全国地面 10 米高度平均风速较 2004—2013 年均值偏大 0. 68%，属正常稍偏大。2016 年，全国陆地 70 米高度年平均风速约 5. 7m/s，接近于常年均值，年平均风功率密度约为 238. 7 瓦/平方米，超过 300 瓦/平方米的区域主要分布在三北地区、青藏高原和云南的山脊地区；年平均风功率密度超过 200 瓦/平方米的区域分布广泛，包括华东和沿海以及中部地区的山地区域。与 2015 年相比，除了海南、西藏之外，其他地区的年平均风速和年平均风功率密度均有不同程度的增加。

二、风电行业发展现状

（一）风电装机容量

1. 风电累计装机容量保持快速增长

2016 年，中国风电累计吊装装机容量以及累计并网装机容量分别达到 1. 69 亿千瓦和 1. 49 亿千瓦，增速分别为 16. 1% 和 14. 9%（见图 7 -20）。其中，风电累计并网装机容量在全国总装机容量中的比重达到 9%。

2016 年，全球风电累计容量达到 4. 867 亿千瓦。排名前五的分别是中国、美国、德国、印度以及西班牙，合计比重达到 72. 5%。其中，中国风电装机比重高达 34. 7%（见图 7 -21）。

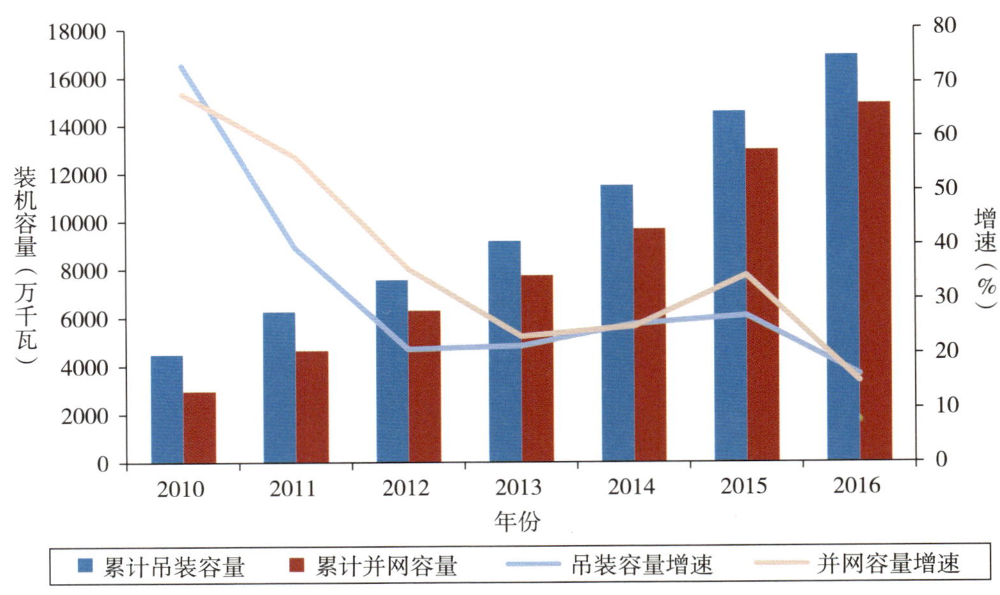

图 7－20　2010—2016 年中国风电累计装机容量及增长情况

注：吊装容量指统计期内风电机组制造企业发货到风电场现场，施工单位完成风电机组（包括基础、塔架、叶片等所有部件）吊装后的装机容量，不考虑是否已经调试运行或并网运行。

来源：中国风能协会、国家能源局。

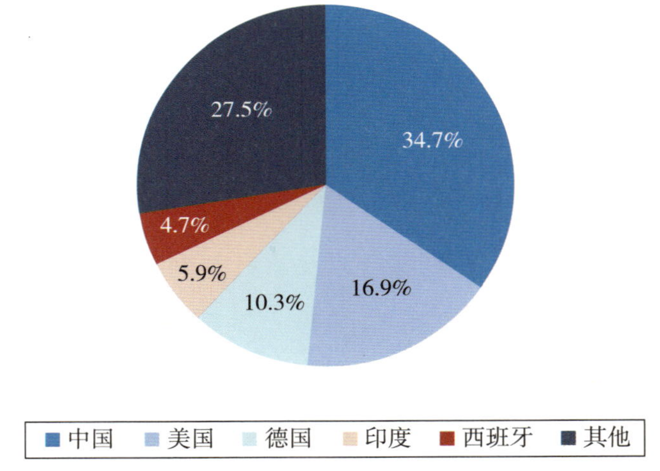

图 7－21　2016 年全球风电累计装机容量排名前五的国家比重情况

来源：中国风能协会、全球风能理事会。

2. 风电新增装机容量回落，依旧保持全球领先

2016 年，中国风电在经历了 2015 年抢装潮后，新增装机容量回落至 2014 年水平，其中，新增吊装容量 2337 万千瓦，新增并网容量 1930 万千瓦，分别较 2015 年减少 738 万千瓦和 1367 万千瓦（见图 7－22）。

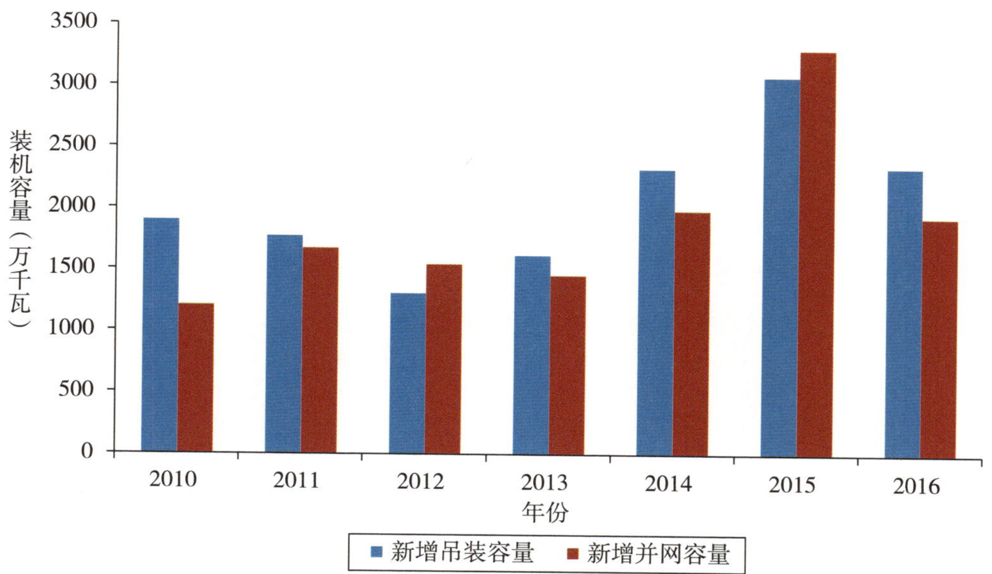

图 7－22 2010—2016 年中国风电新增装机容量

来源：中国风能协会、国家能源局。

虽然中国新增装机容量有所下降，但依旧保持全球领先。此外，美国、德国风电新增装机也保持强劲势头；印度风电新增装机再创新高，排名由 2015 年的第五位升至第四位（见图 7－23）。

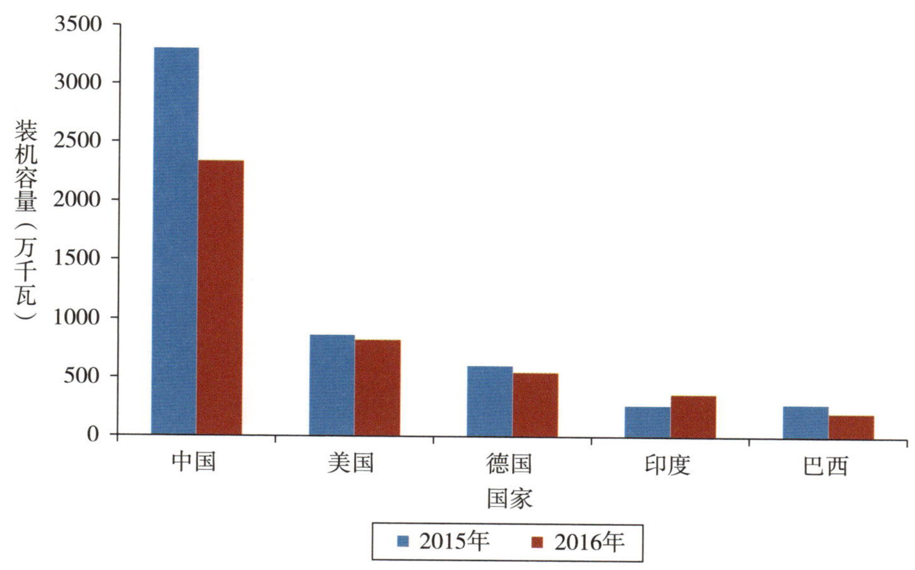

图 7－23 2015—2016 年全球风电新增装机容量排名前五的国家

来源：中国风能协会、全球风能理事会。

3. 内蒙古、新疆、甘肃及河北风电累计并网装机最多

2016 年，内蒙古、新疆、甘肃及河北风电累计并网装机均超过 1000 万千瓦，是风电最为集中的区域。其中，内蒙古并网规模达到 2557 万千瓦，占全国风电并网容量的 17%，居全国首位。宁夏、山东、山西、云南、辽宁、江苏以及黑龙江风电累计并网装机位列第五位至第十位（见图 7 -24）。排名前十的地区风电累计并网装机容量在全国风电累计并网装机总量中的比重达到 80%。

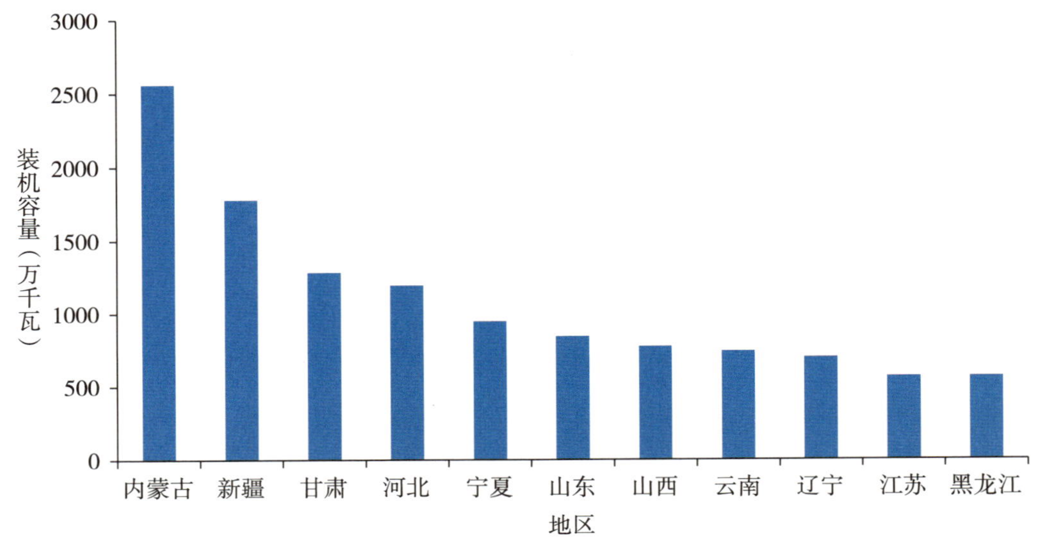

图 7 -24　2016 年中国累计并网装机容量排名前十的地区

来源：国家能源局。

4. 中东部及南部地区风电新增装机增长较快，三北地区风电新增装机大幅下降

2016 年风电新增并网装机容量最多的是云南、河北和江苏，分别为 325 万千瓦、166 万千瓦和 149 万千瓦，其次是内蒙古、宁夏、山东和山西等地区，新增并网装机容量均超过 100 万千瓦。因弃风现象较为严重，国家能源局发布的 2016 年全国风电开发建设方案中要求吉林、黑龙江、内蒙古、甘肃、宁夏、新疆等省（区）暂不安排新增项目建设规模，因此新疆、宁夏、内蒙古、甘肃等地区 2016 年风电新增并网装机容量与 2015 年相比大幅减少。此外，天津、西藏和海南近两年均无风电新增并网装机（见图 7 -25）。

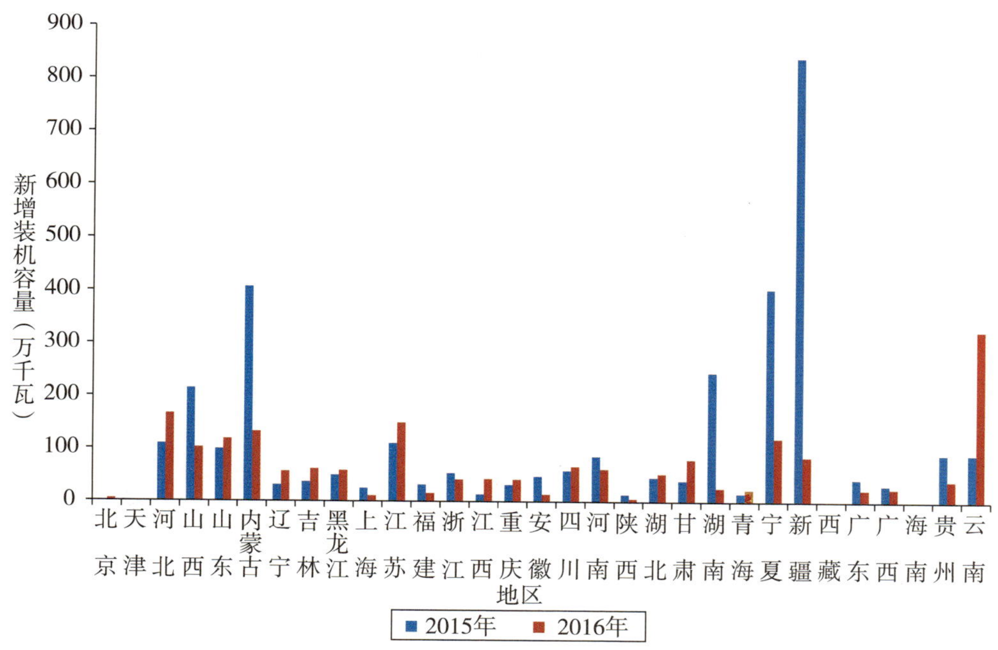

图 7 –25　2015—2016 年中国各地区风电新增并网装机容量

来源：国家能源局。

（二）风电发电量

1. 并网发电量继续快速增长，发电比重不断上升

2016 年，并网风电发电量继续快速增长，达到 2410 亿千瓦时，增速提升至 30%，较 2015 年提高 11.5 个百分点。作为第三大电源，风电发电量在全国总发电量中的比重稳步增长，2016 年突破 4%（见图 7 –26）。

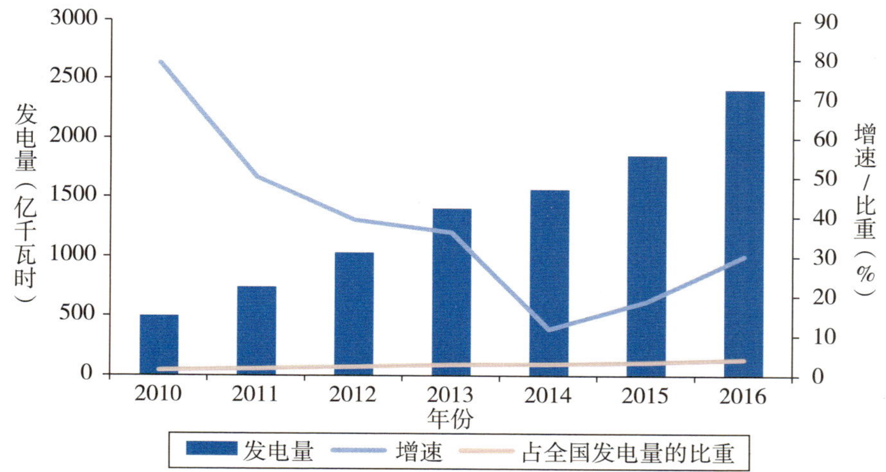

图 7 –26　2010—2016 年中国风电并网发电量、增速及比重情况

来源：中国电力企业联合会。

2. 内蒙古风电发电量及发电比重均居首位

2016 年，风电发电量排名前十的地区见图 7 –27。从风电区域发电情况来看，内蒙古遥遥领先，2016 年风电发电量为 464 亿千瓦时，在内蒙古总发电量中的比重达到 11.8%，均居全国首位。

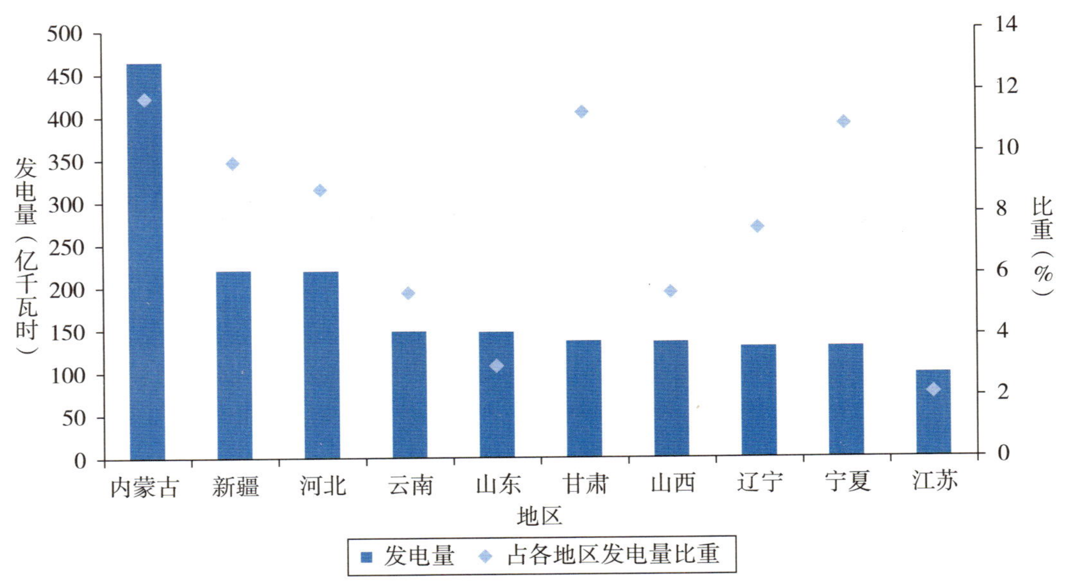

图 7 –27　2016 年中国排名前十的地区风电发电量及在各地区发电量中的比重情况

来源：中国电力企业联合会。

（三）风电设备利用小时数

1. 风电利用小时数低位徘徊，略好于 2015 年

2016 年，风电平均利用小时数为 1742 小时。在风电最低保障性收购等政策的支持下，风电平均利用小时数结束持续下滑态势，但受发电装机快速增长、电网消纳受限等因素影响，风电平均利用小时数仍低位徘徊，同比仅增加 14 小时（见图 7 –28）。

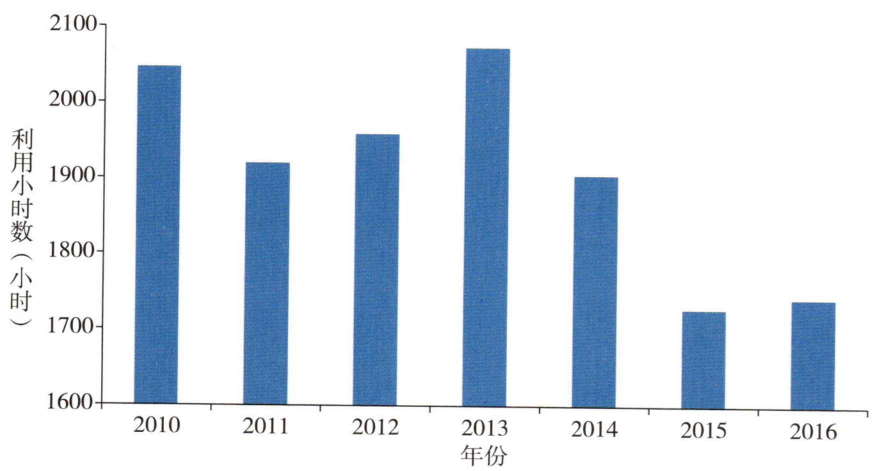

图 7－28　2010—2016 年中国风电平均利用小时情况

来源：中国电力企业联合会。

2. 中东部及南部地区风电利用小时优于西北及东北地区

从区域情况看，中东部及南部地区消纳条件较好，风电利用小时整体优于西北、东北等地区。2016 年，风电平均利用小时数较高的地区是福建、广西、四川和云南，分别为 2503 小时、2365 小时、2247 小时、2223 小时。青海、黑龙江、重庆、宁夏、吉林、新疆以及甘肃风电平均利用小时数低于全国平均水平，其中甘肃最低，仅为 1088 小时（见图 7－29）。

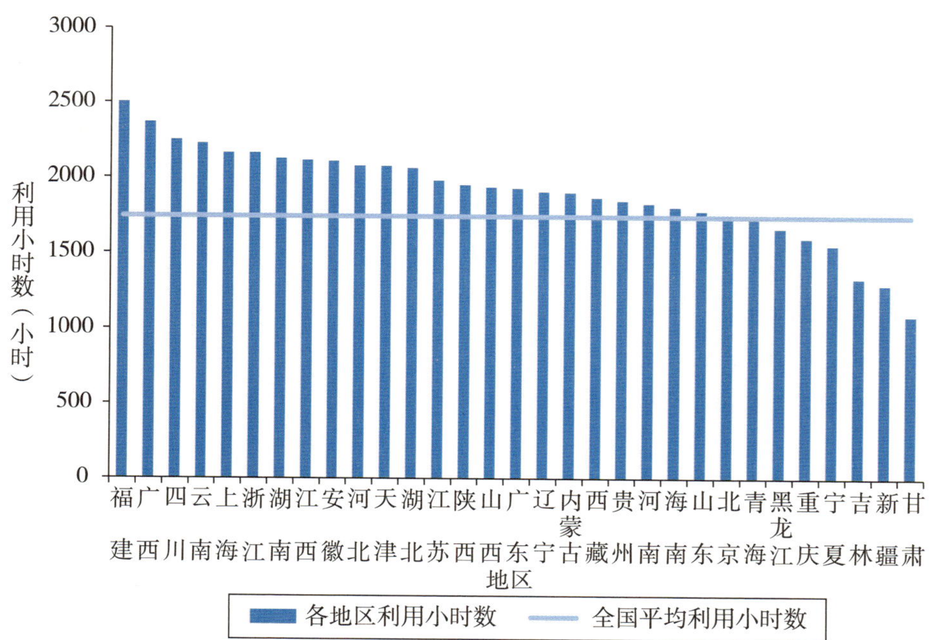

图 7－29　2016 年中国各地区风电平均利用小时数情况

来源：中国电力企业联合会。

在累计并网装机容量超过500万千瓦的12个风电大省中，位于中东部地区的河北、山东、山西以及江苏消纳能力较好，风电平均利用小时同比分别增长269小时、74小时、239小时以及227小时，位于东北的辽宁和黑龙江采取多种措施使得风电平均利用小时同比分别提高149小时和146小时。而内蒙古、新疆、甘肃、宁夏这些西北地区以及吉林由于消纳能力不足，风电平均利用小时同比均有所下降。其中，新疆平均利用小时同比下降最多，达到281小时。此外，云南由于新增风电装机大幅增长，导致平均利用小时同比降低350小时（见图7－30）。

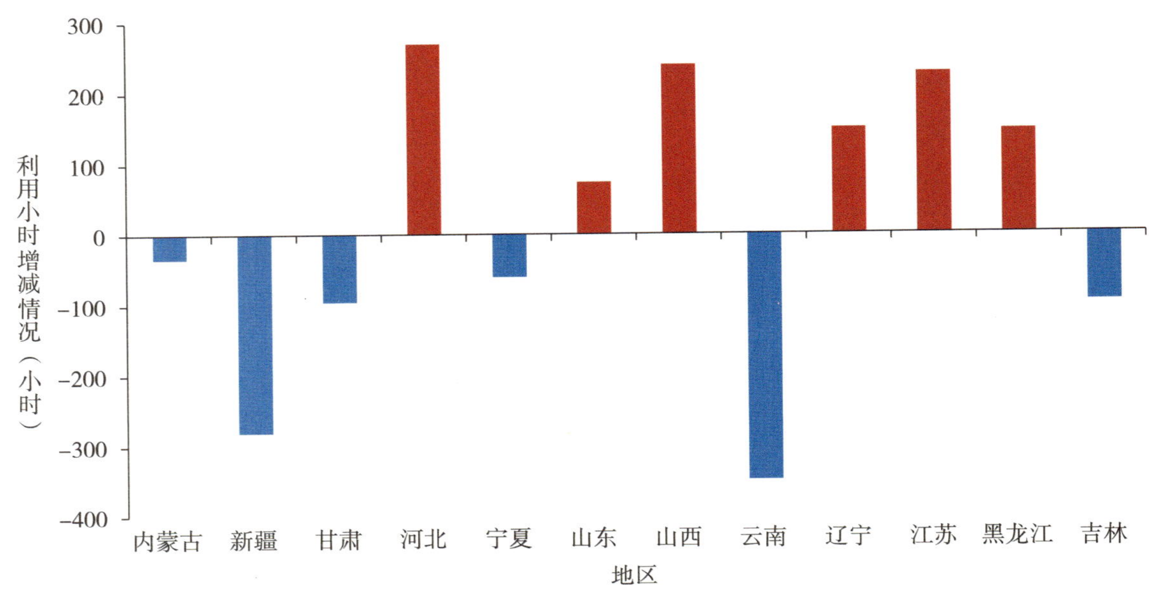

图7－30　2016年中国12个风电大省的风电平均利用小时增减情况

来源：中国电力企业联合会。

（四）弃风限电情况

1. 全国风电弃风限电形势加剧

受电网调峰能力、外送能力不足以及电网与电源建设不匹配的影响，2016年，全国弃风限电情况继续恶化，弃风电量增至497亿千瓦时，弃风率上升至17.1%，较2015年增加1.7个百分点（见图7－31）。

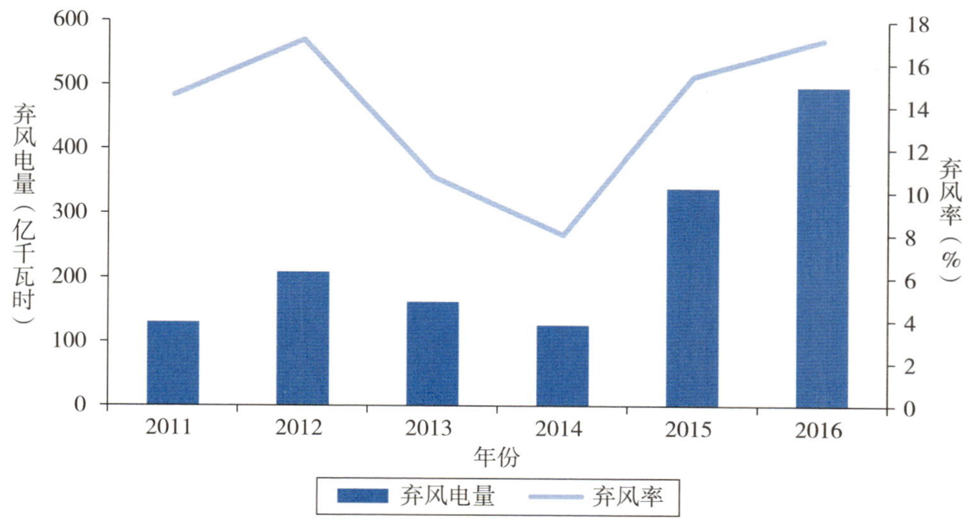

图 7 -31 2011—2016 年中国弃风电量及弃风率情况

来源：国家能源局、中国电力企业联合会。

2. 部分地区弃风限电情况尤为严重

2016 年，全国共 11 个地区出现弃风限电现象，主要集中在三北地区，其弃风电量在弃风总电量中的比重达到 98.8%。弃风电量最多的地区是新疆、内蒙古和甘肃，分别达到 137、124 和 104 亿千瓦时，较 2015 年增长 95.7%、36.3%和 26.8%。

甘肃、新疆、内蒙古、辽宁和山西弃风限电情况进一步恶化，弃风率分别上升至 43%、38%、21%、13%和 9%，较 2015 年增加 3 ~7 个百分点。吉林、黑龙江和河北弃风限电情况较 2015 年略有好转，弃风率分别为 30%、19%和 9%，较 2015 年下降 1 ~2 个百分点（见表 7 -9）。

表 7 -9 2016 年中国各地区弃风限电情况

	弃风电量（亿千瓦时）		弃风率（%）	
	2015 年	2016 年	2015 年	2016 年
甘肃	82	104	39	43
新疆	70	137	32	38
吉林	27	29	32	30
内蒙古	91	124	18	21
黑龙江	19	20	21	19
辽宁	12	19	10	13
宁夏	13	19	13	13
河北	19	22	10	9

（续表）

	弃风电量（亿千瓦时）		弃风率（%）	
	2015 年	2016 年	2015 年	2016 年
山西	3	14	2	9
陕西	0	2	0	7
云南	3	6	3	4

来源：国家能源局。

（五）风电投资及运营商情况

1. 风电行业投资大幅下降，投资区域重心发生转移

在经历2015 年抢装潮带来的投资高潮后，2016 年风电投资出现大幅下降，总计投资完成896 亿元，同比下降25.3%，投资额在电源工程投资中的比重降至26.1%（见图7－32）。其中，西部以及东北地区投资同比下降49.7%和46.8%；东部及中部地区投资同比分别增长35.1%和13.1%，在全国风电投资中的合计比重达到53.9%，较2015 年提高22 个百分点（见图7－33）。

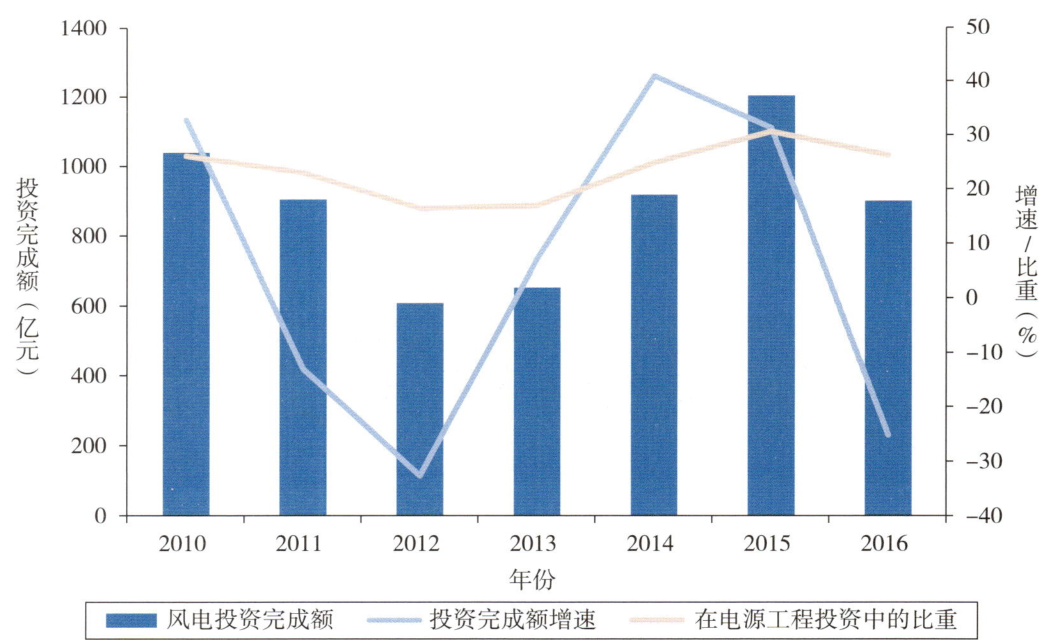

图7－32　2010—2016 年中国风电投资完成额以及增长、比重情况

来源：中国电力企业联合会。

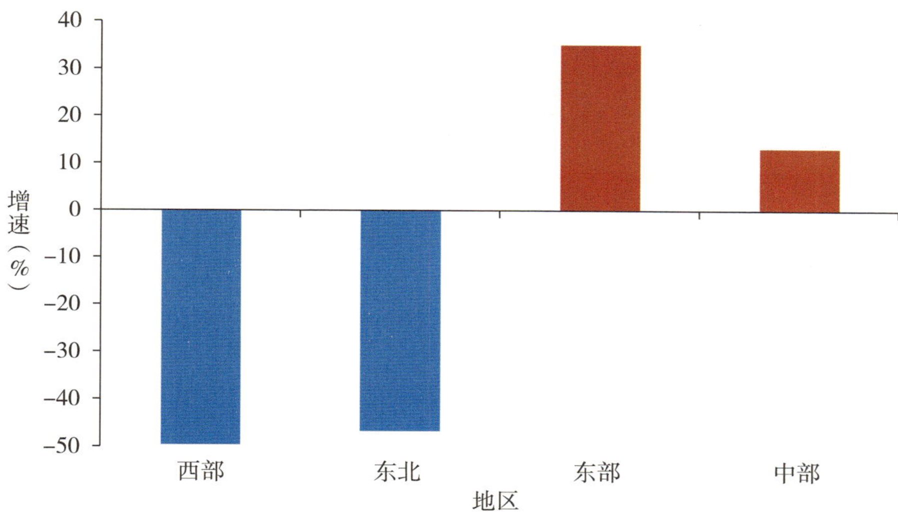

图 7－33 2016 年中国各地区风电投资增长情况

来源：中国电力企业联合会。

2. 风电行业集中度进一步下降，国电依旧遥遥领先

随着行业竞争加剧，风电行业集中度逐年下降。2016 年，累计装机排名前十的风电运营商合计市场份额进一步下滑至 69.4%，较 2015 年减少 1.8 个百分点（见图 7－34）。其中，国电累计装机及新增装机排名保持第一（见图 7－35、图 7－36）。

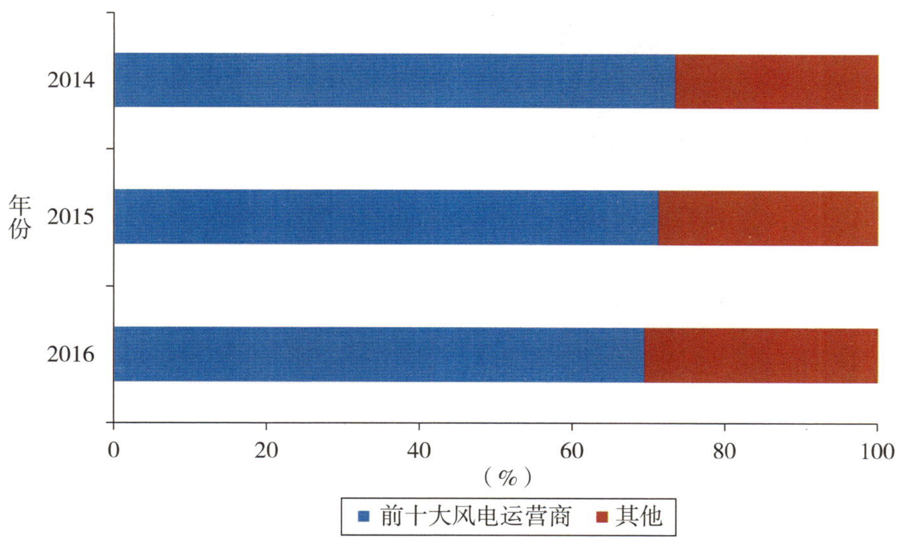

图 7－34 2014—2016 年中国累计装机排名前十的风电运营商市场份额

来源：中国风能协会。

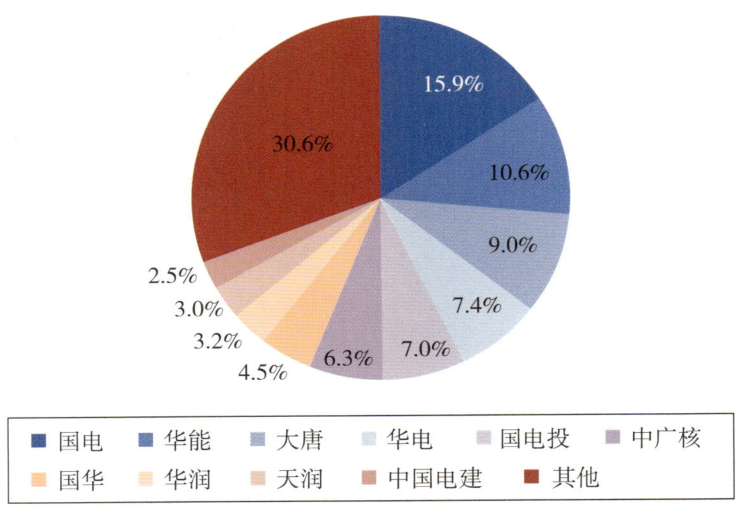

图 7－35　2016 年中国累计装机排名前十的风电运营商市场份额

注：国电集团的统计为龙源、国电电力及其他分公司的数据之和；华能集团的统计为华能新能源和其他分公司数据之和；华电集团的统计为华电国际、华电新能源及其他分公司数据之和；华润集团的统计为华润电力和华润新能源的数据之和；天润的统计为天润和天源的数据之和；中国电建统计为中水电、中水顾问和中水建数据之和。

来源：中国风能协会。

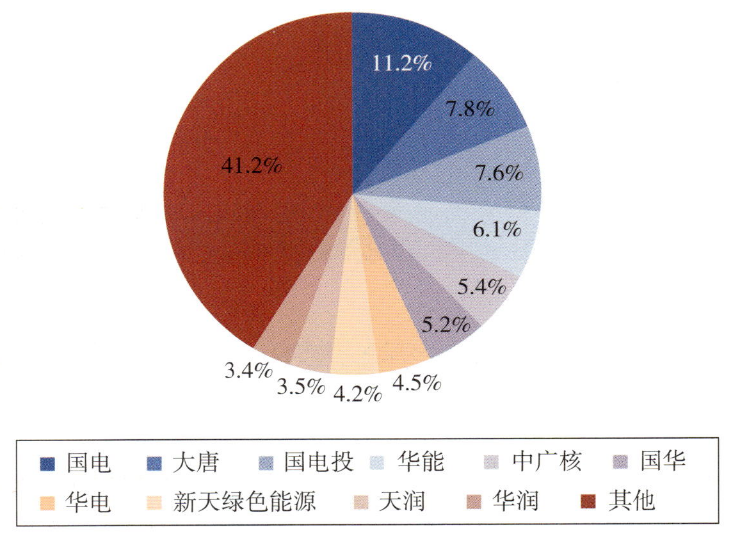

图 7－36　2016 年中国新增装机排名前十的风电运营商市场份额

注：国电集团的统计为龙源、国电电力及其他分公司的数据之和；华能集团的统计为华能新能源和其他分公司数据之和；华电集团的统计为华电国际、华电新能源及其他分公司数据之和；华润集团的统计为华润电力和华润新能源的数据之和；天润的统计为天润和天源的数据之和；中国电建统计为中水电、中水顾问和中水建数据之和。

来源：中国风能协会。

三、海上风电发展现状

（一）海上风能资源

中国近海风能资源丰富，大陆海岸线超过 1.8 万千米，居世界第四位，可利用海域面积高达 300 多万平方千米。此外，海上风能质量较好，据测算中国近海 70m 高度年平均风功率密度可达 300 瓦/平方米以上、大于 6m/s 风速的累计小时数可达 4000 小时，其中台湾海峡和东海南部风功率密度超过 500 瓦/平方米、大于 6m/s 风速的累计小时数可达 5000 小时，相当于内蒙古、新疆、甘肃等地区的陆上风能资源的水平。根据国家气象局风能太阳能资源评估中心数据显示，中国 5 米到 25 米水深线以内近海区域、海平面以上 50 米高度的海上风电开发潜力约 2 亿千瓦。

（二）海上风电装机

1. 海上风电装机容量继续增长

自 2007 年首台试验样机在渤海湾装机、2010 年首台海上风电场投产后，中国海上风电的装机容量持续增长。2016 年，中国海上风电累计吊装容量达到 163 万千瓦，超过丹麦成为全球海上风电第三大国。2016 年，中国海上风电新增装机 154 台，新增吊装容量再创新高，达到 59 万千瓦，同比增长 64%（见图 7 –37、图 7 –38）。

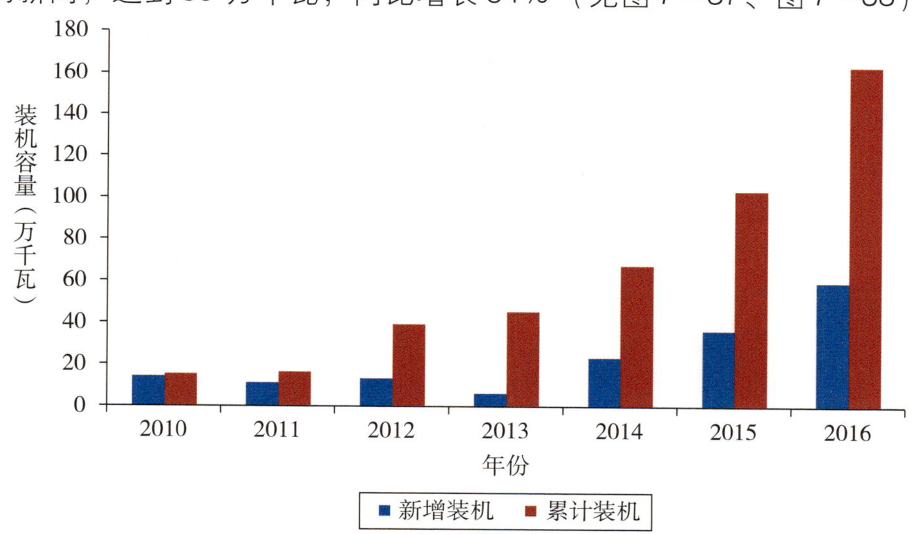

图 7 –37　2010—2016 年中国新增及累计海上风电吊装容量

来源：中国风能协会。

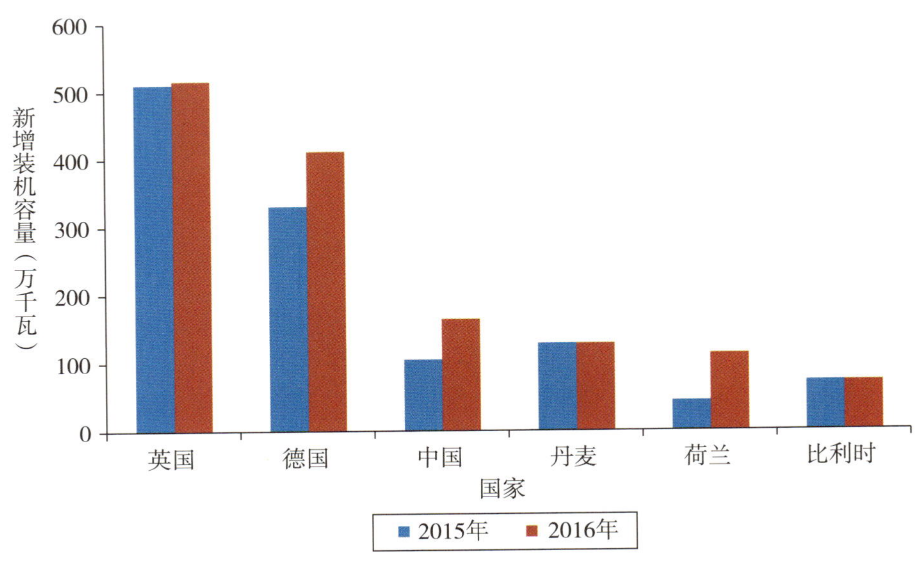

图 7 -38　2015—2016 年全球主要海上风电国家累计吊装容量

来源：中国风能协会。

2. 单机容量以 4MW 为主

截至 2016 年年底，中国海上风电累计吊装容量中，以单机容量 4MW 机组为主力机型，累计装机容量达到 74 万千瓦，占海上装机容量的 45.5%，其次是 3MW 机组，装机容量的比重为 14%。目前海上风电单机最大容量为 6MW（见图 7 -39）。

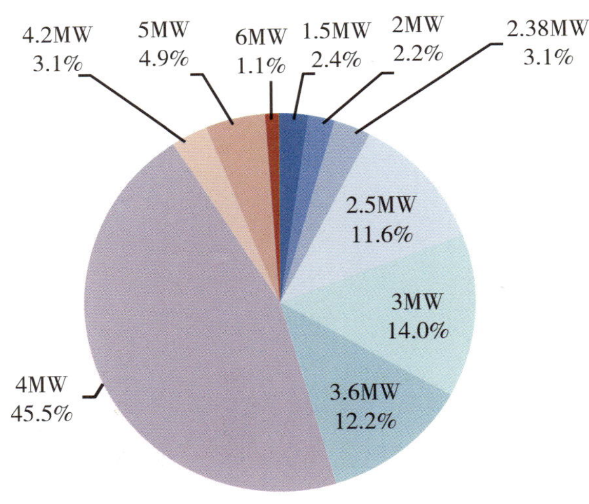

图 7 -39　2016 年中国海上风电各类功率机组累计装机容量比重

来源：中国风能协会。

（三）海上风电项目进展情况

2010—2015 年，中国海上风电项目进展总体较为缓慢，投产项目 6 个（含 3 个扩建项目），并网装机容量 67.32 万千瓦。2016 年，海上风电项目建设进度明显加快，新建成投产项目 5 个，并网装机容量 70.4 万千瓦，累计并网装机容量达到 137.72 万千瓦，主要分布在江苏、上海、福建等沿海地区（见表 7－10）。截至 2016 年年底，中国海上风电在建项目 10 个，在建规模约 200 万千瓦（见表 7－11）；已核准项目约 7 个，合计约 220 万千瓦（见表 7－12）。此外，已纳入国家能源局的海上风电开发建设方案中的多个项目正在开展前期工作。海上风电项目建设进入快车道。

表 7－10　中国海上风电投运项目情况

项目名称	运营商	装机容量（万千瓦）	装机台数	投产时间
上海东海大桥风电场一期	上海东海风力发电公司	10.2	34	2010.2
江苏如东潮间带示范风电场	国电龙源	15	58	2011.12
江苏如东潮间带增容项目	国电龙源	5	20	2012.1
		4.9	11	2014.1
江苏如东海上风电场一期	中水电	2	10	2014.5
上海东海大桥风电场二期	上海东海风力发电公司	10.22	28	2014.11
江苏如东海上风电扩建工程	国电龙源	5.6	14	2014.12
		14.4	36	2015.6
江苏滨海北 H1#100MW 海上风电场	国电投	10	25	2016.6
福建莆田平海湾海上风电场一期	福建投资集团	5	10	2016.7
江苏如东海上风电示范项目	中广核	15.2	38	2016.9
江苏响水近海风电项目	中国长江三峡集团公司	20.2	55	2016.10
江苏东台海上风电项目	鲁能集团	20	50	2016.12

来源：神华科学技术研究院。

表 7－11　　中国海上风电在建项目

省份	项目名称	运营商	装机容量（万千瓦）	开工时间
江苏	华能江苏如东海上风电场项目	华能集团	30	2015. 7
	蒋家沙海上风电项目	国电龙源	30	2015. 8
	江苏滨海 300MW 海上风电项目	大唐集团	30	2015. 12
	国电江苏大丰海上风电项目	国电龙源	20	2013. 12
广东	珠海桂山海上风电场示范项目	南方海上风电联合开发有限公司	12	2016. 9
天津	天津南港海上风电一期	中水电	9	2016. 11
上海	临港海上风电一期工程	申能新能源公司	10	2015. 1
	临港海上风电二期工程		10. 08	2015. 12
浙江	国电舟山普陀 6 号海上风电场	国电电力	25. 2	2016. 12
福建	福建莆田平海湾海上风电场二期	福建投资集团	25	2014. 7

来源：神华科学技术研究院。

表 7－12　　中国海上风电已核准项目

项目名称	运营商	装机容量（万千瓦）	核准时间
江苏东台 H2#海上风电场项目	神华集团国华（江苏）风电有限公司	30	2015. 7
唐山乐亭菩提岛海上风电场 300MW 工程示范项目	乐亭建投风能有限公司	30	2013
江苏滨海北区 H2 #400MW 海上风电场	国电投	40	
唐山乐亭月坨岛海上风电场一期	国电电力	30	2015. 1
江苏海装如东 H3 #300MW 海上风电场	盛东如东海上风力发电有限公司	30	2016. 11
福建平潭大练 30 万千瓦海上风电项目	中广核	30	2016. 11
福建福清海坛海峡 300MW 海上风电场项目	华电集团	30	2016. 12

来源：神华科学技术研究院。

四、风电上网电价与成本情况

（一）风电上网电价

1. 陆上风电标杆上网电价继续下调

2015 年 12 月，国家发展和改革委员会下发《关于完善陆上风电光伏发电上网标杆电价政策的通知》，确定了 2016 年和 2018 年的风电上网电价。2016 年 12 月，国家发展和改革委员会发布《关于调整光伏发电陆上风电标杆上网电价的通知》，将 2018 年风电各类资源区标杆上网电价调整至 0. 40 元、0. 45 元、0. 49 元和 0. 57 元，较 2015 年年底确定的价格有所下降（见表 7 －13）。

表 7 －13　中国陆上风力发电上网标杆电价　单位：元/千瓦时（含税）

资源区	上网标杆电价					各资源区所包括的地区
	2009 年 8 月 1 日起	2015 年	2016 年	2018 年（2015）	2018 年（2016）	
Ⅰ类资源区	0. 51	0. 49	0. 47	0. 44	0. 40	内蒙古自治区除赤峰市、通辽市、兴安盟、呼伦贝尔市的其他地区；新疆维吾尔自治区乌鲁木齐市、伊犁哈萨克族自治州、克拉玛依市、石河子市
Ⅱ类资源区	0. 54	0. 52	0. 50	0. 47	0. 45	河北省张家口市、承德市；内蒙古自治区赤峰市、通辽市、兴安盟、呼伦贝尔市；甘肃省张掖市、嘉峪关市、酒泉市、云南省（2016 补入）
Ⅲ类资源区	0. 58	0. 56	0. 54	0. 51	0. 49	吉林省白城市、松原市；黑龙江省鸡西市、双鸭山市、七台河市、绥化市、伊春市，大兴安岭地区；甘肃省除张掖市、嘉峪关市、酒泉市以外其他地区；新疆维吾尔自治区除乌鲁木齐市、伊犁哈萨克族自治州、昌吉回族自治州、克拉玛市、石河子市以外其他地区；宁夏回族自治区

（续表）

资源区	上网标杆电价					各资源区所包括的地区
	2009 年 8 月 1 日起	2015 年	2016 年	2018 年（2015）	2018 年（2016）	
Ⅳ类资源区	0.61	0.61	0.60	0.58	0.57	除Ⅰ类、Ⅱ类、Ⅲ类资源区以外的其他地区

注：2018 年 1 月 1 日以后核准并纳入财政补贴年度规模管理的陆上风电项目执行 2018 年的标杆上网电价。两年核准期内未开工建设的项目不得执行该核准期对应的标杆电价。2018 年以前核准并纳入以前年份财政补贴规模管理的陆上风电项目但于 2019 年年底前仍未开工建设的，执行 2018 年标杆上网电价。2018 年以前核准但纳入 2018 年 1 月 1 日之后财政补贴年度规模管理的陆上风电项目，执行 2018 年标杆上网电价。

来源：国家发展和改革委员会。

2. 明确海上风电标杆上网电价仍保持不变

《关于调整光伏发电陆上风电标杆上网电价的通知》中明确了海上风电标杆上网电价：对非招标的海上风电项目，区分近海风电和潮间带风电两种类型确定上网电价。近海风电项目标杆上网电价为 0.85 元/千瓦时，潮间带风电项目标杆上网电价为 0.75 元/千瓦时。海上风电上网电价高出当地燃煤机组标杆上网电价（含脱硫、脱硝、除尘电价）部分通过国家可再生能源发展基金予以补贴。

（二）风电成本情况

1. 陆上风电单位造价降幅逐渐放缓

根据水电水利规划设计总院的《风电项目建设报告》统计，2015 年，中国陆上投产风电项目单位造价为 8356 元/千瓦，较 2014 年下降 3%。其中，南方地区受复杂多变的地形与气候环境以及低风速等因素影响，单位造价在各地区中最高，但 2015 年降幅最大，下降约 9 个百分点；西北地区风能资源丰富、地形较为平坦，单位造价在各地区中最低，但下降空间有限，2015 年降幅最小，下降约 0.7 个百分点（见图 7 -40）。

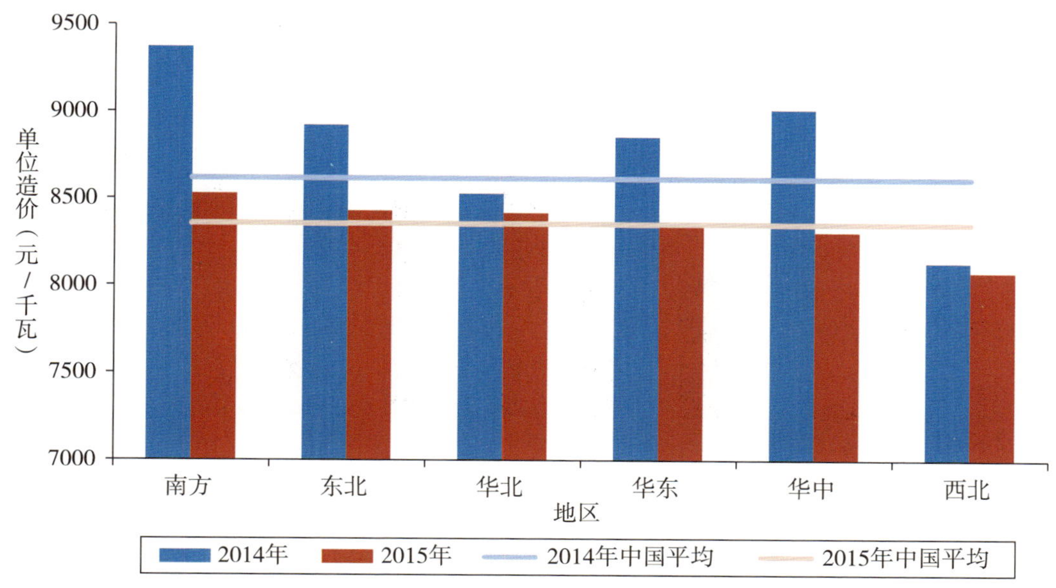

图 7－40　2014—2015 年中国陆上投产风电项目单位造价情况

来源：国网能源研究院、水电水利规划设计总院的《风电项目建设报告》。

根据彭博新能源的统计，2016 年上半年，中国陆上风电单位投资成本（Capex）约为 1350 美元/千瓦，较 2015 年的单位投资成本几乎无变化。风电单位投资成本降幅放缓，一方面是由于风电机组设备价格下降空间逐渐缩小，另一方面则由于中东部及南方地区风电开发项目增多，建设成本、征地成本和其他费用上升。2016 年下半年，中国陆上风电单位投资成本约为 1180 美元/千瓦，较上半年有所下降，主要由单位投资成本测算调整、剔除了输配电成本部分所致。

2. 陆上风电度电成本处于亚太地区最低水平

2016 年上半年，中国陆上风电平均平准化度电成本（LCOE）约为 0. 076 美元/千瓦时（约合 0. 50 元/千瓦时），2016 年下半年降至 0. 068 美元/千瓦时（约合 0. 45 元/千瓦时），主要是由单位投资成本测算调整所致。得益于较低的单位投资成本和融资成本，中国陆上风电平均平准化度电成本处于亚太地区最低水平（见图 7－41）。

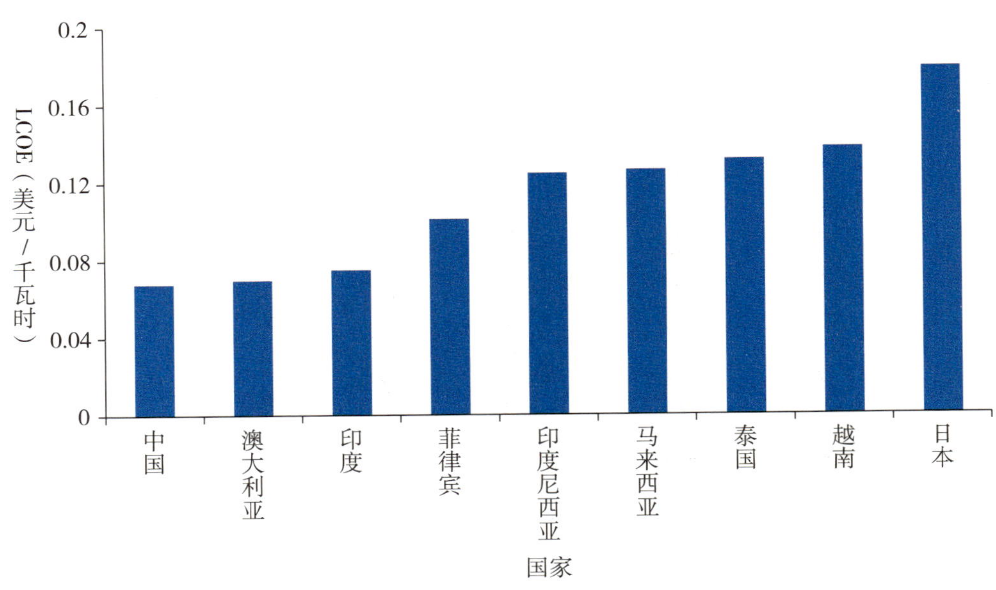

图7－41 2016年下半年亚太地区国家陆上风电度电成本情况

来源：彭博新能源。

3. 海上风电成本高昂

按照《风电发展“十三五”规划》中的测算，目前中国海上风电单位造价为16000元/千瓦。根据彭博新能源的统计，2016年下半年，中国海上风电平准化度电成本（LCOE）约为0.10~0.12美元/千瓦时（约合0.66~0.80元/千瓦时），是燃煤发电度电成本的两倍以上。

五、风电行业面临的主要问题

（一）弃风限电形势依然严峻

为了应对日益严重的弃风限电现象，2016年国家陆续出台了多个政策促进风电消纳，例如建立调峰辅助服务新机制、开拓风电供热方式、鼓励直接交易、全额保障性收购等，缓解了部分地区的弃风限电问题。但由于甘肃、新疆和内蒙古等风电大省的风电建设速度、并网规模增速大大高于本地区的电力消纳能力，也超出电网的跨省跨区输电能力和系统调峰能力的增长速度，加上全额保障性收购落实不彻底，弃风限电情况进一步加剧。吉林和黑龙江等东北地区还受到冬季供热机组无法深度调峰导致的弃风（见表7－14）。

表 7－14　　2016 年中国风电消纳相关政策

时间	机构	政策及措施	主要内容
2016 年 2 月 5 日	能源局	《关于做好“三北”地区可再生能源消纳工作的通知》	推动可再生能源就近消纳，鼓励可再生能源发电企业参与市场直接交易
2016 年 2 月 29 日	能源局	《关于建立可再生能源开发利用目标引导制度的指导意见》	制定各省（区、市）能源消费总量中的可再生能源比重目标和全社会用电量中的非水电可再生能源电量比重指标。鼓励各省（区、市）能源主管部门制定本地区更高的可再生能源利用目标
2016 年 3 月 10 日	能源局	《关于推动电储能参与“三北”地区调峰辅助服务工作的通知（征求意见稿）》	促进辅助服务分担共享新机制建立，减少弃风、弃光，满足民生供热需求。鼓励发电企业、售电企业、电力用户、独立辅助提供商等投资电储能设施。着力解决“三北”地区电力系统调峰问题
2016 年 3 月 11 日	能源局	《关于做好 2016 年度风电消纳工作有关要求的通知》	推动建立可再生能源消纳的跨省跨区电力交易机制和辅助服务共享机制。严格控制弃风严重地区各类电源建设节奏。认真落实可再生能源发电全额保障性收购制度。深入挖掘系统消纳风电的潜力。积极开拓风电供暖等风电消纳方式
2016 年 3 月 17 日	能源局	《关于下达 2016 年全国风电开发建设方案的通知》	2016 年全国风电开发建设总规模 3083 万千瓦。吉林、黑龙江、内蒙古、甘肃、宁夏、新疆（含兵团）等省（区）暂不安排新增项目建设规模
2016 年 3 月 24 日	国家发展和改革委员会	《关于印发〈可再生能源发电全额保障性收购管理办法〉的通知》	电网企业（含电力调度机构）根据国家确定的上网标杆电价和保障性收购利用小时数，全额收购规划范围内的可再生能源发电项目的上网电量
2016 年 4 月 5 日	国家发展和改革委员会	《关于同意甘肃省、内蒙古自治区、吉林省开展可再生能源就近消纳试点方案的复函》	三省将在扩大可再生能源外送的基础上，完善可再生能源消纳市场机制，优先安排可再生能源参与直接交易
2016 年 5 月 27 日	国家发展和改革委员会能源局	《关于做好风电、光伏发电全额保障性收购管理工作的通知》	核定最低保障收购年利用小时数。积极组织风电发电企业与售电企业或电力用户开展对接，确保最低保障收购年利用小时数以外的电量能够以市场化的方式全额消纳

（续表）

时间	机构	政策及措施	主要内容
2016 年 6 月 21 日	能源局	《关于推动东北地区电力协调发展的实施意见》	严格控制煤电新增规模及建设节奏，科学控制风电新增规模及建设节奏，弃风限电比例超过 20% 的地区不得安排新的建设项目
2016 年 7 月 14 日	国家发展和改革委员会 能源局	《关于可再生能源调峰机组优先发电试行办法的通知》	在全国范围内通过企业自愿、电网和发电企业双方约定的方式确定部分机组为可再生能源调峰；在履行正常调峰义务基础上，可再生能源调峰机组优先调度，按照“谁调峰、谁受益”原则，建立调峰机组激励机制
2016 年 7 月 18 日	能源局	《关于建立监测预警机制促进风电产业持续健康发展的通知》	风电投资监测预警机制的指标体系分为政策类指标、资源和运行类指标、经济类指标。最终风险预警结果由三类指标加权平均确定。预警程度由高到低分为红色、橙色、绿色三个等级

来源：神华科学技术研究院。

（二）补贴存资金缺口和发放滞后问题

风电行业的快速发展离不开补贴的有力支持。但随着风电装机规模的不断扩大，补贴资金缺口问题越发明显。据估算，截至 2016 年上半年，可再生能源电价补贴资金缺口约 550 亿元，截至 2016 年年底超过 600 亿元，预计到 2020 年以前达到 3000 亿元。此外，补贴不能及时到位也是制约风电行业发展的一个主要问题。2016 年 8 月，国家财政部、国家发展和改革委员会、能源局联合公布了第六批可再生能源电价附加资金补助目录。进入第六批补助目录的项目只能拿到 2013 年至 2015 年 4 月的电价补贴。多数风电企业的补贴发放滞后 2 ~3 年，严重影响了企业的现金流。

（三）陆上风电面临竞争加剧的挑战

随着开发成本的下降，陆上风电快速发展，成为中国发电结构中的重要组成部分。但较传统化石能源发电而言，陆上风电成本仍较高，且在风电布局转移过程中成本降幅放缓甚至有成本上升的趋势。除与传统化石能源发电相比竞争力不足之外，陆上风电还受到来自光伏发电的冲击。近几年，光伏发电成本大幅下降，2016 年平均单位投资成本已低于陆上风电。在原材料成本下降、技术工艺升级等因素的推动下，光伏组件成本将继续快速降低，陆上风电将面临更为严峻的竞争压力。

六、风电行业发展展望

（一）行业发展前景依然广阔

国家能源局制定的《风电发展“十三五”规划》中提出，到2020年风电累计装机将达到2.1亿千瓦，新增装机容量8000万千瓦以上。如要实现规划目标，风电年均新增装机需超过1600万千瓦。根据国家能源局下发的《2017年能源工作指导意见》，2017年风电项目建设将稳步推进，计划安排新开工建设规模2500万千瓦，新增装机规模2000万千瓦；进入前期工作的风电项目规模2500万千瓦。由此可见，风电行业将依然保持较为强劲的发展势头。

（二）开发布局逐步转移

“三北”地区一直是陆上风电开发的主战场，但在弃风限电情况日益加重的压力下，风电发展逐渐放缓。风电开发布局将逐步转移到华东、华中和南方区域。《可再生能源发展“十三五”规划》提出，加快中东部和南方地区陆上风电规模化开发，新增风电装机中，中东部地区约占56%。国家能源局下发的《2017年能源工作指导意见》中也指出，要优化风电建设开发布局，新增规模重心主要向中东部和南方地区倾斜。

（三）弃风与补贴问题将长期存在，有望逐步好转

弃风与补贴作为制约风电发展的两大问题，短时间内难以解决，但国家已密集出台多项举措加以化解。针对弃风问题，《2017年能源工作指导意见》中提出，对弃风率超过20%的省份暂停安排新建风电规模。按照《国家能源局关于发布2017年度风电投资监测预警结果的通知》中规定，位于红色预警区域的甘肃、新疆（含兵团）、吉林、内蒙古、黑龙江、宁夏等省（区）2017年不得核准新的风电项目。除严控重点地区增量外，跨区跨省电网输送通道的投运、提升调峰能力的抽蓄电站建成以及增加燃煤电站

调峰能力的灵活性改造将加强存量的消纳，长期来看弃风限电现象有望逐步好转。

针对补贴问题，2017 年 2 月发布《关于试行可再生能源绿色电力证书核发及自愿认购交易制度的通知》，将自 2017 年 7 月 1 日起正式开展可再生能源绿色电力证书认购，并自 2018 年起适时启动可再生能源电力配额考核和绿色电力证书强制约束交易，通过绿色电力证书认购增加补贴资金的来源，以弥补资金缺口并缓解补贴滞后的局面。

（四）电价下调体现区域倾斜，将影响核准装机

目前确定的 2018 年陆上风电上网电价中，大部分位于三北地区的Ⅰ～Ⅲ类资源区较现行上网电价分别下调 15%、10% 和 9%，而大部分位于中东部及南方地区的Ⅳ类资源区电价仅下调 5%。从电价调整幅度来看，政策更偏向于引导、促进中东部和南方地区的风电发展。此次电价调整还将云南省由Ⅳ类资源区调整至Ⅱ类资源区，其 2018 年风电上网电价将由 0.6 元下调至 0.45 元，降幅高达 25%。此外，新的电价政策中，风电项目在 2018 年 1 月 1 日前核准并纳入财政补贴年度规模管理，且在 2019 年年底之前开工仍可享受现行上网电价。受此影响，2017 年中国尤其是云南省风电核准装机容量将大幅上升。

（五）海上风电发展步伐将加快

由于海上风电开发经验相对缺乏，且开发成本、风险大于陆上风电，中国海上风电发展较为缓慢。在经历前期的探索阶段后，"十三五"期间海上风电发展步伐将加快。《风电发展"十三五"规划》中提出，"十三五"期间，海上风电新增容量 400 万千瓦以上，开工建设规模达到 1000 万千瓦，累计并网容量达到 500 万千瓦以上。海上风电建设将重点集中在江苏、浙江、福建、广东等地区（见表 7－15）。

表 7－15　　2020 年中国海上风电开发布局　　单位：万千瓦

	地区	累计并网容量	开工规模
1	江苏省	300	450
2	福建省	90	200
3	浙江省	30	100

（续表）

	地区	累计并网容量	开工规模
4	广东省	30	100
5	上海市	30	40
6	海南省	10	35
7	天津市	10	20
8	河北省	—	50
9	辽宁省	—	10
合计		500	1005

专题三　太阳能发电

一、太阳能资源情况

据中国气象局风能太阳能资源中心发布的《2016 年中国风能太阳能资源年景公报》显示，受平均降雨日数比常年偏高约 6.1% 等因素影响，2016 年中国陆地表面平均水平面总辐射年辐照量约为 1478.2 千瓦时/平方米，最佳斜面总辐射年辐照量约为 1712.7 千瓦时/平方米，平均固定式光伏电站首年利用小时数为 1370.3 小时，分别较 2004—2013 年平均值偏低 1.5%、3.4% 和 3.4%。其中，新疆东部、西藏中西部、青海大部、甘肃西部、内蒙古西部水平面总辐射年辐照量超过 1750 千瓦时/平方米，太阳能资源最为丰富，四川东部、重庆、贵州中东部、湖南及湖北西部水平面总辐射年辐照量不足 1050 千瓦时/平方米，太阳能资源一般。2016 年，新疆东南部、青藏高原、甘肃西部、内蒙古、四川西部等地区最佳斜面总辐射年总量超过 1800 千瓦时/平方米，首年利用小时数大于 1500 小时，部分地区超过 1800 小时。

二、光伏发电发展现状

（一）光伏发电装机容量

1. 光伏装机规模迅速扩大

2016 年，光伏发电累计装机容量达到 7742 万千瓦，同比增长 81%，在全国总装机容量中的比重增长至 4.7%，较 2015 年提高 1.9 个百分点，超过燃气发电成为中国第四大发电装机类型。受光伏上网电价下调的影响，大量光伏项目抢在 2016 年 6 月 30 日前投运以享受下调前的电价，使得 2016 年光伏发电新增装机容量再创新高，达到 3454 万千瓦，同比增长 133%（见图 7 -42）。

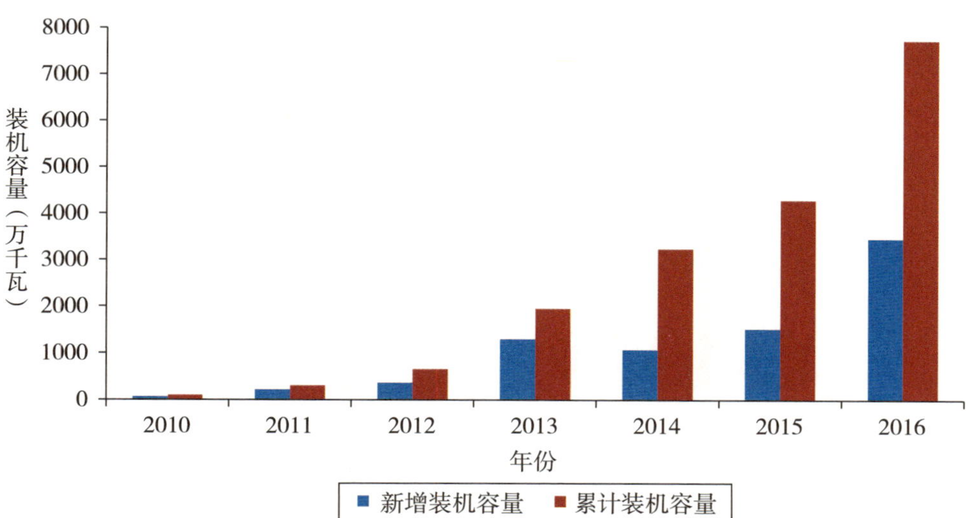

图 7－42 2010—2016 年中国光伏新增及累计装机容量

来源：国家能源局、中国光伏行业协会。

2. 装机布局由西北部逐渐向中东部及南方地区转移

2016 年，全国累计光伏装机容量超过 100 万千瓦的地区达到 17 个，较 2015 年新增了河南、江西、云南、湖北和广东 5 个省份（见图 7－43）。光伏发电累计装机规模虽然仍以新疆、甘肃、青海等西北地区为重，但 2016 年新增装机中西北五省合计为 974 万千瓦，所占比重仅为 28%。中东部及南方地区光伏发展步伐加快。2016 年山东光伏新增装机大幅增长至 322 万千瓦，位居全国第二。其他中东部地区如河南、安徽、河北、江西、山西、浙江等光伏新增装机均较 2015 年大幅提高（见图 7－44）。

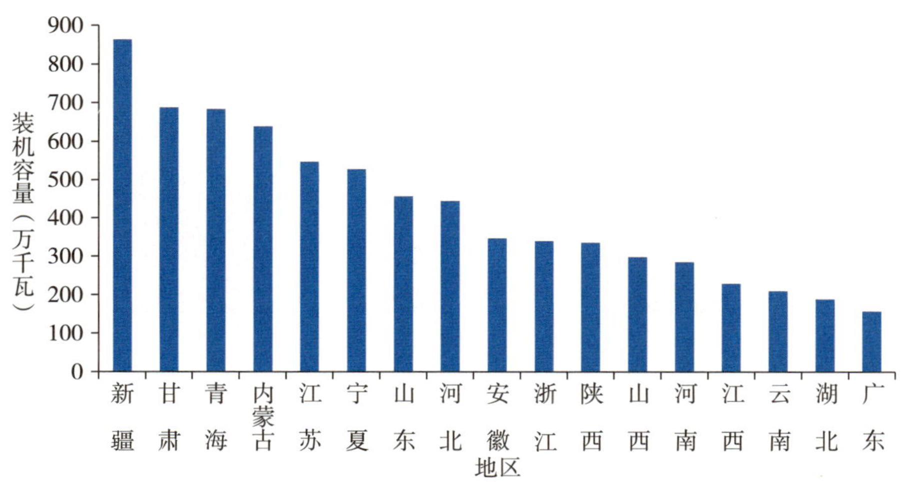

图 7－43 2016 年中国光伏累计装机容量超过 100 万千瓦的地区

来源：国家能源局。

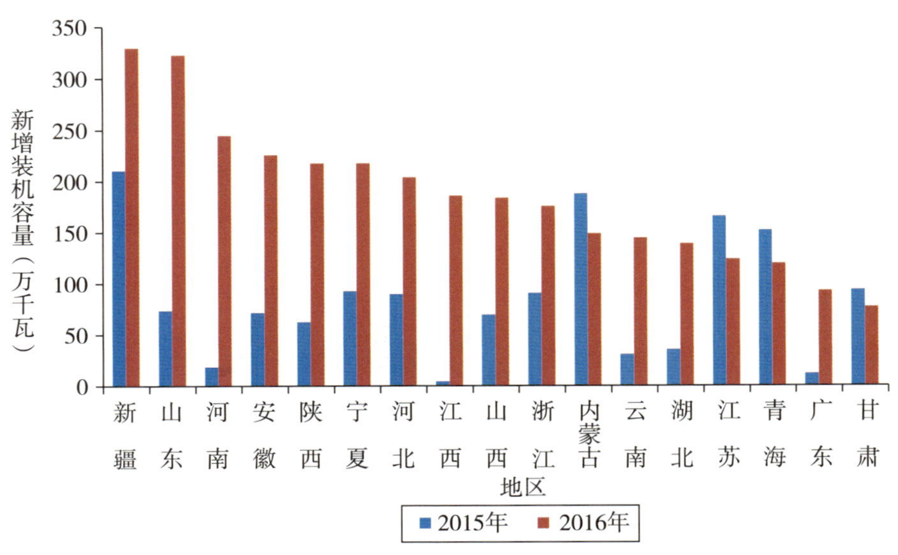

图 7－44　2015—2016 年中国各地区光伏新增装机容量

来源：国家能源局。

3. 分布式光伏装机容量快速增长，集中式光伏装机比重进一步提高

2016 年，分布式光伏发电累计装机容量达到 1032 万千瓦，同比增长 70%，新增装机容量达到 424 万千瓦，增速由 2015 年的负增长大幅提高至 200%（见图 7－45）。其中，浙江、山东、江苏、广东等沿海地区分布式光伏发展较快，安徽、江西和宁夏等地区则通过光伏扶贫项目的推广，分布式光伏新增规模增长较快（见图 7－46）。但因

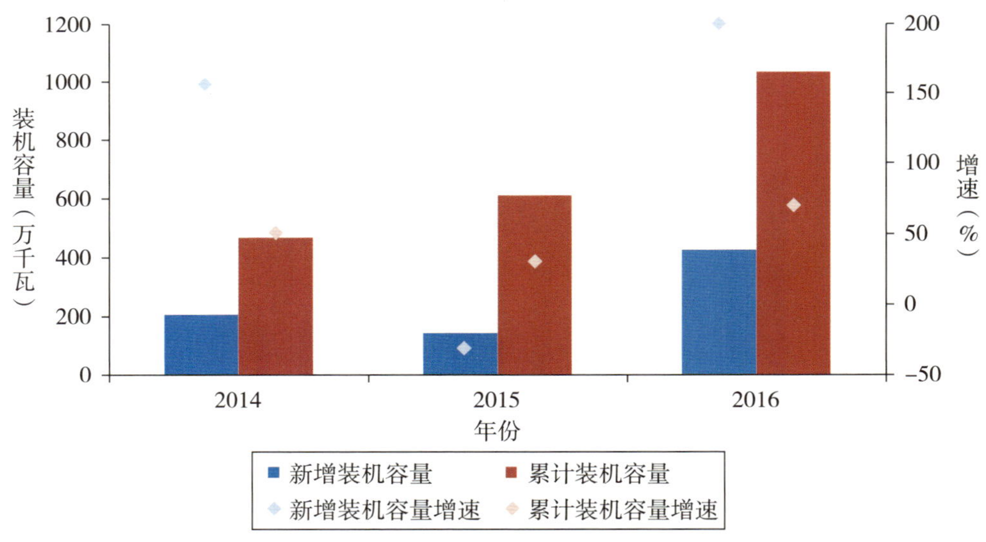

图 7－45　2014—2016 年中国分布式光伏新增、累计装机容量及增长情况

来源：国家能源局。

电价调整引发抢装潮，2016 年大量光伏电站集中投产，集中式光伏发电装机比重进一步增长至 86. 7%，较 2015 年提高 0. 7 个百分点。

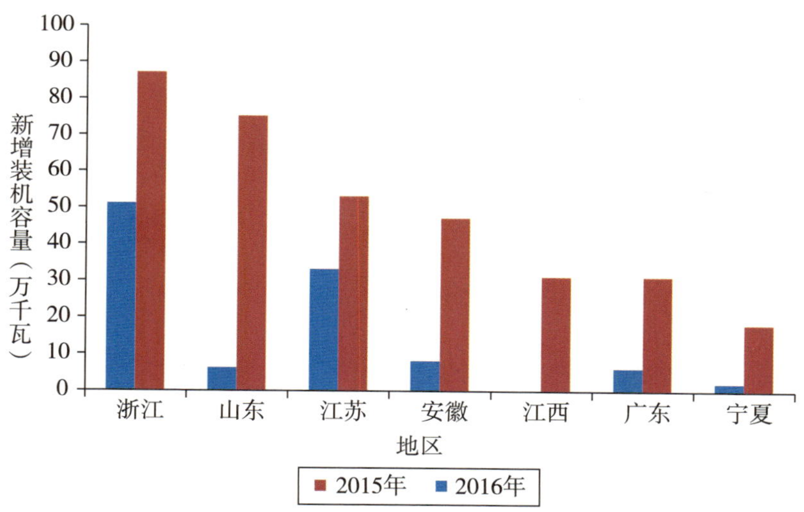

图 7 -46 2015—2016 年中国主要地区分布式光伏新增装机容量

来源：国家能源局。

（二）光伏发电量

1. 发电量继续保持快速增长，发电比重稳步提高

2016 年，中国光伏发电量继续保持高速增长态势，达到 662 亿千瓦时，增速为 72%，较 2015 年提高 18 个百分点（见图 7 -47）。光伏发电量在总发电量中的比重稳步增长至 1. 1%，较 2015 年提高 0. 4 个百分点。

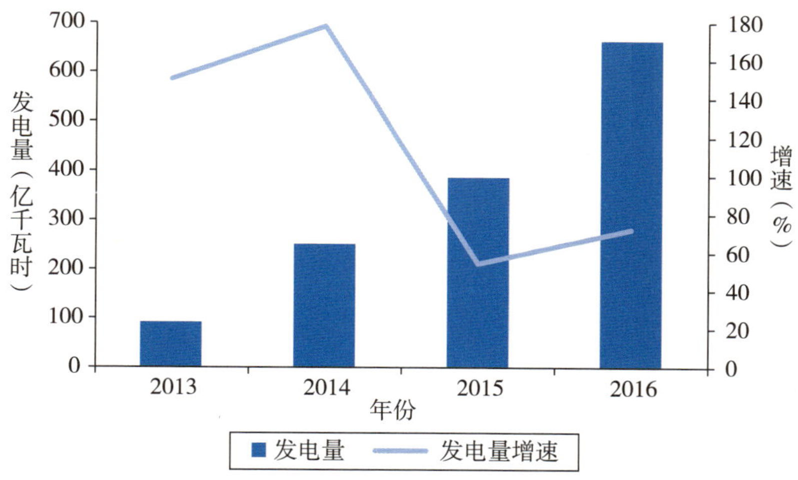

图 7 -47 2013—2016 年中国光伏发电量及增长情况

来源：中国电力企业联合会。

2. 西北地区光伏发电量低速增长，中东部地区增速大幅提高

受弃光限电等因素影响，位于西北地区的青海、新疆、甘肃以及宁夏光伏发电量增速均低于全国平均水平。其中，甘肃光伏发电量增速仅为2%。而河北、山东、山西、浙江和安徽等中东部地区省份在光伏供应能力大幅提高的带动下，光伏发电量高速增长。其中，安徽和山东光伏发电量同比分别增长450%和354%（见图7－48）。

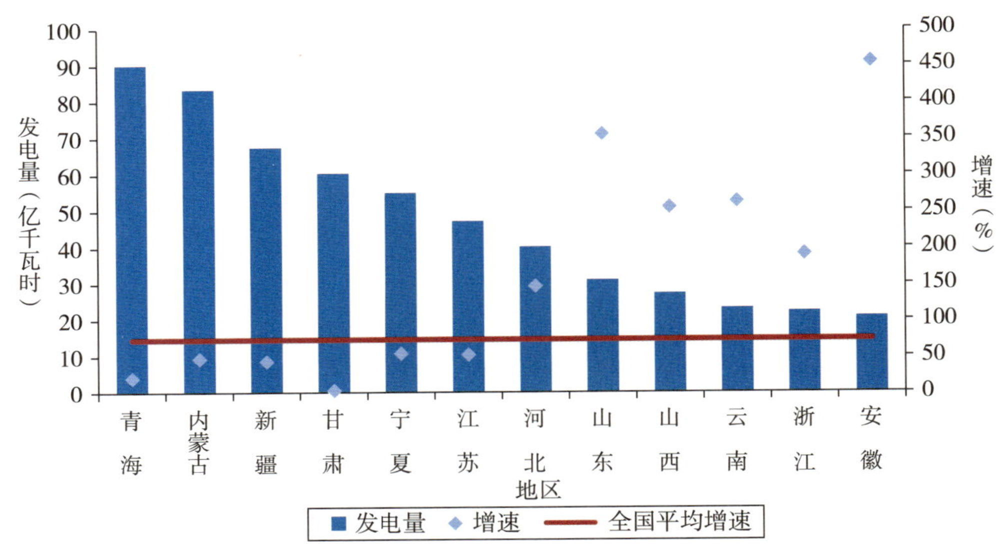

图7－48　2016年中国光伏发电大省光伏发电量及增长情况

来源：中国电力企业联合会。

（三）光伏发电利用小时数及弃光情况

1. 发电利用小时数进一步下降，且降幅扩大，多数地区未达到最低保障收购年利用小时数

2016年，中国太阳能发电设备利用小时为1125小时，同比下降99小时，降幅比2015年扩大88小时。新疆、甘肃、青海、内蒙古、江苏以及宁夏这六个太阳能并网装机容量超过500万千瓦的地区中，仅江苏太阳能发电利用小时同比提高18小时，其他地区太阳能发电利用小时均有不同程度的下降，其中，宁夏、新疆和青海降幅超过150小时。

2016年，在光伏发电重点地区中，仅山西、黑龙江、内蒙古Ⅱ类资源区和青海Ⅱ类资源区达到最低保障收购年利用小时数，其他地区光伏实际利用小时数与最低保障收购年利用小时数有不同程度的偏差（见图7－49）。

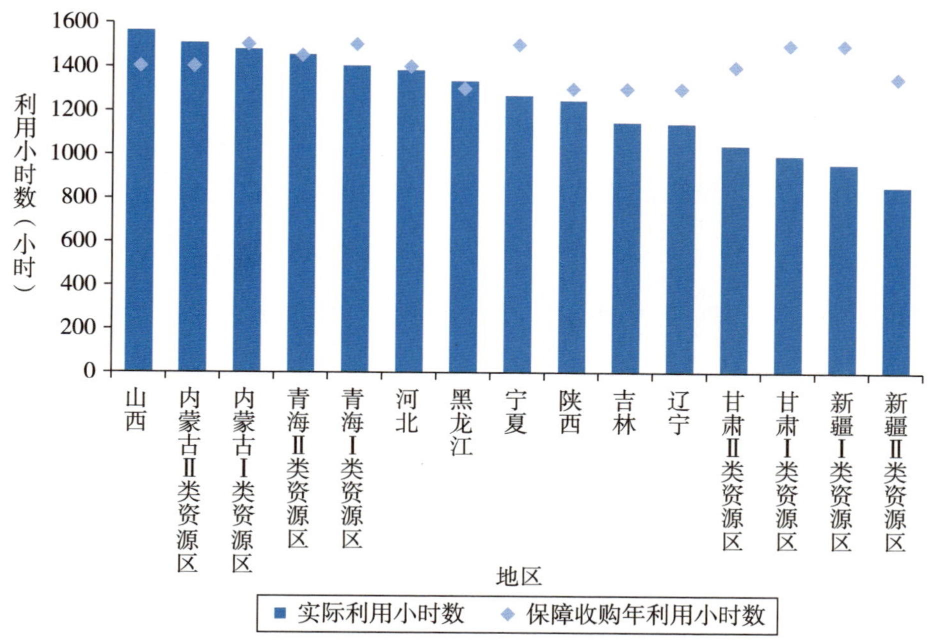

图7－49 2016年中国光伏发电重点地区利用小时数与最低保障收购年利用小时数情况

来源：国家能源局。

2. 西北地区弃光情况加剧

受本地消纳困难、电网外送能力不足以及新增装机规模较大等因素影响，弃光依旧集中在西北地区。2016年，西北五省弃光电量增加到70.4亿千瓦时，弃光率达到19.8%，较2015年提高6个百分点。其中，新疆、甘肃弃光尤为严重，弃光率居高不下，分别为32.2%和30.5%（见表7－16）。

表7－16 2015—2016年中国西北地区弃光情况

	弃光电量（亿千瓦时）		弃光率（%）	
	2015年	2016年	2015年	2016年
新疆	15.08	31.08	22.0	32.2
甘肃	26.19	25.78	30.7	30.5
青海	2.45	8.13	3.1	8.3
宁夏	2.81	4.03	5.1	7.2
陕西	0	1.4	0	6.9
合计	46.5	70.4	13.8	19.8

来源：中国电力企业联合会、国家能源局。

三、光热发电进展情况

（一）已建电站情况

受成本高昂的制约，光热发电在中国发展较为缓慢。截至2016年年底，中国光热发电建成装机容量约为2.83万千瓦。除2013年并网的中控德令哈1万千瓦塔式电站（2016年由水工质塔式改造成为熔盐塔式）和2016年并网的首航节能敦煌1万千瓦熔盐塔式电站具备商业化规模之外，其他均为研究与示范等小型试验装置。

（二）在建电站情况

2016年9月，国家能源局发布《关于建设太阳能热发电示范项目的通知》，共有20个项目入选首批光热发电示范项目名单，总装机容量达到134.9万千瓦。其中塔式电站项目9个、槽式电站项目7个、菲涅尔项目4个（见表7－17）。

表7－17　中国首批光热发电示范项目

	项目名称	项目投资企业	技术路线
1	中控德令哈熔盐塔式5万千瓦光热发电项目	青海中控太阳能发电有限公司	熔盐塔式
2	首航敦煌熔盐塔式10万千瓦光热发电示范项目	北京首航艾启威节能技术股份有限公司	熔盐塔式
3	中国电建共和熔盐塔式5万千瓦光热发电项目	中国电建西北勘测设计研究院有限公司	熔盐塔式
4	中国电力工程顾问集团哈密熔盐塔式5万千瓦光热发电项目	中国电力工程顾问集团西北电力设计院有限公司	熔盐塔式
5	国电投德令哈水工质塔式13.5万千瓦光热发电项目	国电投黄河上游水电开发有限责任公司	水工质塔式
6	中国三峡金塔熔盐塔式10万千瓦光热发电项目	中国三峡新能源有限公司	熔盐塔式

（续表）

	项目名称	项目投资企业	技术路线
7	达华尚义水工质塔式5万千瓦光热发电项目	达华工程管理（集团）有限公司，中国科学院电工研究所	水工质塔式
8	玉门鑫能熔盐塔式5万千瓦光热发电项目	玉门鑫能光热第一电力有限公司	熔盐塔式
9	国华玉门熔盐塔式10万千瓦光热发电项目	北京国华电力有限责任公司	熔盐塔式
10	常州龙腾玉门东镇导热油槽式5万千瓦光热发电项目	常州龙腾太阳能热电设备有限公司	导热油槽式
11	金钒能源阿克塞5万千瓦熔盐槽式光热发电项目	深圳市金钒能源科技有限公司	熔盐槽式
12	中海阳玉门东镇导热油槽式5万千瓦光热发电项目	中海阳能源集团股份有限公司	导热油槽式
13	中核龙腾乌拉特中旗导热油槽式10万千瓦光热发电项目	内蒙古中核龙腾新能源有限公司	导热油槽式
14	中广核德令哈导热油槽式5万千瓦光热发电项目	中广核太阳能德令哈有限公司	导热油槽式
15	中节能古浪导热油槽式10万千瓦光热发电项目	中节能甘肃武威太阳能发电有限公司	导热油槽式
16	中阳熔盐槽式6.4万千瓦光热发电项目	中阳张家口察北能源有限公司	熔盐槽式
17	兰州大成敦煌熔盐线性菲涅尔式5万千瓦光热发电示范项目	兰州大成科技股份有限公司	熔盐线性菲涅尔式
18	华能乌拉特旗导热油菲涅尔式5万千瓦光热发电项目	华能北方联合电力有限责任公司	导热油菲涅尔式
19	中信张北水工质类菲涅尔式5万千瓦光热发电项目	中信张北新能源开发有限公司	水工质类菲涅尔式
20	华强兆阳张家口水工质类菲涅尔式5万千瓦太阳能热发电项目	张北华强兆阳能源有限公司	水工质类菲涅尔式

来源：国家能源局。

目前在建项目包括华强兆阳张家口1.5万千瓦菲涅尔光热示范项目、兰州大成敦煌1万千瓦菲涅尔熔盐电站等试验性示范项目，以及中广核德令哈5万千瓦槽式电站、中控太阳能德令哈5万千瓦电站等商业化示范项目。由于示范项目在2018年12月31日前投运才可享受1.15元/千瓦时的标杆电价，因此各项目会在2017年陆续开工建设。

四、太阳能发电上网电价及成本情况

（一）太阳能发电上网电价

1. 光伏电站标杆上网电价继续大幅下调

2015 年 12 月，国家发展和改革委员会下发《关于完善陆上风电光伏发电上网标杆电价政策的通知》，确定了 2016 年光伏三类资源区电价分别下调至 0.8 元、0.88 元、0.98 元，下降幅度分别为 11.1%、7.4%和 2%。2016 年 12 月，国家发展和改革委员会发布《关于调整光伏发电陆上风电标杆上网电价的通知》，确定了 2017 年光伏三类资源区标杆上网电价调整至 0.65 元、0.75 元和 0.85 元，下降幅度分别为 18.8%、14.8%和 13.3%（见表 7－18）。光伏电价继续大幅下调的原因主要是光伏成本进一步下降。同时通知明确，今后光伏标杆电价将根据成本变化情况每年调整一次。

表 7－18　　中国光伏发电上网标杆电价情况　　单位：元/千瓦时（含税）

资源区	光伏电站标杆上网电价			各资源区所包括的地区
	2013—2015 年	2016 年	2017 年	
Ⅰ类资源区	0.90	0.80	0.65	宁夏、青海海西、甘肃嘉峪关、武威、张掖、酒泉、敦煌、金昌，新疆哈密、塔城、阿勒泰、克拉玛依，内蒙古除赤峰、通辽兴安盟、呼伦贝尔以外地区
Ⅱ类资源区	0.95	0.88	0.75	北京、天津、黑龙江、吉林、辽宁、四川、云南、内蒙古赤峰、通辽、兴安盟、呼伦贝尔，河北承德、张家口、唐山、秦皇岛、山西大同、朔州、忻州、陕西榆林、延安、甘肃、新疆除Ⅰ类地区外的其他地区
Ⅲ类资源区	1.00	0.98	0.85	除Ⅰ类、Ⅱ类资源区外的其他地区

注：西藏自治区光伏电站标杆电价为 1.05 元/千瓦时。2017 年 1 月 1 日以后纳入财政补贴年度规模管理的光伏发电项目，执行 2017 年光伏发电标杆上网电价。2017 年以前备案并纳入以前年份财政补贴规模管理的光伏发电项目，但于 2017 年 6 月 30 日以前仍未投运的，执行 2017 年标杆上网电价。今后，光伏发电标杆上网电价暂定每年调整一次。

来源：国家发展和改革委员会。

2. 分布式光伏发电补贴标准不做调整

为了继续鼓励分布式光伏发展，《关于调整光伏发电陆上风电标杆上网电价的通知》规定，分布式光伏发电补贴标准不做调整。自发自用余电上网模式补贴标准仍保持0.42元/千瓦时，自用电量的电价为电网销售电价加上0.42元，富余上网电量的电价为当地脱硫标杆电价加上0.42元；全额上网模式执行当地光伏发电标杆上网电价。

3. 太阳能热发电标杆上网电价获确定

2014年，国家发展和改革委员会核准首个光热发电示范项目——中控德令哈10兆瓦塔式电站上网电价为1.2元/千瓦时。2016年9月1日，国家发展和改革委员会下发《关于太阳能热发电标杆上网电价政策的通知》，针对国家能源局2016年确定的第一批太阳能热发电示范项目，确定2018年12月31日以前全部投运的项目执行1.15元/千瓦时的标杆上网电价。

（二）光伏发电成本

1. 光伏发电单位投资成本继续下降

受光伏组件成本持续降低影响，大型光伏电站平均单位投资成本由2016年上半年1180美元/千瓦（约合7838元/千瓦）降至2016年下半年980美元/千瓦（约合6509元/千瓦），环比降幅分别为14.3%和16.9%（见图7-50）。大型光伏电站平均单位投资成本已低于陆上风电。

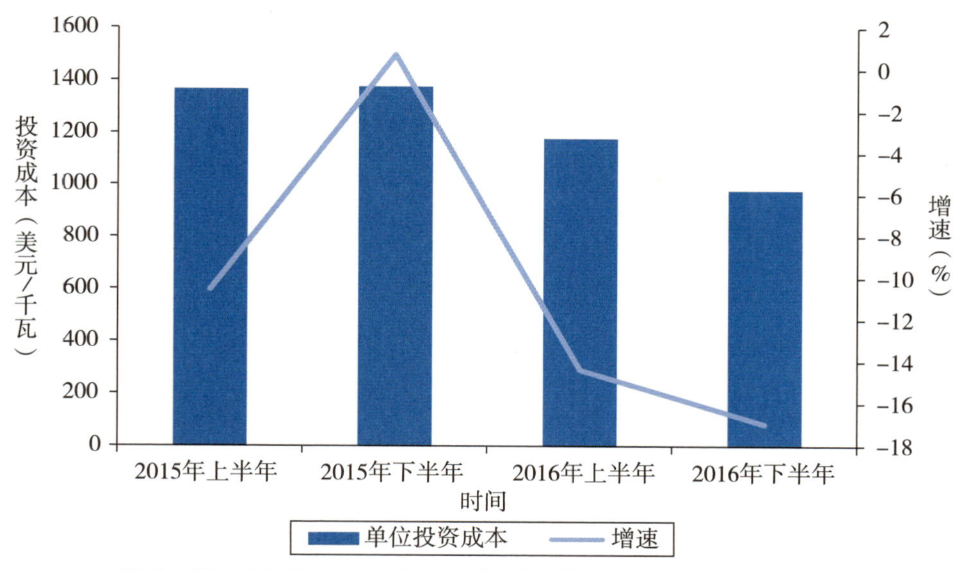

图7-50 2015—2016年中国大型光伏电站单位投资成本情况

来源：彭博新能源。

2. 度电成本快速下降

得益于不断下降的单位投资成本以及融资成本，中国大型光伏电站度电成本快速下降。2016 年上半年，中国大型光伏电站平均平准化度电成本（LCOE）约为 0.102 美元/千瓦时（约合 0.68 元/千瓦时），2016 年下半年降至 0.086 美元/千瓦时（约合 0.57 元/千瓦时），在全球光伏主要国家中处于中游，仍有较大的下降潜力（见图 7 –51）。

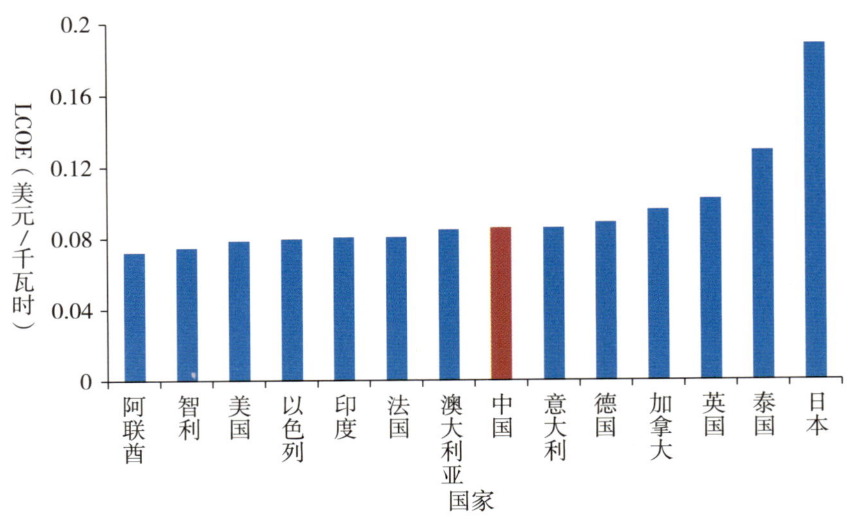

图 7 –51　2016 年下半年全球光伏主要国家大型光伏电站度电成本情况

来源：彭博新能源。

五、太阳能发电面临的主要问题

（一）弃光和补贴问题仍然较为严重

和风电的处境类似，光伏发电行业发展也面临较为严重的弃光限电情况。尽管 2016 年国家陆续出台了多项政策促进光伏发电消纳，但光伏电站集中的西北地区，仍面临新增装机保持较大规模、消纳能力不足、外送通道有限，以及光伏发电装机布局转移带来的中东部地区对西北地区光伏消纳需求降低的问题，弃光限电情况加剧。另外，困扰风电发展的可再生能源补贴资金缺口问题以及补贴拖欠问题也同样制约了光伏行业的发展。

（二）分布式光伏发电发展遭遇障碍

虽然受到政策的鼓励，但分布式光伏的发展速度仍低于预期，主要受到以下障碍的影响：首先，分布式光伏发电市场集中在东部地区，相较于西北地区而言，太阳能资源条件相对较差、收益较低；其次，建设规模小且分散，运维管理成本较高；再次，建筑选择难度较大，需要考虑产权、安装难易程度、建筑安全隐患、遮挡清洗等；最后，还存在融资难、电费拖欠等其他问题。

（三）光热产业面临商业化初期通病

目前光热产业仍处于商业化初期阶段，市场容量不足以支撑上游设备制造商形成规模化产能，因此相关组件的生产成本高昂，单位造价显著高于其他可再生能源发电技术。另外，由于商业化项目数量较少且投产时间较短，光热发电缺乏可借鉴性的长期运行记录以及在不同条件下的运行数据，实际建设及运维成功经验较少，同时也增加了判断项目收益和回报的难度。最后，部分核心设备部件仍需进口，系统运行效率存在不稳定问题，技术仍有待进一步提高。光热产业的发展存在较多不确定性因素。

六、太阳能发电发展展望

（一）光伏发电将保持稳定的发展规模

2015 年 12 月，国家能源局发布《太阳能利用“十三五”发展规划（征求意见稿）》，提出到 2020 年年底，太阳能发电装机容量达到 1.6 亿千瓦，其中光伏发电装机容量达到 1.5 亿千瓦的目标。但在 2016 年 12 月出台的《太阳能发展“十三五”规划》中，产业发展目标做了较大调整，到 2020 年年底太阳能发电装机达到 1.1 亿千瓦以上，其中光伏发电装机达到 1.05 亿千瓦以上。2016 年光伏新增装机达到 3454 万千瓦，据此推算，2017—2020 年光伏年均新增装机仅需保持约 700 万千瓦的稳定增长即可实现目标。光伏发电的发展空间被大幅压缩，尤其是集中式光伏电站，在弃光限电严重地区建设规模将被严格控制。

（二）分布式光伏发电发展将更加多元、灵活

《太阳能利用“十三五”发展规划（征求意见稿）》中提出，到 2020 年分布式光

伏发电累计装机规模达到7000万千瓦，但在最终出台的《太阳能发展“十三五”规划》中，未对分布式光伏发电装机规模提出目标。分布式光伏发电将更加注重多元化、灵活化发展。在类型上积极拓宽，包括园区、开发区、大型工矿企业、公共建筑以及部分农村地区、小城镇的屋顶光伏工程；与荒山荒地和沿海滩涂综合利用、采煤沉陷区等废弃土地治理、农业、渔业养殖等相融合的各类“光伏+”应用工程；针对农村地区的分布式光伏扶贫工程等。在应用模式上积极创新，开展分布式光伏发电市场化交易。

（三）太阳能热发电发展速度将逐步加快

太阳能热发电具备储热系统，可实现连续发电并参与系统调峰，提高电网接纳可再生能源的能力，因此受到大力推广。在十三五发展规划征求意见稿中提出到2020年达到1000万千瓦的目标，但最终缩减一半至500万千瓦。2016年太阳能热发电累计并网装机约2.8万千瓦，假定总装机容量约135万千瓦的第一批示范项目均在2018年年底前投产，仍有约360万千瓦的新增装机规模空间。可以预见，“十三五”期间太阳能热发电的发展速度将逐步加快。

（四）弃光限电短期内不容乐观，有望逐步好转

在现有的电力市场运行机制和消纳模式下，弃光限电情况难以明显好转，预计2017年弃光电量将继续增长、弃光率居于高位。但随着规划建设中外送通道的投产，光伏发电的消纳范围、输送比重将得到有效提高。弃光严重地区新增规模的严格控制也将有利于消化现有存量。此外，正在推行的电力体制改革以建立健全电力市场化机制为主要目标，将促进包括光伏在内的可再生能源的消纳，弃光限电问题有望逐步好转。

专题四　水电

一、水力资源条件

（一）水力资源总量

中国水资源总量丰富，水能资源蕴藏量及可开发水能资源均居世界第一。根据2003年全国水力资源复查成果，中国大陆水力资源蕴藏量在1万千瓦及以上河流3886条；技术可开发水电站装机容量54164万千瓦，年发电量为24740亿千瓦时；经济可开发装机容量40179万千瓦，年发电量17534亿千瓦时。根据《水电发展“十三五”规划》中提到的最新统计数据，1万千瓦及以上的水电技术可开发装机容量66062万千瓦，相应年发电量29882亿千瓦时（见表7－19）。

表7－19　中国水力资源可开发量

技术可开发量	2003年水力资源复查	“十三五”规划
装机容量（万千瓦）	54164	66062
年发电量（亿千瓦时）	24740	29882

来源：《中华人民共和国水力资源复查成果（2003年）》《水电发展“十三五”规划》。

（二）分地区水力资源

中国水力资源分布极不均衡，呈现“西多东少”的特点。西南地区最多，占全国可开发水能总量的67.8%，主要分布在横断山区的金沙江、雅砻江、大渡河、澜沧江、怒江和雅鲁藏布江上。中南地区占全国总量的15.5%，西北地区占全国总量的9.9%，东北、华北、华东地区仅占全国总量的6.8%（见图7－52）。为了更合理地开发全国的水资源，国家先后规划了13大水电基地，其中有8个在西南地区。

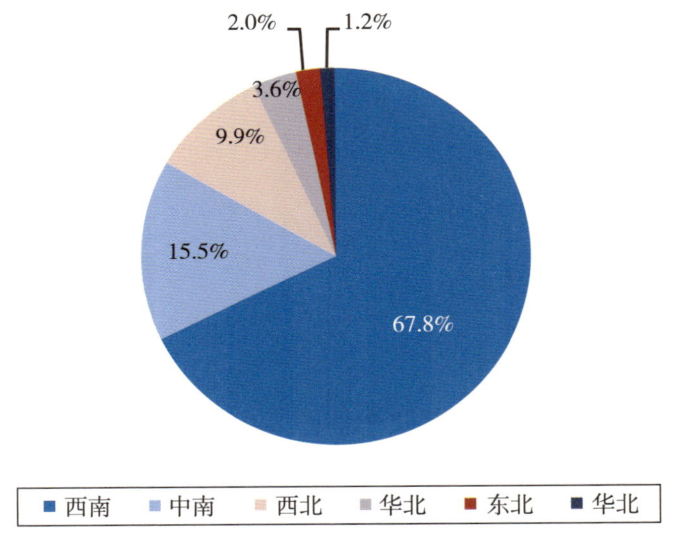

图 7 -52　中国可开发水能资源分布情况

来源：科莫迪投资咨询有限公司。

二、水电行业发展现状

（一）水电装机容量

1. 累计装机容量

中国水电累计装机容量稳定增长，但增速持续下滑。截至 2016 年年底，中国水电累计装机容量 33211 万千瓦，同比增长 3. 9%，增速较 2015 年下降 1. 0 个百分点，较 2013 年下降 8. 4 个百分点（见图 7 -53）。水电累计装机容量占全国电力装机总容量的比例为 20%，是重要的可再生能源发电类型。

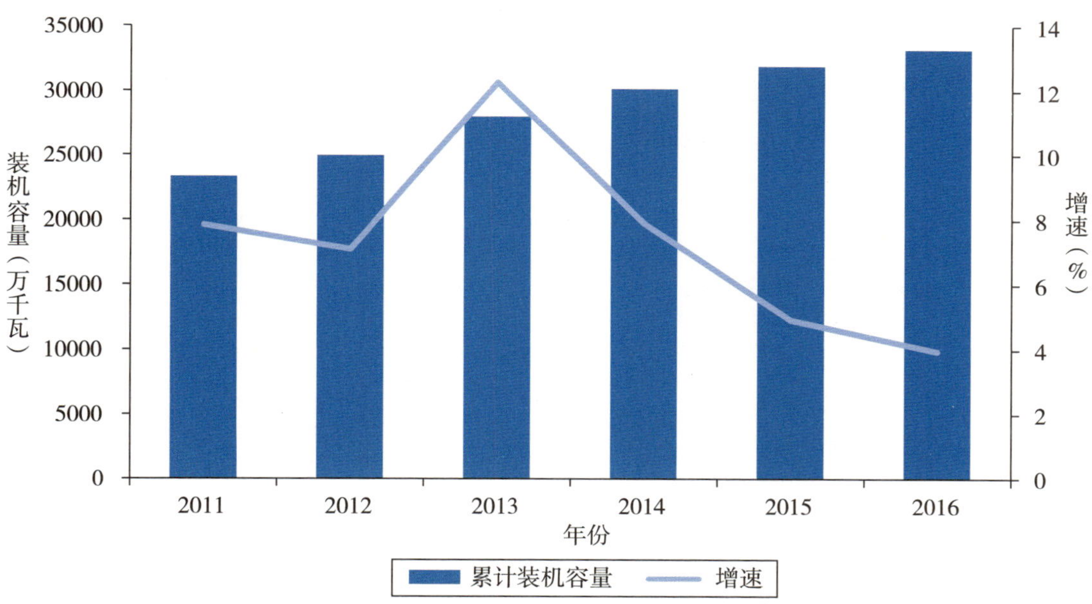

图 7－53 2011—2016 年中国水电累计装机容量及增长情况

来源：中国电力企业联合会。

2. 新增装机容量

2016 年，中国水电新增装机容量继续下降，全年新增装机 1174 万千瓦，较 2015 年减少 434 万千瓦，降幅 27.0%；较新增装机较高的 2013 年减少 1819 万千瓦，降幅 60.8%。在全国新增装机总容量中的比重仅为 9.7%，较 2015 年减少 2.7 个百分点，较 2013 年减少 22.1 个百分点（见图 7－54）。

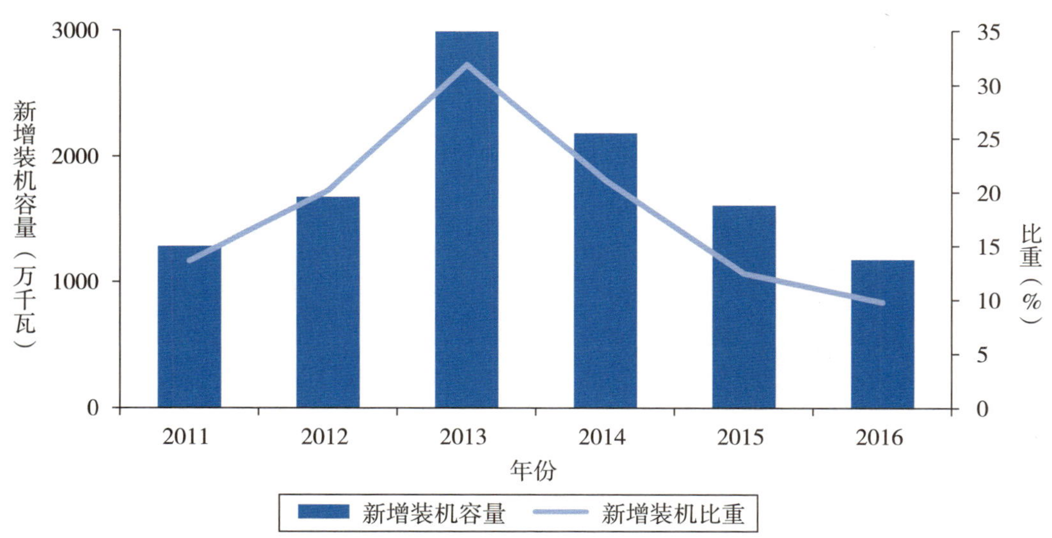

图 7－54 2011—2016 年中国水电新增装机容量及比重情况

来源：中国电力企业联合会。

3. 分地区装机容量

全国水电主要集中在西南地区。2016 年，全国累计水力装机容量超过 1000 万千瓦的省份达到 10 个。其中，四川与云南两省累计装机容量约为全国水力装机总量的 40%（见图 7－55）。

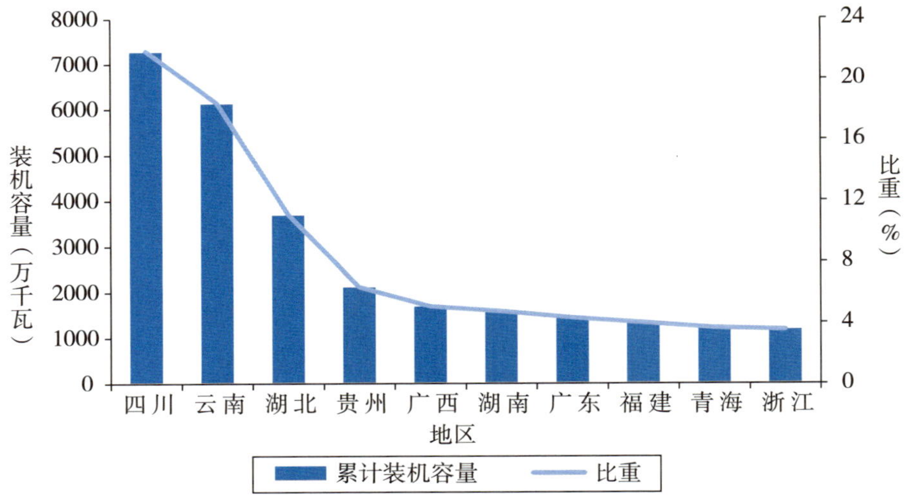

图 7－55　2016 年中国水电累计装机容量超过 1000 万千瓦的地区

来源：中国电力企业联合会。

2016 年，11 个地区水电新增装机容量超过 10 万千瓦，四川、云南、浙江和江西 4 个地区超过 100 万千瓦。其中，四川、云南的新增装机出现大幅下降，较 2015 年分别下降了 58%、33%；江西、广西、浙江和广东由于基数较低，新增装机快速增长，较 2015 年分别增长约 9 倍、5 倍、5 倍和 3 倍（见图 7－56）。

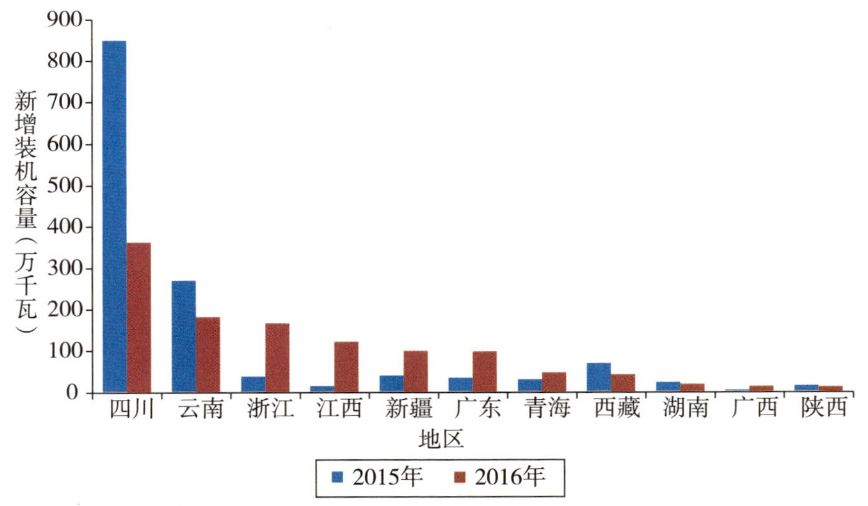

图 7－56　2016 年中国水电新增装机容量超过 10 万千瓦的地区

来源：中国电力企业联合会。

4. 抽水蓄能装机容量

中国水电以常规水电为主，抽水蓄能作为常规水电的补充，近年比例逐步提高。2016 年，抽水蓄能电站装机在水电装机中的比重达到 8.0%，较 2015 年提高 0.9 个百分点（见图 7 –57）。

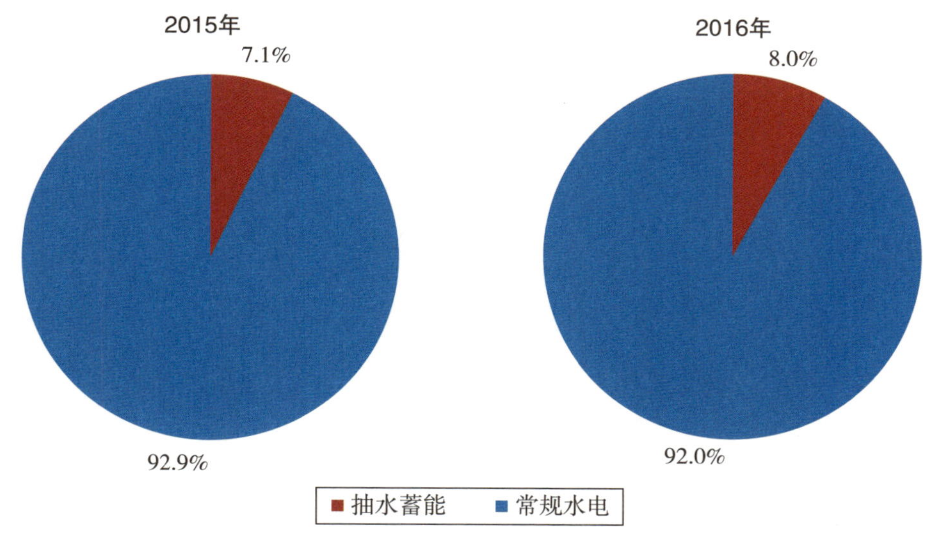

图 7 –57　2015—2016 年中国水电装机结构情况

来源：中国电力企业联合会。

2016 年，抽水蓄能累计装机容量达到 2669 万千瓦，同比增长 15.9%，较 2015 年扩大 13.2 个百分点；新增装机增长迅速，达到 374 万千瓦，同比增加 282 万千瓦，增幅 306.5%；常规水电发展缓慢，累计装机容量同比增速下降 3 个百分点（见图 7 –58）。

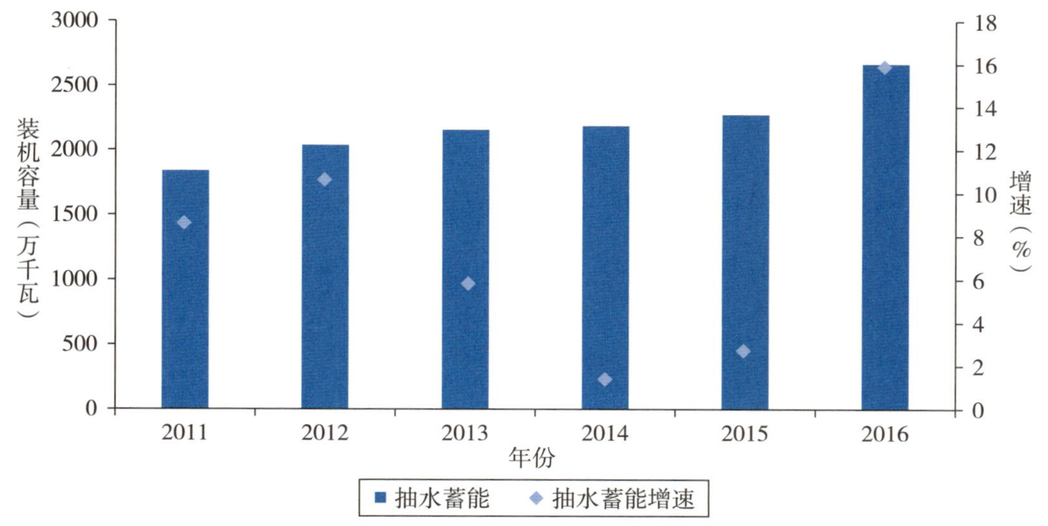

图 7 –58　2011—2016 年中国抽水蓄能累计装机容量及增长情况

来源：中国电力企业联合会。

（二）水电发电量

1. 发电量

2016 年，中国水电发电量继续保持增长，增长速度保持平稳。全年发电量为 11807 亿千瓦时，同比增长 6.2%，增速较 2015 年扩大 1.1 个百分点（见图 7 -59）。2016 年，水电发电量占全口径发电总量的比重为 20%，与其装机规模比重相当。

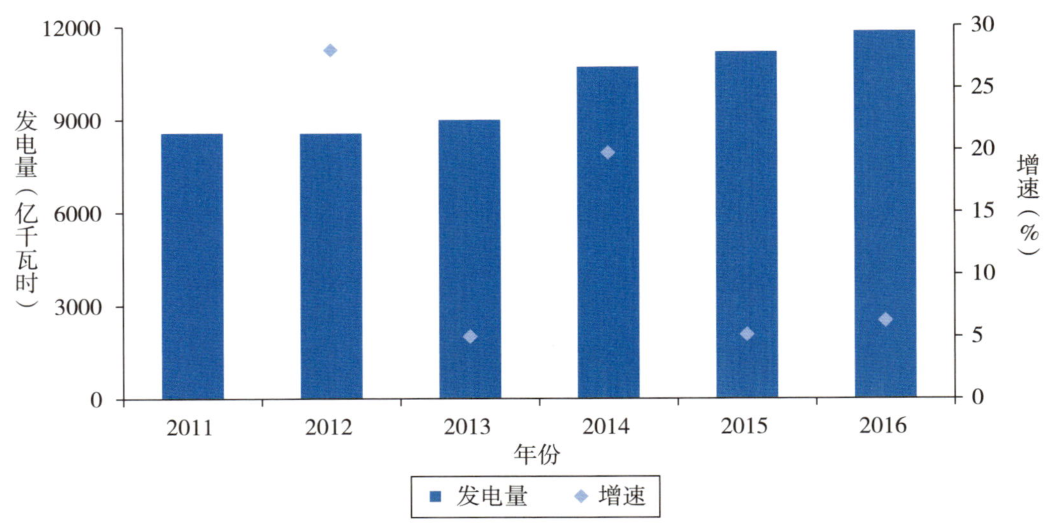

图 7 -59　2011—2016 年中国水电发电量及增长情况

来源：中国电力企业联合会。

2. 分地区发电量

2016 年，14 个地区水电发电量超过 100 亿千瓦时，四川、云南、湖北 3 个地区超过 1000 亿千瓦时。其中，广西、青海、贵州和甘肃的水电发电量出现大幅下降，较 2015 年分别下降 21%、19%、12% 和 7%；广东、福建水电发电量快速增长，较 2015 年分别增长 51% 和 44%，其他主要水电发电地区发电量保持稳定增长（见图 7 -60）。

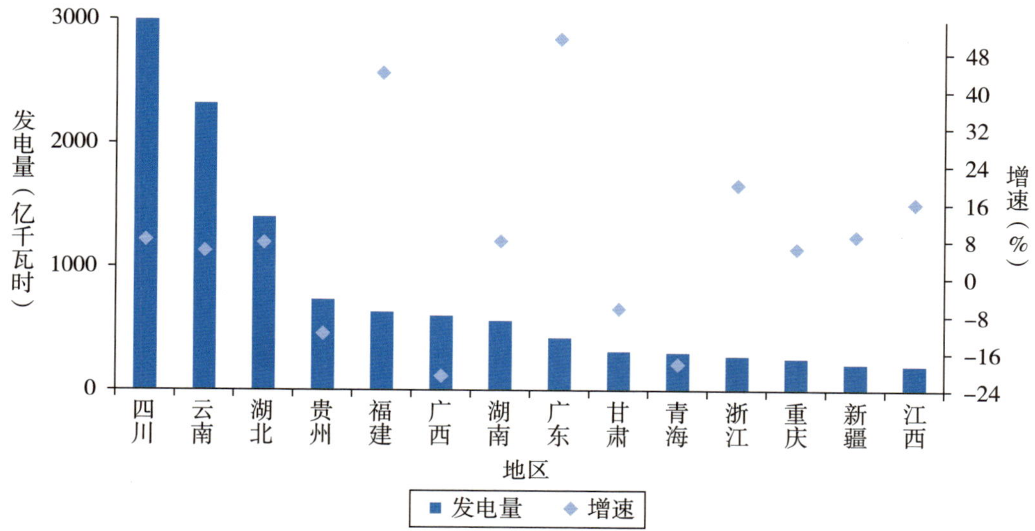

图 7 −60　2016 年中国水电发电量超过 100 亿千瓦时的地区及增长情况

来源：中国电力企业联合会。

（三）设备平均利用小时数

2016 年，全国水电设备平均利用小时数 3621 小时，同比增加 31 小时，为近年较高水平（见图 7 −61）。影响水电平均利用小时数增长的主要因素包括新能源发电技术的成熟、国家环保要求提高，以及厄尔尼诺现象影响下降水较多等。

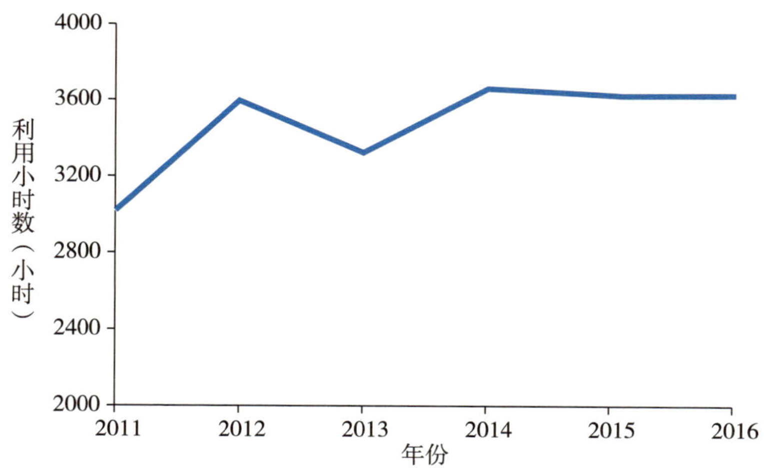

图 7 −61　2011—2016 年中国水电设备平均利用小时数情况

来源：中国电力企业联合会。

2016 年，有 14 个省的水电设备平均利用小时数超过 3000 个小时。其中，大多数省份的水电设备平均利用小时数保持下降，广西、贵州、云南、宁夏、甘肃、新疆、四川分别下降578个、525个、461个、337个、320个、165个、52个小时；广东和福建水电设备平均利用小时数保持大幅增长，较2015年分别增长1788小时和1408小时；其他地区保持小幅增长（见图7－62）。

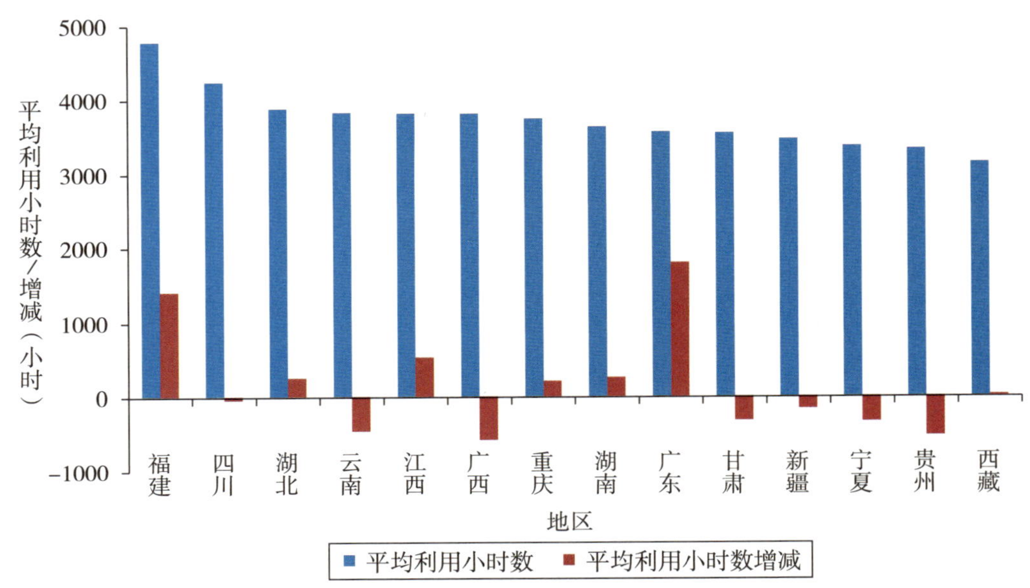

图7－62　2016年中国主要省份水电设备平均利用小时数及增减情况

来源：中国电力企业联合会。

（四）弃水情况

由于电源电网规划建设不同步，加之受技术、消纳以及汛期等因素影响，中国水电行业弃水问题日益严重。以中国最大的水电基地四川为例，2015年弃水率为3.7%，2016年弃水率上升至6.7%（见表7－20）。

表7－20　2013—2016年中国重点地区弃水情况

	四川弃水量（亿千瓦时）	弃水率（%）
2013	26	1.3
2014	97	3.8
2015	102	3.7
2016	200	6.7

来源：南方电网。

（五）大中型水电站建设发展

“十二五”期间，中国新增大中型水电投产装机容量8076万千瓦。到2015年年底，大中型水电总装机容量达到22151万千瓦，年均增长率9.5%（见表7－21）。

表7－21　中国大型水电站装机情况

	2010年装机（万千瓦）	2015年装机（万千瓦）	年均增长率（%）	新增投产规模（万千瓦）
常规水电站	19915	29651	8.3	4349
大中型水电站	14075	22151	9.5	3849

来源：《水电发展“十三五”规划》。

“十二五”时期，金沙江乌东德、梨园、苏洼龙，大渡河双江口、猴子岩，雅砻江两河口、杨房沟等一批大型和特大型常规水电站开工建设，总开工规模达到5000万千瓦。2016年全国新核准开工重大水电项目11个，总装机容量1567万千瓦，包括黄河玛尔挡、金沙江叶巴滩等4座常规水电站，以及辽宁清原、福建厦门等7座抽水蓄能电站；此外，全球第二大水电站金沙江白鹤滩水电站前期工作已全面完成。

（六）水电建设投资

2016年，水电工程建设投资完成额612亿元，同比下降22.4%。自2014年开始，水电工程建设投资完成额连续下降，同比降幅还有进一步扩大趋势（见图7－63）。

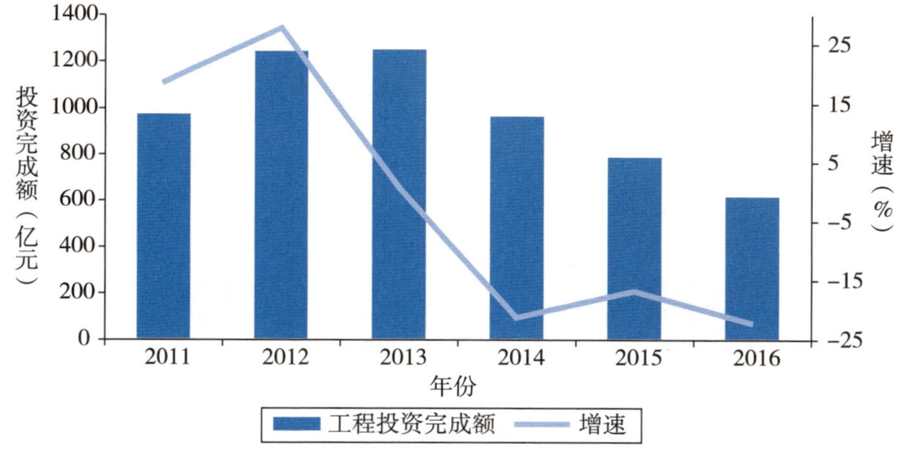

图7－63　2011—2016年中国水电工程建设投资完成额及增长情况

来源：中国电力企业联合会。

2012—2013 年，水电工程建设投资在全国整体电源工程投资中的比重约为 1/3。自 2014 年开始，这一比重大幅下降，而且降幅有进一步扩大趋势。2016 年，水电工程建设投资在电源工程投资中的比重仅为 17.9%，比 2015 减少 1.2 个百分点（见图 7 -64）。

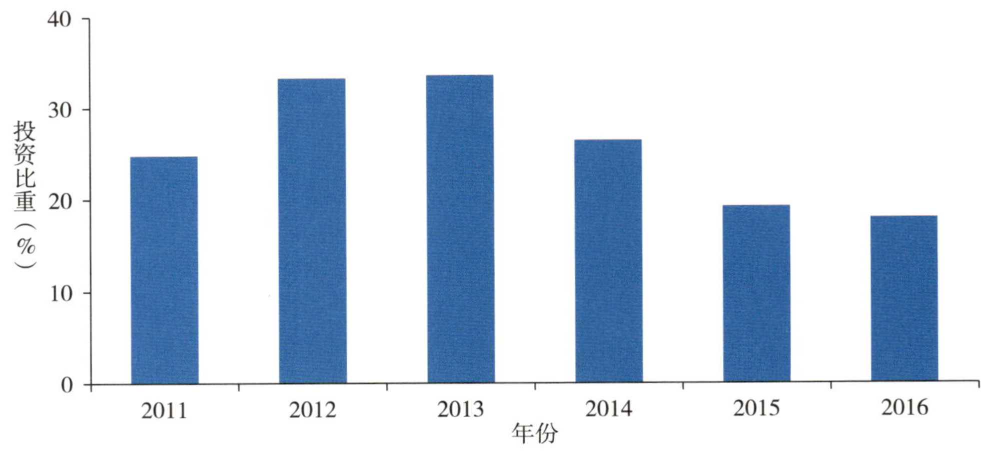

图 7 -64　2011—2016 年中国水电在电源工程投资额中的比重情况

来源：中国电力企业联合会。

三、水电上网电价

2014 年 1 月，国家发展和改革委员会下发《关于完善水电上网电价形成机制的通知》，指出跨省、跨区域交易价格由供需双方协商确定，跨省、跨区域送电的水电站其外送电量上网电价按照受电地区落地价扣减输电价格（含线损）确定；省内上网电价实行标杆电价制度。各地区水电标杆上网电价以本省省级电网企业平均购电价格为基础，统筹考虑电力市场供求变化趋势和水电开发成本制定。大多数地区水电价格基本沿用成本加成、水电标杆价格的定价方式。重点地区水电上网电价如表 7 -22 所示。

表 7 -22　　中国重点地区水电上网电价

省份	水电站	上网电价（元/千瓦时）
四川	向家坝左岸	0. 3218
四川	溪洛渡左岸	0. 3218
云南	溪洛渡右岸	0. 3421
四川	锦屏一级	0. 3084

（续表）

省份	水电站	上网电价（元/千瓦时）
四川	锦屏二级	0.3084
四川	官地梯级	0.3084
江西	500kW 以下小水电站	0.3
云南	小水电	0.3－0.37
广西	小水电	不高于 0.32

来源：IHS Markit。

四、水电行业面临的主要问题

（一）资源分布与经济发展现状不匹配

中国水力资源和生产力发展呈逆向分布，能源丰富地区远离经济发达地区。中国水力资源 90% 以上集中在京广铁路以西，经济相对落后的西部 12 个地区水力资源约占全国资源总量的 79.3%。而经济发达、能源需求量大的东部地区水力资源量比重较小。因此，大力开发西部水电，实施大规模的“西电东送”，有助于克服地区电力供需差异，实现资源的优化配置和电源结构的合理调整。

（二）水电开发程度偏低

经过多年的发展，中国水电开发规模长期稳居世界第一，开发程度持续上升。截至 2016 年年底，中国水电的实际开发程度为 51%。相比丰富的水能资源量，中国水电仍有开发潜力，尤其西部地区水电开发程度远低于全国平均水平，有大量的水电资源可待开发（见表 7－23）。

表 7－23 中国水力资源开发利用情况 单位：万千瓦

分区	技术可开发量	已建	在建	待建	已在建比例（%）
全国	66062	29666	4167.6	32228.4	51
东部	3653	3050	29.2	573.8	84.3
中部	8936	6678.6	147.3	2110	76.4
西部	53473	19937.3	3991.1	29544.6	45

（续表）

分区		技术可开发量	已建	在建	待建	已在建比例（%）
其中	西藏	14439	116	114	14209	1.6
	四川	13626	6839	1841	4946	63.7
	云南	12155	5410	1073	5672	53.3
	贵州	2529	2047.6	32.1	449.4	82.2
	重庆	1291	670.4	13.5	607.1	53.0

来源：2016 年电力行业竞争情报报告会《水电发展及未来展望》。

（三）水电建设速度放缓

随着中国经济步入新常态，水电开发建设也出现变化，开工、投产规模开始下降。2016 年，中国水电新增装机容量同比下降 27.0%。但是，水电开发的内部结构性优化调整趋势明显，开发重点逐步转移。重大项目、有调蓄作用的电站建设加快推进，蓄能电站开工规模首次大于常规水电，西电东送接续基地正式启动建设。

（四）水电开发的经济性与竞争力下降，弃水现象严重

水电工程地处偏远，制约因素多，交通条件差，输电距离远，造成水电建设和输电成本高。随着水电开发向高海拔、西部转移，加之移民和环保的投入不断加大，水电开发的经济性与市场竞争力明显下降。此外，水电综合利用的要求越来越高，投资补助和分摊机制尚未建立，加重了水电建设的经济负担。在水电经济性下降和利益协调机制缺乏的情况下，西南水电已连续多年发生严重弃水现象。

（五）水电被排除在可再生能源扶持政策之外，存在上网难、电价低的情况

《可再生能源法》颁布后，国家一直没有出台水电适用《可再生能源法》的规定，水电无法享受与其他可再生能源同等的上网和电价扶持政策。水电上网难、电价低，在水电比重高的省份尤为明显，西南地区水电实际上网电价仅为当地销售电价的 1/3。

五、水电发展展望

（一）抽水蓄能建设加速

为解决电网日益尖锐的调峰问题并配合核电建设，“十三五”期间，将以电力系统需求为导向，优化抽水蓄能电站区域布局与加快开发建设（见表7－24）。在缺少常规水力资源的东部地区，积极研究与安排建设一批抽水蓄能电站，如浙江桐柏、江苏宜兴、安徽琅琊山、山东泰安、河北张河湾、北京板桥峪、辽宁蒲石河和黑龙江荒沟等。

表7－24　　中国水电“十三五”规划装机及发电量目标

	“十二五”规划			“十三五”规划		
	2010年装机容量	2015年装机目标	2015年实际装机	新增投产规模	2020年装机目标	2020年年发电量目标
单位	万千瓦	万千瓦	万千瓦	万千瓦	万千瓦	亿千瓦时
常规水电站	19915	26000	29651	4349	34000	12500
抽水蓄能电站	1691	3000	2303	1697	4000	—
合计	21606	29000	31954	6046	38000	12500

来源：《水电发展“十二五”规划》《水电发展“十三五”规划》。

截至2016年8月，全国已投产28座抽蓄电站，分布在17个省市地区，总装机2402.3万千瓦；在建17座抽蓄电站，总装机2140万千瓦；正在筹建32座抽蓄电站，总装机4061万千瓦。

（二）积极有序推进西南水电基地开发建设

以重要流域龙头水电站建设为重点，积极有序地推进大型水电基地尤其西南水电基地建设，重点河流水电可开发量及预期进度见表7－25。“十三五”“十四五”期间重点开发大渡河、澜沧江上游（云南段）、雅砻江中游以及金沙江下游乌东德、白鹤滩电站，力争2020年西南水电装机规模达到1.5亿千瓦。“十五五”期间，重点开发藏东南地区的金沙江上游和澜沧江上游水电，力争 2030 年西南水电装机规模达到 2.3 亿千瓦。

表 7 –25　　中国重点河流水电可开发量及预期进度

水电基地	总量 可开发量	2011 年 开发容量	2011 年 开发程度	2015 年 开发容量	2015 年 开发程度	2020 年 开发容量	2020 年 开发程度
金沙江	5858	180	3%	1700	29%	3210	55%
雅砻江	2531	340	13%	1450	57%	1850	73%
大渡河	2460	630	26%	1690	69%	2140	87%
乌江	1079	358	33%	850	79%	1010	94%
长江上游	3320	2612	79%	2750	83%	2830	85%
南盘江、红水河	1431	498	35%	918	64%	1192	83%
澜沧江	2560	597	23%	1470	57%	1960	77%
黄河上游	2003	690	34%	1250	62%	1400	70%
黄河北干流	641	163	25%	343	54%	579	90%
湘西	590	176	30%	310	53%	519	88%
闽、浙、赣	1092	330	30%	567	52%	845	77%
东北	1869	373	20%	802	43%	1131	61%
怒江	2142	18	1%	300	14%	720	34%
总计	27576	6965	25%	14400	49%	19386	70%

来源：国家发展和改革委员会、国家能源局。

（三）水电基地送出通道进一步助力水电消纳

统筹水电的开发与外送，在本区域无法充足消纳的情况下，水电站通过特高压、超高压线路送出，也是增加消纳能力的重要手段。目前，各大水电基地的跨区域电网已经建成投产，重点流域分布有专用直流通道。“十三五”将加快配套送出工程建设，建成投产金中至广西、滇西北至广东、四川水电外送、乌东德送电广东、广西等输电通道，开工建设白鹤滩水电站外送输电通道，积极推进金沙江上游、澜沧江上游、雅鲁藏布江水电等水电基地外送输电通道论证和建设。随着各大水电基地送出通道的建成与配套逐渐完善，水电电能消纳将得到有效保障。

（四）小水电开发将形成一定规模

因地制宜开发中小型水电站，具有减少大气污染、治理中小河流等综合效益。根据“十三五”规划，到2020年，中国将建成300个装机10万千瓦以上的小水电大县，100个装机20万千瓦以上的大型小水电基地，40个装机100万千瓦以上的特大型小水电基地，10个装机500万千瓦以上的小水电强省。届时，中国小型水电站的装机总容量将由2010年的3500万千瓦增加到2020年的5000万~5500万千瓦。

专题五　售电业务

一、开展售电业务的国外经验借鉴

（一）国外售电市场发展情况

1. 电力市场化改革总体情况

自20世纪80年代开始，全球掀起了电力市场化改革的热潮。但受国情和改革思路不同的影响，各国电力改革的模式多种多样，进度也不一。

（1）英国：纵向分离

英国在经历四次改革后，打破了原国有垄断模式，实现了发、输、配、售环节的纵向分离，建立了统一、开放的拥有双边交易、期货和期权交易以及现货交易的电力市场（见表7－26）。

表7－26　英国电力改革进程

改革时期	改革模式	改革主要内容
1989—2001	电力库（Pool）	1. 所有权从国有化向私人化转变。 2. 建立集中交易的批发市场。 3. 分步放开用户选择权，建立自由竞争的电力零售市场
2001—2005	新电力交易机制（NETA）	1. 建立拥有双边交易、期货和期权交易以及现货交易的电力交易市场。 2. 对高度集成的垄断企业进行拆分和改革。 3. 引入可再生能源配额制度，要求零售商按照售电总量购买相应比例的可再生能源电量
2005—2007	英国电力交易和输电协议（BETTA）	建立全国统一的电力交易、平衡和结算系统，将苏格兰地区加入到电力市场中
2013	低碳化	1. 实施差价合约的上网电价，为可再生能源发电厂提供稳定的收益。 2. 建立容量市场，以拍卖方式进行，保障供电可靠性。 3. 新能源接入促进零售市场竞争

来源：神华科学技术研究院。

英国电力市场中，发电企业和售电公司通过批发市场进行双边交易，售电公司与用户通过零售市场达成电力零售合同，大用户可以直接在批发市场和发电企业达成购电合同（见图7－65）。

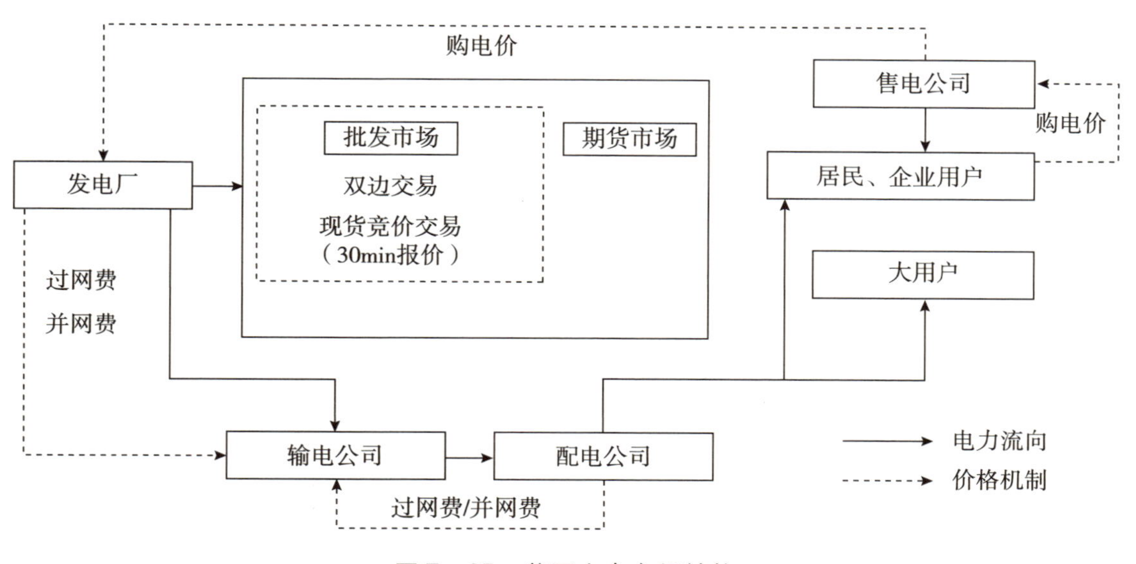

图7－65　英国电力市场结构

来源：神华科学技术研究院。

（2）美国：纵向整合

美国电力市场在改革前主要是由多家私营电力公司形成垄断经营，改革后，在保留垂直一体化的体制下，放开发、配、售环节，建立区域电力交易市场，同时，将输电环节严格管制。电力改革使得美国电力市场发电、输电主体分散，交易模式多样化，发电及售电侧充分竞争。此外，由于美国实行联邦制，因此没有建立统一的电力市场，7个区域电力市场运行模式也各有不同。

（3）日本：垂直一体化基础上引入有限竞争

由于资源匮乏等原因，日本并未效仿西方国家，而是在政府管制下进行了有限的电力市场化改革，采用垂直一体化管理、发电和售电侧引入竞争的模式（见表7－27）。

表7－27　日本电力市场化改革进程

时间	改革政策	改革主要内容
1995	《电力事业法》	1. 引入独立发电商（IPP）。 2. 电力批发市场引入竞价机制

（续表）

时间	改革政策	改革主要内容
1999	《电力事业法》二次修订	1. 放开部分用户选择权。 2. 修订电价制度。 3. 成立“特定规模电力企业”（PPS）从事发售电业务，向大用户售电
2003	《电力事业法》三次修订、《天然气事业法》	1. 输电系统保持垄断。 2. 进一步放开用户选择权。 3. 交易与配售机制审视。 4. 保持管制电力公司垂直垄断，建立电力交易中心
2015	《电气事业法修正案》	1. 成立广域系统运行协调机构，负责协调全国各个电力公司调度运营。 2. 放开所有用户选择权（2016 年）。 3. 厂网分离，全面放开市场价格（2018—2020 年）

来源：神华科学技术研究院。

日本电力市场既包括垂直一体化的电力企业，也包括只从事发电业务的独立发电公司 IPP，以及提供发、售电业务的特定规模电力公司 PPS 等，而十大电力公司的输配电网可以有偿供其他发电公司使用（见图 7 -66）。

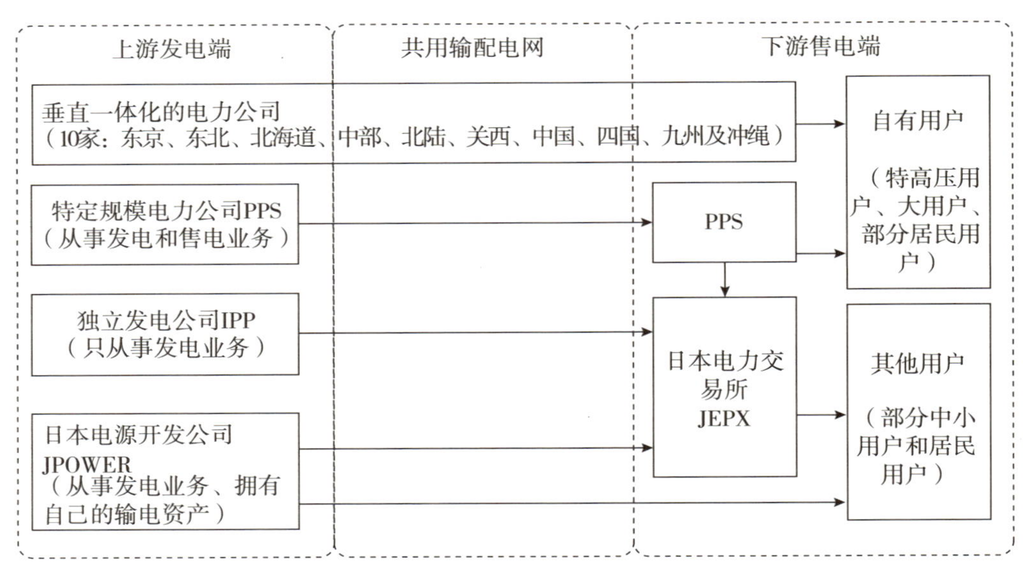

图 7 -66　日本电力市场结构

来源：神华科学技术研究院。

（4）法国：高度垄断一体化

法国电力工业一直主张垂直一体化的发展，法国电力公司（EDF）负责全国发输配售电业务。受迫于欧盟的压力，法国自 2000 年起推行电力市场化改革，将 EDF 的输电及配电资产分离，组建成 EDF 的全资子公司。在发售环节，允许其他社会资本投资发电和售电业务，但 EDF 仍具有绝对的垄断优势。

（5）德国：输配垄断、发售自由竞争

德国电改同法国一样，也是在欧盟统一电力市场化改革的推动下进行的。改革前的德国电力市场，处于高度垄断状态，四大电力公司拥有超过全国 80% 的装机容量，并且各自垄断区域的电力发输配售。自 1998 年启动电力市场化改革以来，德国逐步形成“输配电网垄断经营、发售电侧自由竞争”的电力市场。

2. 电力市场运行模式

（1）美国 PJM 电力市场运行模式

美国 PJM 电力市场覆盖 13 个州和哥伦比亚特区，是美国运转最流畅的电力市场之一。PJM 市场包含双边交易、日前和实时现货交易、辅助服务交易、容量市场和输电权交易等几部分。除双边交易外，均由 PJM 负责组织。PJM 电力市场采用节点模型，发电和购电方直接向独立系统运行机构（ISO）报价，ISO 安排机组和可中断负荷的电量。

（2）美国德州电力市场运行模式

与 PJM 电力市场较为不同，美国德州电力市场属于区域型电力市场，交易在区域间进行。市场主体包括平衡计划调度实体（QSE）、发电公司、输电和配电服务商及售电商，由非盈利的系统独立调度和控制中心（ERCOT）负责管理电力系统运营，保证电量平衡及解决阻塞问题。其中，发电公司和售电商通过 QSE 向 ERCOT 提交报价，报价单元可由多个机组或负荷组合而成。因为没有各机组和可中断负荷的详细信息，ERCOT 无法直接调度机组（见图 7 –67）。

T=运行前一日的早上6时	T=日前市场关闭	T=实时运行前60min	T=实时运行前20min	
双边市场	日前阶段	调整阶段	实时运行前阶段	实时运行阶段
大部分电量通过双边合同交易进行	根据系统供需预测情况提交负荷计划以及辅助服务计划	调整调度计划并更新发电计划	考察系统上下调节服务的能力，解决阻塞问题	每15min进行实时电量平衡

图 7 –67　美国 PJM 电力市场运行模式

来源：神华科学技术研究院。

（3）英国 NETA 模式下的电力市场运行模式

英国电力市场交易模式由批发市场、平衡市场和实时平衡市场构成。与美国 PJM 市场不同，英国绝大部分电力交易（占总发电量的 90% 以上）是通过批发市场直接签订双边合同完成。批发市场按交易机制分为远期合约交易、期货交易和现货交易。远期合约交易时间通常是一年或几年，且交易量很大。自发电前一个月开始，通过期货交易来调整远期合约交易电量。现货交易是发电前 1 ~24h 之内的电量交易。现货交易的参与者很多，但大多数交易量较小（见图 7 –68）。

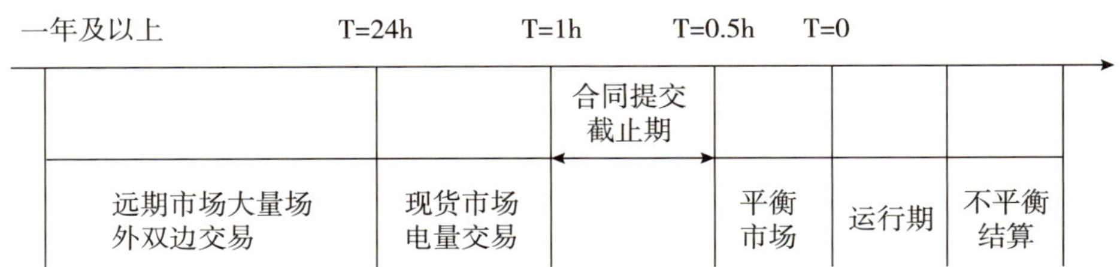

图 7 –68　英国电力市场运行模式

来源：神华科学技术研究院。

3. 售电市场发展现状

（1）售电市场主体模式

国外售电主体模式通常分为两种：一个是售电放开，引入独立售电公司，即在维持电网企业继续从事售电业务的同时，允许非电网企业从事售电业务；另一个是实行配售分开，即将售电业务与配电业务实行产权分离，禁止拥有配电资产的企业从事售电业务，允许其他企业从事售电业务。国外大部分国家采取的都是第一种模式。

（2）售电市场放开进程

放开用户选择权是售电侧改革的重要部分。法国、英国、日本、美国等，基本上都放开了售电用户的选择权。从放开路径上看，绝大部分国家是按照电压等级和用电容量，分阶段地从大用户开始逐步放开，且最早放开的市场份额不超过 30%。从时间跨度上看，售电市场放开的过程是较为缓慢的（见表 7 –28）。

表 7 –28 国外售电市场放开情况

国家	用户放开情况	用户放开进程	第一阶段放开市场份额	全部放开历时
英国	全部放开	1990 年放开 1000kW 以上用户	30%	9 年
		1994 年放开 100kW 以上用户		
		1999 年放开全部用户		
美国	1/3 州全部放开	从 1998 年开始，有 17 个州和哥伦比亚地区陆续按照由大用户到小用户的顺序分阶段放开。目前除俄勒冈外的 17 个州均放开所有用户的选择权		至今快 20 年
日本	全部放开	2000 年放开 20kV、2000kW 以上用户	26%	16 年
		2004 年放开 6kV、500kW 以上用户		
		2005 年放开 6kV、50kW 以上用户		
		2016 年放开全部用户		
法国	全部放开	2000 年放开用电量 16GW 以上的用户	<20%	7 年
		2003 年放开用电量 7GWh 以上的用户		
		2004 年放开全部非居民用户		
		2007 年放开全部用户		
俄罗斯	部分放开	除居民用户全部放开		至今 9 年

来源：神华科学技术研究院。

(3) 售电市场规模和格局

由于仍采取垂直一体化的体制，法国售电市场垄断性较高。2007 年售电市场全面放开之后，共有 16 家售电商进入了市场。截至 2014 年年底，原有 16 家只剩 9 家，新增 12 家。但仅有不到 10% 的用户放弃 EDF 选择其他售电公司。

日本同法国较为类似，十大电力公司占售电市场份额达 93. 9%。但 2016 年全面放开用户选择权后，售电公司数量猛涨。

英国 2014 年有 100 家拥有民用供电牌照的售电公司、39 家非民用售电公司。六大电力供应商为 99% 的居民用户提供服务，占有 95% 的零售市场。

德国售电市场竞争较为激烈。2014 年电力零售商达到 1190 家，主要分为大型电力供应商（四大电力供应商2012年市场份额为45%）、区域供电公司和新兴的创业公司。

（二）国外售电公司发展模式

1. 售电公司类型

国外售电公司类型主要有：垂直一体化电力公司、（发）配售一体化电力公司、发售一体化电力公司、独立售电公司、综合能源服务公司以及购电公社（见表7－29）。

表7－29　　国外售电公司类型

类型	性质	典型代表
垂直一体化电力公司	控制某区域电力的发输配售运行	日本东京电力公司、美国南方电力公司、法国电力公司
（发）配售一体化电力公司	改革前属于垂直一体化公司，拥有发配电资产	德国四大电力供应商、英国能源供应公司
发售一体化电力公司	拥有发电资产	澳大利亚AGL能源公司、新西兰大河电力公司
独立售电公司	不拥有发配电资产	各国均有独立售电公司
综合能源服务公司	除销售电力外还提供天然气、热力等	德国各城市公共事业服务公司
购电公社	由地方政府主导，不以盈利为目的，代表当地居民到市场买电并售电	美国俄亥俄州公共能源委员会、美国加州马林清洁能源公司

来源：神华科学技术研究院。

2. 业务及盈利模式

国外售电公司的业务模式一般是以购售电交易业务为主，以附加增值服务业务为辅。两种业务模式相辅相成、相互影响，成为售电公司的利润来源（见图7－69）。

（1）购售电交易业务

国外售电公司的核心业务是购售电交易，因此其盈利主要依靠价差（用户总电费扣除购电成本的差额）和售电量。售电公司需要具有精确负荷预测的能力，根据负荷量确定与发电公司或用户签订的交易量和合同类型，以最小化成本。国外大型售电公司

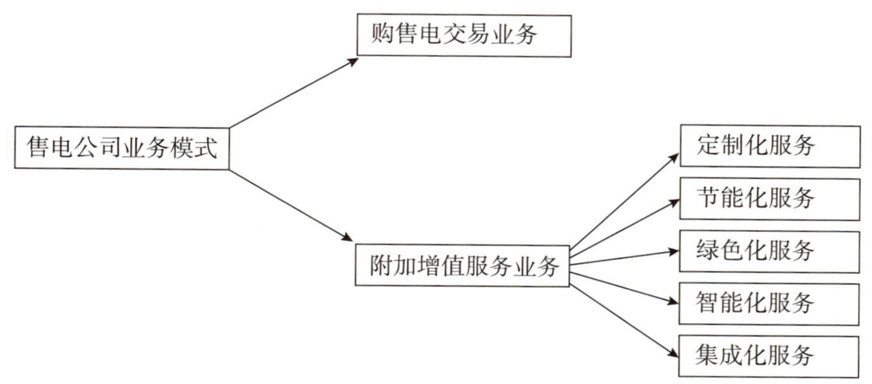

图7-69 国外售电公司业务模式

来源：神华科学技术研究院。

都会有自己的数据系统、工程师团队，专门进行负荷预测。此外，国外售电公司还通过操作多种金融工具规避风险、增加收入。对于售电量，由于用户群体数量直接影响售电量，因此售电公司多建立用户偏好和需求模型，针对不同用户制订有针对性的售电方案，以吸引更多用户，增加售电量。

在购售电模式下，售电公司掌握大量的区域用电数据，因此部分售电公司还围绕这些数据开展包括合同管理、需求响应及电能质量分析在内的服务业务（见图7-70）。

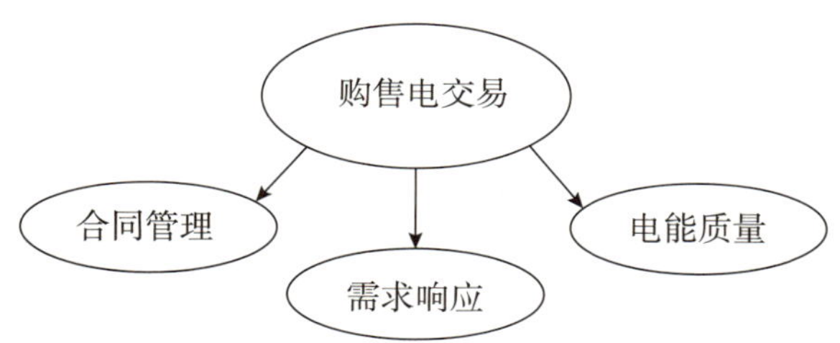

图7-70 国外购售电交易服务业务

来源：神华科学技术研究院。

（2）附加增值服务业务

国外售电公司还通过为用户提供增值服务，向用户收取相应的服务费用。增值服务包括：定制化、节能化、绿色化、智能化以及集成化服务模式。

①定制化服务模式

售电公司可以根据用户需求，开展用电管理、用能分析、优化套餐以及能耗监测等定制化电力服务业务（见表7-30）。

表 7 –30　　国外定制化电力服务

业务模式	具体内容	国外售电公司案例
用电管理	针对大型用户的需求，为其统计历史负荷数据，分析电能消耗水平，制订合理的用电方案	日本东京电力公司根据大用户的需求，为其制订合理的用电方案
用能分析	根据中小型用户的用电习惯，提供设备及整体的用能分析，帮助节省用电支出	美国 Opower 公司通过家庭能耗数据分析平台对能耗数据进行分析和挖掘，为用户提供建议
优化套餐	根据用户的特殊需求为用户量身定制电力套餐	德国 Emprimo 公司提供电力套餐搜索和筛选服务，用户可以输入根据自身需求得到最优电力套餐
能耗监测	研发用能监测平台，开展能耗监测服务，对个性化方案的实施效果进行追踪	美国 Forgitit 综合电力服务公司提供电力消耗监控等多种服务，帮助用户实时了解电力消耗及支出

来源：神华科学技术研究院。

②节能化服务模式

国外售电公司还顺应电力行业低碳、节能的发展趋势，为用户提供节能方案设计、节能技术咨询、节能技术开发以及节能设备供应等节能化服务（见表 7 –31）。

表 7 –31　　国外节能化电力服务

业务模式	具体内容	国外售电公司代表
方案设计与技术咨询	根据用户的用电习惯，进行节能方案设计与节能技术咨询，改善用户用电消费行为	日本东京电力公司针对居民用户提出有效的节能设计
技术开发与设备供应	提供节能电器设备设计、安装、维修、保险等配套服务	美国 Joule Asset 售电公司为用户进行节能改造，安装高能效设备。用户通过电费形式支付改造成本

来源：神华科学技术研究院。

③绿色化服务模式

随着清洁能源的快速发展，国外售电公司还围绕电动汽车、分布式能源等开展绿色化服务业务（见表 7 –32）。

表 7 -32 国外绿色化电力服务

业务模式	具体内容	国外售电公司代表
电动汽车	围绕电动汽车开展售电业务	德国 Ubitricity 售电公司将普通路灯改装为电动汽车充电桩；德国部分售电公司为用户提供详尽的充电站信息
分布式能源	代理分布式电源并网业务	德国集体所有制售电组织众筹投资风能、太阳能发电厂，并将所发电能上网出售
绿色信用	各种以绿色信用为主题的营销方式	德国售电公司把光伏发电对应的 CO_2减排量算成积分，让用户在买电动汽车时享受折扣

来源：神华科学技术研究院。

④智能化服务模式

国外售电公司还将售电与能源互联网紧密联系起来，开发新型网络服务平台，提供智能电表、电子账单、在线服务、邻里比较等智能化电力服务业务（见表 7 -33）。

表 7 -33 国外智能化电力服务

业务模式	具体内容	国外售电公司代表
智能电表	使用智能电表获得更为精准的用户用电数据，为网络化平台提供数据支持	日本东京电力公司通过智能电表、通信网络与服务器建立智能用电系统
电子账单	建立电子账单，方便用户随时查看用电能耗情况	德国 RWE 公司推出一系列移动应用，方便用户管理电费账单、查阅用电数据和各种价目
在线支付	与支付平台合作，开发网上付费功能，方便用户缴费	大多数售电公司都支持在线支付，给用户提供方便
邻里比较	与社交平台合作，用户能随时查看用能排序情况	美国 Opower 公司提供相近区域内最节能的 20% 的用户耗能数据

来源：神华科学技术研究院。

⑤集成化服务模式

国外售电公司还开展能源销售、能源管理等集成化服务业务，为用户提供多种能源资源的综合供应及管理（见表 7 -34）。

表 7 –34　　国外集成化电力服务

业务模式	具体内容	国外售电公司代表
能源销售	将售电业务与其他能源业务捆绑销售	德国 Entega 能源公司将售电与供水、供暖、供气等其他能源业务捆绑销售，提供智能供热管理服务，为客户节省费用
能源管理	向用户提供综合能源管理服务	对同时使用多种能源的用户，德国部分售电公司为其提供最优综合能源使用方案

来源：神华科学技术研究院。

3. 国外发售一体化公司经营策略

（1） 莱茵集团

莱茵集团属于发配售一体化的电力企业，是欧洲第三大电力零售商。其电力市场经营策略采用了独立公司与区域公司相结合的模式。2016 年，莱茵集团进行重组，将其可再生能源、电网和电力零售业务合并，成立莱茵创新公司（RWE Innogy），电力零售作为单独的板块发展。

在售电策略方面，莱茵集团充分利用互联网平台，推出一系列移动应用，包括企业群、个人电费管理、智能家居控制和电动车充电等。此外，莱茵提前布局电动车领域，在德国架设两千多座“智慧充电站”，方便用户为车辆选择可再生能源电力。

（2） 日本东京电力公司

日本东京电力公司属于发输配售一体化的电力企业，是日本十大电力公司之一。在售电业务上，采用根据用户类型制定差异化的服务策略。针对大用户，将用户需求分类，提出了“为客户提供一步到位服务”的要求。针对居民用户，东京电力公司将其需求分为：舒适、节能、环保、安全以及经济。根据居民用户需求确定营销策略，例如推广使用高效电器产品的电气化住宅等。

（3） Green Mountain Energy 公司

Green Mountain Energy 公司是美国德州最早开始零售可再生能源电力的供应商。公司运营模式是购买太阳能、风能等可再生能源发电设备，利用这些资源发电，再将电能销售给家庭用户和商业用户，并从中获取利润（见图 7 –71）。

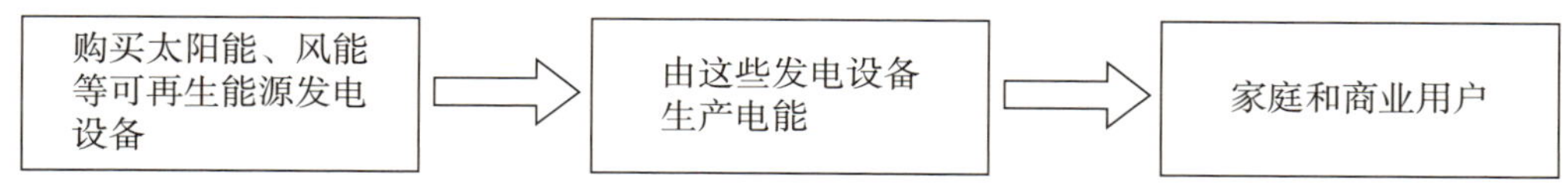

图 7－71　Green Mountain Energy 公司运营模式

来源：神华科学技术研究院。

（三）国外售电经验借鉴

国外开展电力市场化改革较早，在售电市场的运作和售电公司的经营上有较多可借鉴学习的经验供参考。

1. 售电业务的开展必须紧密关注电改进程

世界各国电力市场化改革基本上采取“放开两头，管住中间”，即在发电和售电侧引入竞争，对输配环节加大监管。电力改革的进程及阶段将直接决定售电市场的运营模式以及售电公司的可经营范围。因此，售电业务的开展必须密切关注电力改革进程，及时把握电力改革的政策动向。

2. 售电市场发育成熟要经历较长过程

售电侧放开是一项涉及面广、工作量大的系统工程，过程必然是渐进且缓慢的。国外电力用户选择权全部放开需要 8～10 年甚至更长时间。目前中国售电公司接连成立，期望抢占市场，但售电业务仍需稳步拓展，与不断发展的市场相匹配。

3. 拥有发电资产的售电公司是售电市场主力

在国外售电侧放开初期，市场涌现出较多的独立售电公司，但受各种因素制约，生存较为困难。发售一体的售电公司由于拥有一定的客户资源和电源优势，价格浮动幅度更加灵活，购电过程简单易行，较独立的售电公司更具竞争力。像英国、日本和德国等国家大部分的售电份额仍掌握在传统的发配售电公司手中。法国 EDF 公司在售电市场仍处于绝对垄断地位。而在美国，一些大型电力公司像 DominionPower、Constellation 和 NRG 等，在电改初期成立或收购售电公司，减少批发市场价格变动所带来的风险，辅助发电业务的开展。

4. 售电公司需建立市场营销体系，并明确市场定位

国外发售一体的售电公司通常具有较为完善的市场营销体系，在产品服务上有明确的市场定位。受市场约束，中国发电企业更侧重发电领域，在营销体系上较为薄弱，因此要进入售电领域，需搭建电力市场营销部门，建立营销架构，明确营销理念、战略、方法和职责分工，制定营销流程等。同时，根据自身优势，结合市场情况，确定产品服务的发展方向，明确市场定位。

5. 核心业务是购售电交易，注重增值服务的创新

国外售电公司业务包括购售电交易和增值服务。核心业务仍然是购售电交易，业务创新方向主要在增值服务上。国外售电公司为增加盈利普遍采取的策略包括：一是充分参与电力市场和其他金融市场，通过精确的负荷预测确定购售电量以及合同类型，规避风险、最小化成本；二是通过好的产品设计、套餐服务，吸引用户，提高营业收入；三是通过各类创新服务，为用户创造附加值，赚取服务费用。

6. 售电服务平台成为关键

国外售电公司目前已经推出的各类增值服务，如用电管理、用能分析、定制套餐以及电子账单、在线支付、邻里比较等，均需要以大数据和移动互联网技术为基础的售电服务平台的支撑。随着中国售电侧改革的推进，售电公司将逐步拥有电力大数据资源。基于这些海量数据，利用互联网技术，打造吸引用户的售电服务平台将成为售电公司提升竞争力的关键。

7. 售电公司重视合作和跨界发展

为了在激烈的市场中生存发展，国外的售电公司进行了大量的商业创新，包括合作及跨界发展。一些售电公司与支付平台合作，开发网上付费功能，并与社交平台合作，使用户能随时查看用能排序情况。目前中国售电侧改革处于初级阶段，售电公司可通过加强与其他企业的合作来弥补自身经验的不足。

二、开展售电业务的国内发展环境

（一）中国电力改革方向及进展

9 号文及配套文件（见图 7－72）发布后，新一轮电力体制改革正式拉开帷幕。电改积极推进，截至 2016 年年底，电力体制改革综合试点方案获批的有 21 个省市（2017 年 3 月新增福建）；输配电价改革试点已扩容至除西藏以外的所有省级电网和华北区域电网；全国已经成立了2家国家级电力交易中心和31家省级电力交易中心；广东、重庆、新疆、福建、黑龙江等10个省份已被列入售电侧改革试点（2017年2月新增江苏），形成了以综合试点为主、多模式探索的格局。

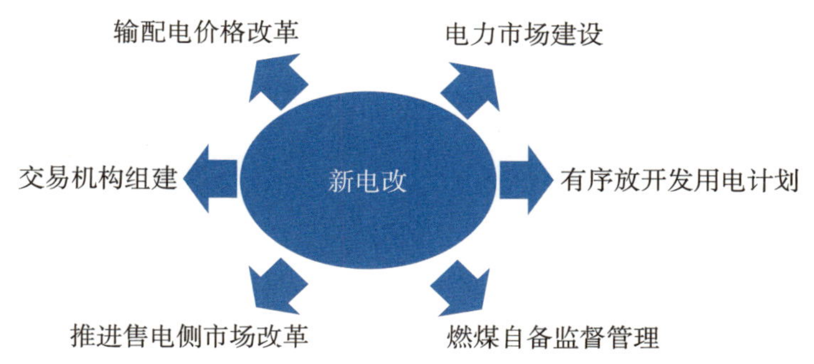

图7－72　电改9号文重点内容

来源：《关于进一步深化电力体制改革的若干意见》（中发〔2015〕9号）。

（二）中国售电业务发展现状

当前，中国电力市场交易分为电力批发交易和电力零售交易。电力市场交易品种有很多。目前，中国主要放开的是最基本的电能量交易市场和辅助服务交易市场。电能量市场由中长期交易和现货交易组成。目前只开展了由发电企业、售电公司、电力大用户等市场主体通过双边协商、集中竞争等方式进行的中长期电量交易。

（三）售电侧改革主要政策

《关于推进售电侧改革的实施意见》指出，向社会资本放开售电业务，多途径培育售电侧市场竞争主体，有利于更多的用户拥有选择权，提升售电服务质量和用户用能水平。售电侧放开，将催生一个生产者和用户能够直接见面的新兴市场。

一般，发电企业为单机容量达到当地规定的火电、水电机组并网自备电厂在承担相应的各种责任（政府性基金＋政策性交叉补贴＋系统备用费）后可逐步参与电力直接交易，鼓励核电、风电、太阳能发电等尝试参与；电力用户按照准入电压等级、容量和用电情况，根据市场发展情况逐步放开。2016年10月11日，国家发展和改革委员会、能源局印发了《售电公司准入与退出管理办法》《有序放开配电网业务管理办法》。售电企业市场准入条件主要对法人资格、资产条件、设备场所人员、许可证等进行要求，实行简单的注册制、登记制。

目前，包括电改综合试点在内的涉及售电侧改革的省份数量已经达到二十几个，各个地区对售电公司准入条件和流程以及用户类型的规定政策存在一些差异（见表7－35、表7－36）。

表7－35　　中国各试点省份对于售电公司准入的政策要求

区域	资产要求	人才要求	配电网及流程
国家	资产总额不得低于2千万元人民币。资产总额在2千万元至1亿元人民币的，可以从事年售电量6～30亿千瓦时的售电业务；资产总额在1亿元至2亿元人民币的，可以从事年售电量30～60亿千瓦时的售电业务；资产总额超过2亿元人民币的，不限制售电量。拥有配电网运营权的售电公司的注册资本不低于其总资产的20%	要有三年及以上工作经验；至少要拥有10名及以上专业人员，其中至少一名高级职称和三名中级职称的专业管理人员	拥有配电网运营权的售电公司按照有关规定取得电力业务许可证（供电类）。明确"一注册、一承诺、一公示、三备案"的具体流程
重庆	符合国家要求	要掌握电力系统基本技术、经济专业知识，具备电能管理、节能管理、需求侧管理等能力	规定电网企业注册成立的售电公司不能获得配网经营权，只能在其配网经营权范围内展开竞争性售电业务
河北		具有掌握电力系统基本技术经济特征的相关专职专业人员	
甘肃	符合国家要求	至少拥有1名高级职称和3名中级职称的专职管理人员，拥有10名及以上掌握电力系统基本技术经济特征的专业人员，有供电服务、电能管理、节能管理或需求侧管理等相关电力业务3年以上工作经历	申请配电网经营权的售电公司应按照要求获取电力业务许可证（供电类）和供电营业许可
福建	符合国家要求		拥有配电网经营权的售电公司应取得电力业务许可证（供电类）

（续表）

区域	资产要求	人才要求	配电网及流程
河北	符合国家要求		拥有配电网运营权的售电公司还需提供配电网电压等级、供电范围、电力业务许可证（供电类）等相关材料
吉林	资产总额 2 千万元人民币，可以从事年售电量亿千瓦时的售电业务，资产总额每增加 1 千万元，准许售电量可增加 3 亿千瓦时。资产总额在 2 亿元人民币及以上的，不限制售电量	拥有一定数量的专职管理人员和掌握电力系统基本技术经济特征的专业人员	申请配电网经营权的售电公司应按要求获得电力业务许可证（供电类）
浙江	符合国家要求		拥有配电网经营权的售电公司应取得电力业务许可证（供电类）
江西	按照《中华人民共和国公司法》完成工商注册，具有独立法人资格，经营范围包括电力销售		
云南	按照国家界定的准入条件，按年度公布售电主体目录	具有掌握电力系统基本技术经济特征的相关专职专业人员	
贵州	按照接入电压等级、能耗水平、排放水平、产业政策等确定并公布可参与直接交易的发电企业、售电主体和用户准入标准		
山西	在国家确定的售电侧市场主体准入与退出标准与条件基础上，结合山西实际，确定符合技术、安全、环保、节能和社会责任要求的售电主体条件		
广西	允许符合条件的发电企业投资和组建售电主体进入售电市场，从事售电业务		广西电网公司外的存量配网视为增量配电业务

（续表）

区域	资产要求	人才要求	配电网及流程
山东	建立售电主体准入和退出机制。每年向社会公布售电主体清单，并实行动态管理		
湖北	按照国家关于售电侧市场主体准入与退出的标准和条件，结合湖北实际，科学确定符合技术、安全、环保、节能和社会责任要求的售电主体条件		研究制定拥有配电网运营权的售电公司营业区域的划分及提供保底供电服务的具体办法
四川	按照国家统一要求，研究建立我省售电侧市场主体准入和退出机制。建立市场主体目录并进行动态管理。将符合准入条件并已开展直购电交易的市场主体直接纳入售电侧市场		
辽宁	根据开放售电侧市场的要求和辽宁实际情况，按照国家界定的技术、安全、环保、节能和社会责任等要求，具体制定售电主体的准入条件和退出机制，按年度公布售电主体目录		
陕西	在国家确定的售电侧市场主体准入与退出标准、条件的基础上，结合陕西实际，依法确定符合技术、安全、环保、节能和社会责任要求的售电主体准入条件	具有掌握电力系统基本技术经济特征的相关专职专业人员	
安徽	资产总额应不低于2000万元人民币。资产总额=2000万元人民币，可以从事的年售电量≤6亿千瓦时。2000万元人民币<资产总额≤20000万元人民币，可以从事的最大年售电量=资产总额（30万千瓦时/万元）		

来源：神华科学技术研究院。

表 7 –36　　中国各试点省份对于市场放开及用户准入的规划

省份	计划
广东	今年计划逐步将年用电量为 5000 万千瓦时及以上商业电力大用户纳入参与直接交易
贵州	2016 年先行允许报装容量 1000 千伏安及以上用户进入市场交易，视市场交易情况逐步放开其他工业用户，全面放开大工业用户用电计划
重庆	将符合产业政策的可以参与交易工业用户年用电量准入门槛放宽至 500 万千瓦时
山西	2016 年年底前开展园区型主体直接交易。到 2017 年，电力直接交易量达到全社会用电量 30%。经过 3 年或更长时间工商业领域电力直接交易全面放开
广西	2016 年将逐步放开 35 千伏及以上甚至 10 千伏及以上电压等级工商业用户参与直接交易，直接交易电量不低于当年全区用电量的 20%。2017 年以后根据市场发育程度，逐步放开全部工商业用电计划
山东	新增企业用户和新核准的发电机组原则上都要参与电力市场交易
甘肃	按照《甘肃省 2016 年电力用户与发电企业直接交易实施细则》对电力用户准入条件规定执行。微电网用户应满足国家能源局《关于推进新能源微电网示范项目建设的指导意见》
福建	开放用户购电选择权，逐步放开 10 千伏及以上工商业用户购电选择权，条件成熟后全面放开用户的购电选择权，并采用负面清单方式，实行动态管理。鼓励发展用户侧分布式电源，准许接入各电压等级的配电网或终端用电系统
吉林	直接交易用户：每年年初，确定年度直接交易准入标准向社会公布。一般用户：每年年初，确定一般用户年度准入标准向社会公布
陕西	2016 年，电压等级 110 千伏及以上工商企业和 10 千伏及以上高新技术企业用户参与直接交易，具备条件时，逐步放开所有 10 千伏及以上电压等级用户。2017 年，直接交易电量比例达到全省全社会用电量的 30% 以上
湖北	逐步扩大电力直接交易的市场主体范围，增加交易电量。到 2020 年取消竞争性环节发用电计划
四川	直购电试点范围不断扩大，2015 年大用户直购电达 280 亿千瓦时，占全省总用电量的 14.3%。随着用电逐步放开，相应放开一定比例发电容量参与市场交易
辽宁	以大用户直接交易为切入点，2016 年大用户直接交易电量力争由 2015 年的 100 亿千瓦时提高到 140 亿千瓦时。鼓励新增工业用户和新核准的发电机组积极参与电力市场交易，其电量尽快实现以市场交易为主

来源：神华科学技术研究院。

（四）售电公司发展状况

1. 发展规模

售电市场前景广阔。截至 2015 年，中国已成立超过 200 家售电公司，注册资本超过 220 亿元。截至 2016 年年底，全国售电公司在电力交易中心注册共 3625 家。随着售电业务的开放，中国售电公司数量将进一步增长。

2. 区域分布

目前，全国有 31 个省（自治区、直辖市）成立了售电公司，售电公司数量较多的省份分别是广东、河北、山西、四川、江苏、云南、山东、安徽、浙江、贵州等中东部省份（见图 7 –73）。

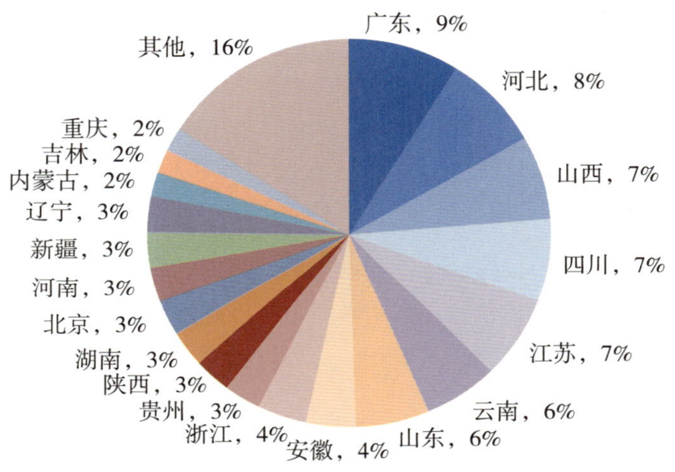

图 7 –73　中国售电公司区域集中度

来源：北极星电力网。

3. 公司类型

电改 9 号文明确提出有序向社会资本开放售电业务，多途径培养市场主体，并在配套文件中再次提出产业园区、公共服务行业公司等主体可成立售电公司，从事售电业务。售电公司类别及优劣势情况见表 7 –37。

表 7-37 中国售电公司类别及优劣势

类别	优劣势	发展趋势
电网企业组建售电公司	优势：配网+用户+服务+人才 弱势：电源	利用电网资源，扩大客户规模和售电资源，议价能力强，争取更优惠的购电价格
发电企业组建售电公司	优势：电源+用户 弱势：配网+服务+人才	产业链向下游延伸，投资建造配电网，打造配售一体化服务
社会资本投资拥有配电网运营权的售电公司	优势：配网+用户 弱势：电源+服务+人才	拥有一定的客户资源和业务资源，在局部地区形成垄断
符合条件的高新产业园区或经济技术开发区	优势：配网+用户+服务 弱势：电源+人才	投资建造配电网和分布式电源，分享分布式能源政策红利，打造发配售一体化服务；满足园区客户不同用电需求，提供综合用电服务
拥有分布式能源的用户或微网系统	优势：用户 弱势：配网+电源+服务+人才	投资建设配电网，打造发配售一体化服务
供水、供气、供热等公共服务行业公司	优势：用户+服务 弱势：配网+电源+人才	与现有供水、供气、供热服务整合，开拓能源综合服务市场
节能服务公司从事售电业务	优势：服务+用户 弱势：配网+电源+人才	基于用户购用电数据分析，提供综合能源管理服务
独立售电公司	优势：服务 弱势：电源+配网+用户+人才	独立售电企业主要是开展购售电业务，利用网络获取用户用电数据，并针对用户的需求推出各种用电套餐，以及其他电能服务

来源：神华科学技术研究院。

电改后，客户、电源以及配网经营权是售电市场最主要的资源，电网下属售电公司拥有客户资源，发电集团售电则拥有电源资产，两者均体量庞大，面对全国市场具有全国网络优势，可以通过区域统筹统调获取市场竞争力；而拥有配网经营权的售电企业将成为售电市场的主力军。服务与人才也是两个比较重要的要素，在这两方面电网售电公司优势较为突出。其他类型售电公司主要侧重区域市场，根据企业实际情况提供差异化服务：园区售电拥有区域客户资源，区域谈判能力较强，可以代理售电，也可自建分布式电源，实现一体化经营；节能、公共服务公司售电则具有一定政府行政色彩，依托于特定的资产（水网、热网、燃气网）实现区域内某种程度的垄断经营。

4. 五大电力集团参与售电情况

五大电力集团也纷纷成立售电公司，布局售电市场。截至2016年11月，五大电力下属的售电公司为28家（见表7－38）。

表7－38　　中国五大电力参与组建售电公司情况

	区域	公司	注册资金（万元）	成立时间	所属集团	注册地
1	内蒙古	华能内蒙古电力热力销售有限公司	20000	201504	华能	呼和浩特
2	广东	华能广东能源销售有限责任公司	20000	201508		广州
3	江苏	华能江苏能源销售有限责任公司	20000	201508		南京
4	山东	华能山东电力热力营销有限公司	20000	201506		济南
5	辽宁	华能辽宁能源销售有限责任公司	20000	201508		沈阳
6	山西	华能山西能源销售有限责任公司	20000	201606		太原
7	重庆	华能重庆能源销售有限责任公司	21000	201608		重庆
8	江西	华能江西清洁能源有限责任公司	500	20160825		南昌
9	内蒙古	大唐（赤峰）新能源有限公司	33303.97	20150521	大唐	赤峰
10	重庆	重庆能投售电有限公司	20000	201509		重庆
11	新疆	新疆大唐红星售电有限公司	2000	201511		哈密市
12	广东	广东大唐国际电力营销有限公司	20000	201606		广州
13	广西	广西大唐桂冠电力营销有限公司	21000	201606		南宁
14	内蒙古	内蒙古华电电力销售有限公司	20000	201511	华电	呼和浩特
15	贵州	贵州华电乌江售电有限公司	2000	201512		贵安新区
16	广东	华电广东能源销售有限公司	22000	201611		广州
17	广东	肇庆大旺电力热力有限公司	22000	201512	国电	肇庆
18	安徽	国电安徽力源电力发展有限公司	36500	201512		合肥
19	四川	国电大渡河新能源投资有限公司	122000	20151204		成都

（续表）

	区域	公司	注册资金（万元）	成立时间	所属集团	注册地
20	内蒙古	内蒙古中电投蒙西配售电有限公司	10000	201511	中电投	呼和浩特
21		内蒙古中电投霍白配售电有限公司	10000	201509		呼和浩特
22	广东	中电投（深圳）电力销售有限公司	25000	199712		深圳
23		珠海横琴能源发展有限公司	30000	201509		珠海
24	重庆	重庆渝西港桥电力有限公司	2000	201509		重庆
25	贵州	中电投贵州金元售电有限公司	20000	201512		贵阳
26		中电（贵安新区）配售电有限公司	20000	201602		贵安新区
27		贵安新区配售电有限公司	150000	201606		贵安新区
28	河北	河北亮能售电有限公司	20100	201607		石家庄

来源：五大电力、北极星电力网、地方经信委。

除了五大发电集团外，还有很多地方电力公司也成立了售电公司参与业务，如广西桂东电力股份有限公司、广东电力发展股份有限公司等。

5. 主要业务模式

目前，中国售电侧改革试点区域售电公司商业模式尚未成型。短期内，购售电是中国售电公司的主要业务，此外，也会通过故障处理与响应客户需求为客户提供更好的服务，维护客户关系。随着电改的推进，未来售电业务将向增值服务、依托互联网的创新服务发展。目前已经有个别售电公司围绕增值服务以及互联网创新服务进行尝试探索。

（五）中国售电侧改革主要试点进展情况

试点地区中，广东、重庆是首批售电侧改革试点省份，云南、贵州是首批电改综合试点省份，均走在电改前列。

1. 广东省售电侧改革试点

广东省最早纳入售电侧试点地区，改革试点推进最快，在全国电改中具有风向标意义。

（1）市场交易模式及让利情况

市场主体可以选择两种交易模式：年度双边协商交易和月度集中竞争交易。2016年广东直接交易电量年度目标为420亿千瓦时，其中双边协议交易电量为280亿千瓦时，竞争交易电量为140亿千瓦时，前者为主，后者为辅（见表7－39）。

表7－39　　广东省近年电力直接交易情况

	2013年	2014年	2015年	2016年
直接交易电量（亿千瓦时）	95	148	229	420
直接交易电量占2015年省内发电量的比例（%）	3	4	6	13

来源：南方电网、神华科学技术研究院。

2016年，因1月、2月广东未进行电量竞争交易，因此140亿千瓦时竞争交易电量在剩余10个月内平均分配，每月14亿千瓦时（见表7－40）。2016年3月25日，广东率先于全国进行有售电公司参与的月度集中竞价。3—9月，7次月度集中竞价成交电量159.8亿千瓦时，占市场电量的36%。而售电公司整体占有率达到71.37%，大用户比重28.63%。3—7月售电竞争市场电厂向用户让利的规模分别为1.32亿元、2.41亿元、1.87亿元、1.76亿元和1.57亿元，3～7月平均降价0.103元/千瓦时。

表7－40　　广东省月度竞争电量情况

<table>
<tr><th>月度竞争电量规模（亿千瓦时）</th><th colspan="2">单个售电公司对应的竞争电量</th></tr>
<tr><td>>14</td><td>月度申报竞争电量≤当月竞争电量总规模的15%</td><td rowspan="2">年度累计成交竞争电量≤21亿千瓦时</td></tr>
<tr><td>≤14</td><td>月度申报竞争电量≤2.1亿千瓦时</td></tr>
</table>

来源：广东电力交易中心。

（2）售电主体情况

3—9月广东前十大售电公司均位列首批进入的13家售电公司之中。广东售电市场呈现出稳定的竞争格局，广东粤电电力销售有限公司具有较强的竞争力，处于竞争交易市场的第一梯队；广州恒运电力、华润电力、深圳市深电能售电公司、深圳能源售电公司、肇庆大旺5家公司处于竞争市场的第二梯队（见图7－74）。

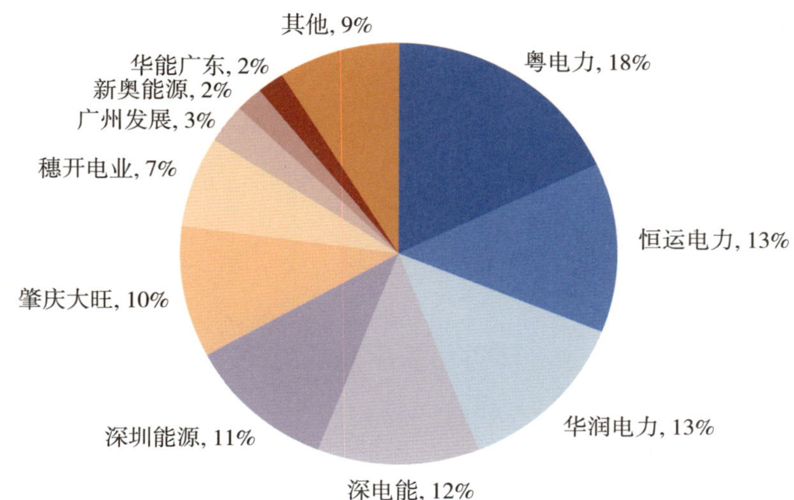

图 7 –74 2016 年 3—9 月广东省各售电公司市场份额

来源：广州电力交易中心。

(3) 市场放开实施计划

广东省市场放开实施计划见表 7 –41。

表 7 –41 广东省市场放开实施计划

	时间	电量	具体情况
第一阶段	2016—2017 年	420 亿千瓦时	大用户：①年用电量 800 万千瓦时以上等条件的企业；②年用电量 8000 万千瓦时以上的其他大型工业用户；③年用电量 5000 万千瓦时以上的商业用户。 一般用户：年用电量 800 万千瓦时以下，且位于国家经济开发区等条件企业。 2016 年年初首批用户目录：大用户共 333 家，园区 11 家，园区已注册用户 168 家（总数 1000 多家）
第二阶段	2017—2018 年	1000 亿 ~1500 亿千瓦时	开放 110kV、35kV 级以上电压等级工商业用户，以及部分 10kV 级以上工商业用户
第三阶段	2019—2020 年	工商业用户全部放开	开放 10kV 级以上电压等级用户，允许部分优先购电企业和用户自愿参与
第四阶段	2020 年后		全部开放

来源：清华大学能源互联网研究院。

（4）存在的问题

广东的试点非常成功，已经构成了典型的电力市场雏形：大部分交易靠双边长协合同；一月一度的集中竞价很好地指导了价格的形成，促进下次竞价和长协的滚动发展。但是，广东试点仍存在售电企业获利较多等问题。例如，售电公司获得巨大利益，与市场改革初衷存在一定差距，等等。

（5）广东新规则

2016 年 10 月 27 日，广东省经信委组织召开“广东电力体制改革配套方案及交易基本规则宣贯会”。2017 年 1 月，广东省发展和改革委员会、经信委、能源局南方监管局下发《广东省售电侧改革试点实施方案》《广东电力市场建设实施方案》《广东电力交易机构组建方案》等实施方案，多项条款对电力用户、售电公司参与交易进行了限定。比如，电力用户自进入市场之日起，三年内不得自行退出市场；所有准入的市场用户均须全电量参与市场交易，其全部用电量按市场规则进行结算，不再执行目录电价；偏差电量要结合月度竞价情况进行电费考核。大用户可自由选择售电公司，但同一时刻只能选择一家售电公司购电（长协 + 竞价），合约期内维持购售电关系不变。此外，宣贯会还要求广东省内核电、燃气电厂参加。

2. 重庆市售电侧改革试点

重庆市是首批售电侧改革试点省市之一。

（1）市场交易模式及让利情况

2016 年重庆市电力直接交易量确定为 80 亿千瓦时，约占全省工业用电量的 25%。重庆市电力交易模式见表 7 –42。

表 7 –42　　重庆市电力交易模式

交易模式		要求
双边协商交易		11 月 20 日前将交易意向报送交易机构，确定年度交易电量、交易价格、逐月分解情况等
集中交易	挂牌交易	电力用户通过电力交易中心申报的直接交易电量成为挂牌，摘牌电量之和大于挂牌电量按申报比例分摊
	撮合交易	电力用户和发电企业申报电量和电价，按照价差次序匹配价差部分由电力用户和发电企业均摊，形成撮合电量和撮合价格

来源：清华大学能源互联网研究院。

（2）售电主体及签约情况

2016年2月3日，两江新区首批12家企业与重庆两江长兴电力有限公司成功签约购售电协议，标志着重庆市售电侧改革试点迈入了实质性实施阶段。此次签约达成2016年度售电量1.3亿千瓦时，用电企业平均签约电价0.6元/千瓦时。重庆市电力用户及试点范围情况见表7-43。

表7-43　重庆市电力用户及试点范围情况

对象	要求
电力用户	试点区域内符合国家产业政策，除施行差别电价和惩罚性电价的企业外均可参与，存量用户及同址扩容新增电量暂不纳入试点
试点范围	支柱产业和战略性新兴产业重点项目集聚区，包括两江新区水土、鱼复、龙兴三个园区，长寿经开区晏家、江南、八颗三个组团，万州经开区，万盛平山工业园区，永川港桥工业园区，以及中石化页岩气开发、管输、利用领域

来源：重庆市发展和改革委员会。

（3）存在的问题

重庆市在试点过程中出现的争议问题主要是结算模式和输配电价问题。

3. 贵州省电改综合试点

贵州省电改综合试点内容涵盖输配电价改革试点、电力市场建设试点、售电侧改革试点和跨省跨区电力交易机制试点。2016年6月，全国第一个电力市场交易规则在贵州省诞生。

（1）市场交易模式及让利情况

截至2016年4月底，全省941家电力用户和22家发电企业参加了年度双边协商直接交易，签约电量达356.7亿千瓦时。贵州省电力交易模式见表7-44。

表7-44　贵州省电力交易模式

类型	名称	具体内容
电力交易品种	电力直接交易（已实际开展）	电力用户、售电企业和发电企业按照自愿参与、自主协商的原则直接进行的购售电交易，电网企业按规定提供输配电服务
	合同电量转让交易	在不影响电力消费者利益的前提下，通过市场化交易方式实现市场主体之间合同电量的有偿出让和买入

（续表）

类型	名称	具体内容
电力交易品种	跨省跨区交易（已实际开展）	以市场化交易方式与周边省份的电力交易。政府框架协议外的跨省跨区交易可由电网企业或发电企业与购电方直接签订交易合同，开展交易
市场化交易方式	双边协商（已实际开展）	市场主体自主协商交易电量（电力）、电价，达成一致意见后形成交易意向协议
	集中竞价	市场主体通过电力交易平台集中申报需求和价格，由系统按照申报价格排序原则进行交易匹配
	挂牌交易	市场主体按规定将电量和价格等交易信息通过电力交易平台对外挂牌，由满足需求的一方摘牌

来源：清华大学能源互联网研究院。

（2）售电主体及签约情况

截至2016年5月，贵州省已注册的售电公司有38家，其中贵安新区有11家，兴义则还没有成功注册的售电公司。2016年贵州省主要直购电情况见表7－45。

表7－45　　2016年贵州省主要直购电情况

行业	企业数量（家）	交易电量情况
电解锰	38	20亿千瓦时
铁合金	64	47亿千瓦时
钢铁	23	18亿千瓦时
磨料	41	10.8亿千瓦时
黄磷	28	30亿千瓦时
工业硅	19	14亿千瓦时
建材	257	60亿千瓦时
总量	超过1000	405亿千瓦时

来源：清华大学能源互联网研究院。

（3）存在的问题

贵州省直购电规模快速增长，市场发展迅速。但同时也暴露出包括售电量下滑、合同履约率较低、用户欠费情况严重、合同变更频繁、缺乏有力约束等一系列问题。

4. 云南省电改综合试点

云南省是中国第一批电改综合试点省份之一。

（1）市场交易模式及让利情况

目前，云南电力市场已经建立了较为完善的市场体系和交易规则（见表7－46）。按价差从大到小原则确定成交对象、成交电量和成交价格，“价差为负不能成交”是其亮点。

表7－46　云南省电力交易模式

形式	时间	交易	交易品种	备注
场外	年度	双边交易		
场内	年度	集中竞价预交易		仅为月度竞价约束条件
场内	月度	省内优先购电量交易	挂牌交易	
场内	月度	框架协议内西电东送电量交易	挂牌交易	
场内	月度	省内市场电量	集中竞价交易	
场内	月度	省内市场电量	挂牌交易	
场内	月度	框架协议外西电东送电量交易	增送电量挂牌交易	
场内	月度	事前合约转让交易	水水置换合约转让交易	
场内	月度	事后合约转让交易	水水置换合约转让交易	
场内	月度	事后合约转让交易	合约协议转让交易	
场内	月度	事后合约转让交易	水火置换合约转让交易	
场内	月度	月度预招标		用于调度调整发电计划
场内	月度	月度长期备用市场	系统统一购买	支持火电备用
场内	日前	增量交易	集中竞价交易	

来源：清华大学能源互联网研究院。

（2）售电主体分类及签约情况

截至2016年5月，云南省成立的售电公司已有22家。2015年12月30日，云南最早成立的售电公司——云南能投滇中配售电有限公司与云南盐化公司签订竞价策略购售电技术服务合同。2016 年 5 月 7 日，云南铝业股份有限公司审议通过了向云南慧能售电股份有限公司购电的预案。

（3）存在的问题

云南省在试点中仍存在如下问题：购售电量价关系较为复杂，结算统计相对不便；发电权交易和月度备用容量市场被诟病为向火电输血，存在火电厂长期不开机也不具备生产条件，通过发电权交易套利的实际情况。云南省发电厂优先情况见表 7－47。

表 7－47 云南省发电厂优先情况

类型	子项	说明	竞争情况
优先电厂	第一类优先电厂	2014 年前已投产的并网运行公用水电和由地县调管的电厂，保障电网安全稳定运行的火电机组	非竞争性售电主体
	第二类优先电厂	风电场和光伏电厂及 2004 年电改后投产且以 110kV 并网省地共调的水电厂，水库具有年调节能力及以上的水电厂	暂不参与市场竞争
	第三类优先电厂	第一、二类以外水电	竞争性售电主体
非优先电厂		火电厂	

来源：清华大学能源互联网研究院。

（六）中国售电市场发展趋势及前景

随着中国电力市场建设工作的稳步有序推进，中国售电市场发展趋势及前景非常广阔。

1. 相关政策将陆续出台持续推进电力市场建设

近期，国家还在陆续出台相关政策指导电力市场建设，以推动电力体制改革。2016 年 12 月 12 日，26 家省电力交易中心联合发布《售电公司市场注册规范指引（试行）》，进一步规范了售电公司注册的流程和标准。2016 年 12 月 29 日，国家发展和改革委员会、能源局印发了《电力中长期交易基本规则（暂行）》，以期规范各地电力现货市场启动前的电力中长期交易。2017 年 3 月，国家发展和改革委员会制定的《关于有序放开发用电计划工作的通知》将推进发用电计划改革。

2. 未来十年，包括居民用户用电在内的市场将全面放开

根据对售电市场的推进与规划（见图 7 –75），未来 1 ~3 年将放开 35kV 及以上用户，未来5 ~10 年将放开 10kV 及以上用户，10 年后可能放开民用和公益用电。售电市场的交易规模将持续扩大。

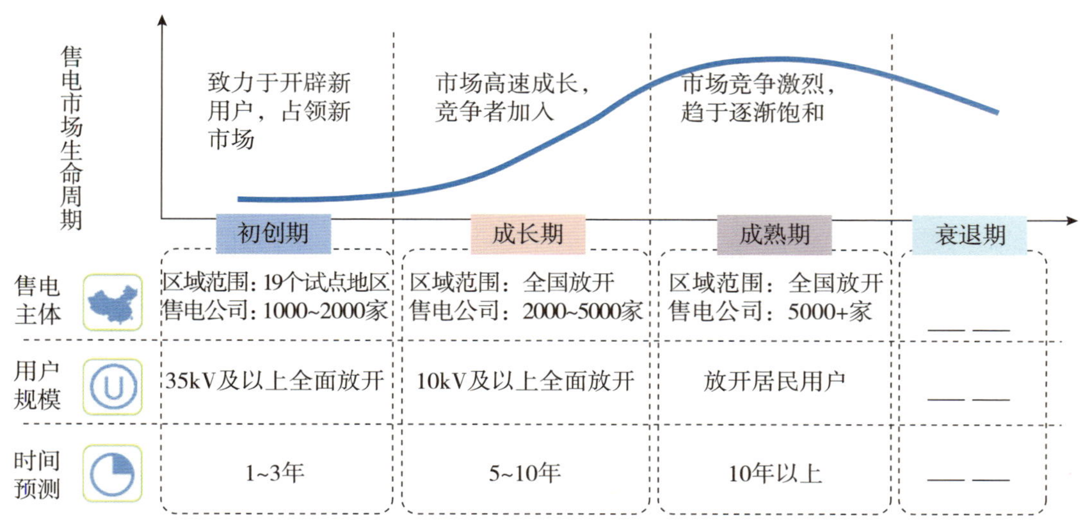

图 7 –75　中国售电市场生命周期及各阶段市场放开情况预测

来源：国网信通产业集团。

3. 售电侧改革将在 2018 年后全面铺开，应持续关注政策变化

根据《电力发展“十三五”规划》：2016 年年底前完成电力交易机构组建工作；2018 年年底前完成售电侧市场竞争主体培育工作；在试点基础上全面推进配售电改革。另外，在 2018 年年底前启动现货交易试点；2020 年全部启动现货市场。应在关注现有试点省份政策的基础上，持续关注各个省份政策变化情况。此外，还应持续关注其他相关改革政策与措施。

4. 跨区域售电前景广阔

跨区域售电包含售电公司在多个区域复制其售电业务以及售电公司实现对用户的自由获取，届时地域壁垒和硬件壁垒将不复存在，跨区域售电前景广阔。

5. 单纯依靠购售电业务的模式难以保证售电公司发展，后期须发展增值服务、新兴业务，增加新的盈利点

当前，售电公司仍以电量代理为主，盈利来源于购售电价差。随着市场逐渐发展成

熟，竞争更加激烈，成本更加透明化，加之售电业务的同质化程度过高，用户的忠诚度低，以价格为主要考量因素，单纯依靠购售电业务的模式已难以保证售电公司的发展。后期，售电公司在稳步发展购售电业务的基础上，需要不断加强增值服务、开展综合能源解决方案等新兴业务，采取多种形式挖掘新的利润增长点。

6. 售电与用电服务融合发展

售电与用电服务融合发展将是未来售电公司最为可能的发展趋势。已经开展售电业务的公司，已具备用电需求服务功能，未来有望进行业务整合，打通售电和用电服务的业务环节；本身缺乏用电需求服务能力的售电公司，未来可能通过内生、外延或者合作等方式，布局用电服务业务。随着电改进程不断深化和能源互联网逐步落地，可调控负荷、新能源消纳与调节、微网控制与管理、态势感知采集、能源大数据挖掘等技术内容将越来越重要。

7. 能源互联网平台化发展将推动售电市场发展

售电直接面向终端用户，适合互联网入口接入。在未来可以构建能源互联网平台实现电力、自来水、燃气、热力的批发和零售，虚拟电厂、售气、供暖、电动汽车的购电和反向售电等，并开展期货交易。伴随着能源格局变革及技术进步，能源互联网从传统的电能输送基础设施逐渐转变成为各类能源转化利用和高效配置的平台。

8. 发电企业掌握电源具有一定优势，后期可结合配网建设加强自身竞争力

随着输配电价改革的推进，配网投资、建设、运营将会更加市场化，配网资源也将成为售电企业利润的重要增长点。根据《配电网建设改造行动计划（2015—2020 年）》规定，2015—2020 年，配电网投资将不低于 2 万亿元，除去 2015 年配电网投资的 3000 亿元，“十三五”期间，中国配电网投资还有 1.7 万亿元增长空间。随着售电市场的成熟，拥有配网经营权的售电企业拥有一定优势。凭借配网资源，进一步降低成本，提高市场竞争力；其电能质量、供电安全更有保障，并且可以延伸服务。发电企业在电源优势基础上，可进一步加强自身优势，结合各地政策加强配网建设、运营，提高企业市场竞争力。

图表索引